シュタイナー学園のエポック授業

―12年間の学びの成り立ち―

はじめに

シュタイナー教育を行なう学校として、わが国で初めて学校法人化されたシュタイナー学園の初等部・中等部が開校して、今年で八年。前身のNPO法人東京シュタイナーシューレ時代から数えると、創立二十五周年になります。その節目の年に、NPO法人藤野シュタイナー高等学園の七年間の教育実践を取り込むかたちで念願の高等部が開校し、認可された十二年一貫のシュタイナー学校が、日本にも誕生しました。

未来を担う子どもたちのために、シュタイナー教育を日本に根づかせようと努めてきた人々の実践が、脈々と受け継がれ、蓄積され、そこに多くの方々の知恵と愛の力が注がれて、シュタイナー学園は育ってきたのでした。そして、シュタイナー教育のカリキュラムにもとづきながら、学習指導要領との整合性を持たせた学園独自のカリキュラムが編成され、それぞれの教室で教師の創意によって、日々、芸術性ゆたかな授業が形作られています。

その授業実践の一部をまとめたのが、本書です。収録した十一編の実践報告は、学園を支えてくださる友の会の会報誌『シュタイナー学園通信』14号〜22号（２００９年7月〜２０１2年3月発行）に連載された記事を中心とし、本書のために書き下ろされた数編を加えたものです。したがって、本文の執筆者はシュタイナー学園の現（元）教員であり、自身が行なった授業実践について記述しています。それがひとつの共通項ですが、ご一読いただくとわかるように、執筆スタイルは各人各様です。

シュタイナー教育では、目の前の子どもたちにとって、もっともふさわしい授業を創り上げようとする教

師の熱意と自由な意志を、とりわけ尊重します。その指針にしたがって、みずからの実践をどのように取り上げるかは、執筆者の意図にゆだねたのです。けれども、もうひとつの共通項によって、内容に一貫性を持たせるようにしました。

その共通項とは、取り上げた実践の大部分が、「エポック授業」と呼ばれる形態で行なわれた授業であることです。シュタイナー学校の授業時間割は、全学年が毎朝105分間の「エポック授業」で始まります。その後は50分刻みの授業が続きますが、エポック授業はたんに時間が長いだけでなく、いくつかの特色があります。

第一に、エポック授業とは、主として国数理社の基本教科に当てはまる諸科目を、三~四週間連続して学ぶ集中授業方式のことです。この方式は、心身に動と静、つまり活動と休息のメリハリのある生活リズムを生み出します。

第二に、身体を使うリズム活動と感覚や感情を動員する体験的な学びを、理論的な学びと融合させ、芸術性に富んだ、総合的な学びとなるように形作られます。この組み立て方も、心身の調和を図り、効率的な学びを促進します。

第三に、1年から8年まで一人のクラス担任が持ち上がり、八年間を通じてエポック授業はクラス担任が受け持ちます。それにより、長期的な展望を持って子どもの成長過程を見守るのです。9年以上は高等部の授業形態になり、エポック授業も教科担任制に替わります。

最後に、教師はクラスの子どもたちの様子を深く観察して、既成の教科書に頼らず、子どものために選び抜いた教材で授業を行ないます。それぞれの教師がカリキュラムと教材の研究をし、開発するのです。同じ学年の同じテーマの授業でも、教師によって教える手順や扱う教材が異なることは、珍しくありません。

教師が見通しと責任を持って授業を創り上げるのが、シュタイナー教育なのです。ですから、本書に書かれた実践がシュタイナー教育の唯一のやり方であるとは、決して言えません。個々の実践は、一人の教師と子どもたちとの出会いを通して成立しえたものであり、その意味で大切です。本文を読まれると、子どもと授業テーマとの関係について考えをめぐらし、教材を選定していくプロセスから書き起こした報告が見出せるでしょう。

本書では、数多くのエポック授業科目の中から、1年から9年までの主要なテーマを一つずつ取り上げました。第一章と第十章には、八年間の展開あるいは十二年間の学びをたどる内容の報告を配しています。第一章から順に読み進むと、育ちゆく子どもの心身への配慮が、授業の中にどのように反映されているかが明かされていきます。読み了える時には、十二年間の学びの成り立ちがイメージされることでしょう。

たとえば4年「家作り」のようなノンフィクション・タッチの報告も、直前の3年算数「度量衡―はかる」と読み合わせていただくと、授業活動の背後にある教育的意味合いが浮かび上がるはずです。また、エポック授業は一人の教師が受け持つとはいえ、専科教師たちと連携を取って諸分野の学びを関連づけ、それらが子どもの中で統合されるように計らっていることにも、気づいていただけるでしょう。

シュタイナー教育に特有の用語は、巻末の【用語解説】で説明しています。本文の記述に即して、実践者の視点からの解説となるように努めました。本文とあわせてご覧くださいますように。この実践報告から、教育や育児について考える上で参考になる何かを汲み取っていただければ幸いです。

学園の歩みを温かく見守り、高等部の「哲学」授業その他に惜しみなく力を注いでくださっている大阪府立大学教授の吉田敦彦先生に、本書のあとがきをお願いしたところ、ご多忙にもかかわらず、快くお引き受けくださいました。吉田先生は、長年にわたって世界の包括的な教育の動向を研究されると同時に、日本各地のシュタイナー学校の状況に精通され、その発展と連携のためにも多大な貢献をされています。本書の刊行に際しても、実践者たちに寄り添う大きな愛と、見過ごされがちなシュタイナー教育の本質に気づかされる、叡智に満ちた言葉を贈ってくださいました。深く御礼申し上げます。

精巧堂印刷所代表 越中奉氏、せせらぎ出版社長 山崎亮一氏のご仁愛とご協力によって、本書は世に生まれ、順調な歩みを始めることができました。幾重にも感謝申し上げます。

最後になりましたが、高等部が開設され、記念となる実践報告集を公刊できましたのは、四半世紀におよぶ年月、学校づくりを支えてくださった多数の方々のご理解、ご尽力のおかげです。そして教育実践を積み重ねることができましたのは、毎朝、教室にやってくる子どもたち、生徒たちがいるおかげです。

これまでとこれからのすべての出会いに、心から感謝を捧げます。

『シュタイナー学園通信』ならびに単行本 編集部

シュタイナー学園のエポック授業—12年間の学びの成り立ち—●目次

第一章　8年までの劇

2008年度8年担任
中瀬 佐栄子

1993年より、6年制だった東京シュタイナーシューレに勤務。94年に新1年生のクラス担任となり、6年間受け持った。翌年から2008年までの8年間、2度目のクラス担任。2012年度は、6年クラスを担任している。

始まりは「劇ごっこ」から

一人の僧が十字を切って、「わが兄弟オオカミよ!」と呼び掛けると、獰猛な獣はたちまちおとなしくなり、静かに首を垂れて聖人に恭しく手を(前足ではなく)差し出します。すると、重ねた机の上から固唾をのんで覗いていた人々の中から「ワァー」と歓声がわきます。

2年生はお話の時間、良いことも悪いこともする動物たちの寓話を聞いてきました。一方で、動物にたとえられるような低い人間性を克服した偉大な聖人の話も聞きます。中でも、子どもたちの大好きな動物と話すことができる聖フランシスコや良寛さまは身近に感じることができる存在です。

聖フランシスコと狼のお話は、劇にして、役を替えて毎日演じられました。学園の前身の東京シュタイナーシューレ時代、三鷹市・井の頭の校舎の狭い教室は机を壁にして町の中と聖人と狼のいる野原に区切られました。そこは、子どもたちの中では頑丈な壁に囲まれた町と広い危険な野原です。すっかり聖人や狼、町の人になり切って「劇ごっこ」を楽しんでいました。

「劇ごっこ」を楽しんでいたのは、同市・牟礼の校舎で二度目に受け持った2年生も同じでした。まだ世界としっかり結び付いているこの年齢では、ファンタジーの世界に充分に浸ることができます。家では「ままごと」「学校ごっこ」「お店ごっこ」を楽しみ、学校の休み時間には教室が毎日犬だらけになったこともあります。しかし、この小さな名優たちには観客は必要ありません。見せることよりも役に浸り切るほうが大事だからです。

「世界と私の分離」の追体験

劇に本格的に取り組むことができるのは、3年生あるいは4年生からです。この頃子どもたちは、「9歳の危機」と呼ばれる「世界と私の分離」を体験します。劇は見せる役者と見る観客がいないと成り立ちません。演じる私の向うに観客がいるということが意識されてはじめて、「劇を上演する」と言えます。

学園では、秋の祝祭の頃『おろち退治』の劇を演じるのが伝統になってきました。3年生が聞く『古事記』の高天原を追い出されたスサノオや『旧約聖書』の楽園追放の話は、世界からの「分離」を体験した子どもたちの心情にぴったりです。神の子から人の子として地上に降りてきたその手は、食べ物を作り、家を建て、そして自分の内なる力の象徴でもある鉄の剣で近づいてくる悪しきものと戦わなければなりません。

【3年 おろち退治】（2003年度）

とは言え、3年生では一人で台詞を言うことはなく、動作に合わせて大勢で声を合わせて言葉を言います。この頃になると恥ずかしさや照れも出てきます。役は希望を出してもらい決定しましたが、一番人気は、おろちの頭でした。みんなでやる安心感と、スサノオを相手に戦う見せ場の演技が人気の秘密なのでしょう。それでも2回公演に必要な二人の主役希望者が出てほっとしました。恥ずかしがって声も出せない子もいれば、是非とも目立つ主役を演じたい子まで、いろんな個性が見えるのも劇のおもしろさのひとつです。

「伝える」気持ちが育むもの

4年生では、劇によって何かを「伝える」ということを意識しました。劇に限らず、相手に何かを伝える時は、「わかりやすく」「明確に」表現しなければなりません。メモや料理のレシピから説明文まで、客観的な文章を書き始めると同時に、劇では相手に伝わるようにはっきり話すことはもちろん、登場人物の状況や気持ちまでも伝えることも目標にしました。劇の経験が豊富な先生の指導で、フレーズやイントネーションに注意し台詞の練習をしたことが、後の劇にも生かされたのではないかと思います。

とは言っても、演技に意識的になった訳ではありません。『北欧神話』の劇で、ある女神イドゥーナは巨人シアッシにさらわれ、泣いている場面にもかかわらず、シアッシに「嫁になれ！」と言われ、満面に笑みを浮かべ、きらきらした目で巨人のことを見上げていました。その嬉しそうな笑顔に思わず大笑いしました。「ここはどんな場面かわかってる？」。俳優たちは劇をする喜びあるいは恥ずかしさでいっぱいで、登場人物のことはおかまいなしです。それでも本番になると「見せる楽しさ」を体

【4年 北欧神話・イドゥーナとりんご】(1997年度)

験し、「劇が大好き」になっていきます。

『北欧神話』の神々は、『旧約聖書』の絶対的な神とは違い、良い行ないをするが困った事件も引き起こす、どこか4年生の姿と重なるところを持っています。この古い神々の世界はやがて滅び、最後に新しい神が生まれるという予言で神話の物語は終わります。ルビコン川を渡った――つまり「9歳の危機」を越えた子どもたちは神々と同様、新しい世界に向かっていきます。

「前思春期」の劇の役割

これまで5年生は『ギリシャ神話』だけでなく、『ラーマーヤナ』や『ギルガメシュ』など古い神話から様々な劇を見せてくれました。5年生になると空間だけでなく時間の意識も生まれ、神話から古代の歴史へと学びがつながっていきます。

5年生あたりからなまいきな口をききはじめた子どもたちは、6年生になるとさらに激しさを増し、なまいきの勢いは止まりません。「前思春期」の到来です。自意識の高まりとともに、反抗的な態度は対おとなだけでなく子どもどうしの間にもぎすぎすした空気を作り出しました。

【6年 クリスマス・ローズの伝説】（2006年度）

こんな時こそ、みんなで作り上げる劇が必要です。

私たちのクラスでも、5年生の時に『ギリシャ神話』の劇を英語の先生に台本作りを手伝ってもらって準備をしていましたが、手をつけるチャンスを失っていました。神話は、どこかしっくりこなかったのです。そこで6年生の夏休みを経て、もう一度新たに考えました。人を信じる温かい心。献身的な愛。そんなお話をクリスマスに低学年にプレゼントしたい。題材はすぐに思い浮かびました。シューレ時代にも一度劇として演じられ、私自身もアドヴェントに話したことがある、スウェーデンの作家ラーゲルレーヴの『クリスマス・ローズの伝説』です。図書館で借りた本をもとに台本を作りました。彼らにはただ敬虔さだけでなく、庶民のたくましさ、明るいユーモアも必要です。

劇は泥棒のおかみさんと子どもたちの襲来に、てんやわんやの三つの家族の場面から始まります。オイリュトミーと音楽をそれぞれの先生に作ってもらう。背景はシンプルに、光とお花畑は布で表わす。演じるのが難しい場面は台詞でつなげる。台本はすぐに出来上がりましたが、相変わらず、全員が集中して練習に向かうのは大変でした。なぜか、「本番はちゃんとできる」と、確信している理由なき自信は一体どこから来るのでしょう。実際、リハーサルの時まで舞台裏で騒ぎ、担任の血圧を上げた彼らも、本番ではまるでいつもそうしているかのように、全員が心を合わせてひとつの劇を作り上げました。各々が役になり切って、物語から得た感動を劇を通して伝えてくれました。担任の欲目ではなく、本当に感動的だったと思いました。いざとなったら思いがけない集中力を見せるのは、学園の子どもたちに共通の力です。それは7年生の狂言、8年生劇でもあらためて実感したことでした。

狂言がもたらす「秩序感」

14世紀から16世紀に興った「ルネサンス」は、7年生の重要なテーマのひとつです。学問や芸術を独占していた教会の権威に対抗して、人間の自由な「個」をめざし、新しい芸術、学問が生まれました。このような新しい意識への転換期は、ヨーロッパだけでなく、日本の歴史にも見られます。貨幣経済が発達し、民衆の力が大きくなった室町時代に、今に続く多くの日本独自の芸術が誕生しました。能と共に狂言が生まれたのも、この時代です。

権威に反抗し、自由を求め、新しい世界へ憧れる7年生ですが、一方では不安の嵐で心は大きく揺れています。そんな7年生に狂言はぴったりだと思われます。日本の伝統文化は「型」を大切にしています。「型」と言うと何かを制限する枠のように思われますが、それは制約と言うより、何か骨格のような働きをしているのではないかと感じています。その中にはむしろ、自由に精神や感情を織り込めるのではないかと勝手に想像しています。感情の波に翻弄される7年生にとって、型の決まった狂言は秩序感をもたらし、滑稽さが重くなった体や心を軽くしてくれるのではないでしょうか。だからこそ、言葉や動作の難しさにもかかわらず、楽しく取り組むことができるのだと思われます。

【7年 狂言】（2007年度）

とは言え、狂言を見たことがない子どもたちにとって、戸惑いがあるのではないかと心配されます。しかし、毎年先輩たちが演じるのを見ている子どもたちは、7年生になったら自分たちも狂言の発表をするのだと期待しています。不安よりも楽しみの方が大きいのです。私たちのクラスには狂言を習っている生徒がいて、クラスメートの何人かは能舞台での発表を見ていました。一番大きかったのは、彼が先生の助手として指導を手伝ってくれたことでした。それでも練習に集中できない子どもたちに対する指導の先生の忍耐力には頭が下がる思いでした。本番は例年の如く、大いに観客の笑いを取り、出演者は満足の笑顔でしたが、中には小さいミスに泣き出す子もいました。一生懸命練習したにもかかわらず失敗してしまうこともある、ということも学んだ舞台でした。

「第３七年期」に向けて

前の学年の「8年劇」が終わると、余韻と共に次の8年生に関心が向けられます。「何をするの？」。好奇心からではなく、8年劇はこれまでの学びの集大成なので、8年生に関わる教師は全員で指導に当たらなければならないからです。

一方、子どもたちはいろんな希望を出しています。「アンパンマン」などが出てくるのはいかにも子どもらしいのですが、彼らにはまだ作品選びは難しいことを物語っています。「8年生の劇は先生が決める」ことを伝えると、小さい失望の中にも安堵が窺えます。

最初に「オペラに挑戦したい」とお願いした時、音楽の先生は快諾して下さいました。しかし、上演までの指導の日々を思い出すと、苦労をお掛けしたと申し訳ない気持ちにさえなります。シューレ時代、当時最高学年だった6年生が『魔笛』を上演したことがありました。男の子ばかりの少人数で、4年生からパミーナ役の女の子を借りたり――ただ歩くだけでしたが――、おとなが合唱に参加したりと、みんなで協力した楽しい思い出があります。難しい条件の中、このオペラに取り組んだ教師たちの勇気が、『魔笛』に挑戦する力になったことは間違いありません。

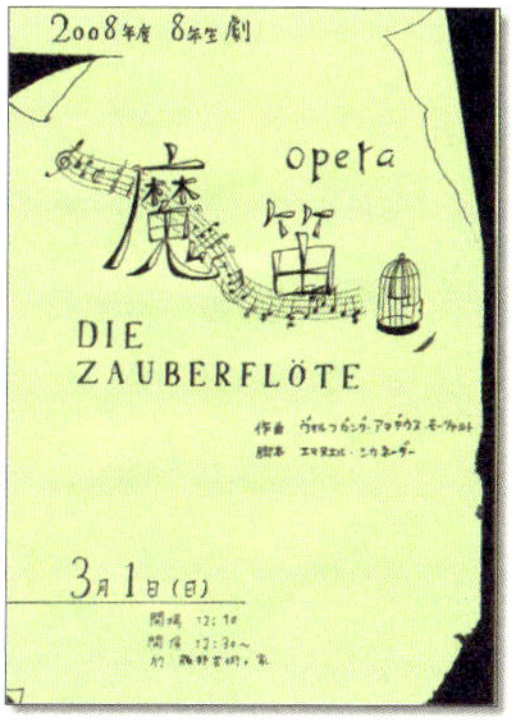

8年　魔笛パンフレット

『魔笛』はモーツァルトの代表的なオペラのひとつで、メルヘン仕立ての物語です。主人公のタミーノとパミーナが三つの試練を克服して叡智を獲得する神秘的なテーマに、秘密結社フリーメーソンとの関係が取り沙汰されたり、挙句の果てにはモーツァルト毒殺説の根拠になったりと、神秘主義と結び付けて考えられることの多い作品です。それはさておいても、主人公たちの成長のプロセスは、いよいよ第３七年期に向かおうとしている8年生にふさわしいと思われました。

大蛇に追いかけられ気絶したタミーノは、愛の力で試練に立ち向かう勇気を得ます。パミーナも母親の支配的な愛から抜け出し、真実の愛から自ら先に立って、試練に向かうタミーノを助けます。第二次性徴の体の成長が完成して、体の成長から解放された感情は今度はゆっくりと思考の力と結び付きます。本能的な愛の力は、一段高められて知性に温かさを与えます。自我がその中で成長し、やがて自我の誕生を迎えるのですが、主人公の成長のプロセスは、人の成長そのものです。特に感情を思考と結び付ける次の成長期を目の前にした8年生には重なるところが多く見られます。また、物語の中には様々な謎が含まれていて興味が尽きません。

劇を通した「学び」と「成長」

物語のストーリーそのものは決して複雑ではないのですが、謎めいた雰囲気のせいか、子どもたちは「どういう話かわからない」と不満をもらしていました。練習しているうちに理解できるに違いないとも思いましたが、ある時からテーマを出して作文を書いていくことにしました。例えば「あなたの考える『魔笛』のテーマは何ですか」、「ザラストロと夜の女王の対比」、「タミーノとパミーナ、パパゲーノとパパゲーナ、二つのペアの違い」等々。それに対して答えは核心に触れていて、きちんと理解できていることがわかりました。中には、ザラストロと夜の女王がやがては結ばれるのではないかと、深読みしていた文もありました。

だんだんと練習を重ねるに従って、内容の理解も深まったようでした。しかし何と言っても、子どもたちを引っ張っていったのは、素晴らしいモーツァルトの音楽です。音楽に魅了された彼らは、こちらが予定していた歌の範囲を越えて、「もっと歌いたい」と歌をどんどん増やしていきました。そして「もっと練習させて下さい」と積極的な態度を見せましたが、家で練習するように言われても、「先生がいないとできない」、と先生頼りです。中には自主的に練習に取り組んだ子もいますが、多くは人任せ。かくして、音楽の先生は休日も返上で個人レッスンの日々でした。

【8年 魔笛】（2008年度）

彼らがようやく目の色を変え始めたのは、公演会場でのリハーサルに入ってからです。ピアノの先生をつかまえては伴奏を頼んだり、休憩時間も惜しんで練習した人もいました。本番ではみんなの心がひとつになって、ひとつの作品を作り上げていました。互いに励まし合って、日一日と上達していきました。三日目には演出を修正したところもありましたが、直前にもかかわらず要求によく応えてくれました。

本番にはわざわざ奈良から来て下さった方もいらして、大勢の観客に支えられて成長した彼らでした。個人的には、世界的なオペラハウスで見た『魔笛』より彼らの歌声が心に響きました。一流の歌手と違って名声を求めず、純粋に音楽や劇の中に入り込んでいるからだと思います。終わってからしばらくは「魔笛熱」に浮かされていた子どもたちの中に、劇を通して学んだことがゆっくり沈殿していきます。音楽、オイリュトミー、言葉、背景から小道具、衣装と多くの先生の指導を通して学んだことが、栄養となって新しい力に変容していきます。劇の上演は、子どもたちの力を発揮する機会であって、彼らが作り上げるものです。そこに教師の姿が感じられてはいけない、ということは言うまでもありません。劇を通して、子どもも教師も学ぶことはたくさんあります。「劇が好き」は学園の子どもたちだけでなく、すべてのシュタイナー学校の子どもたちの合言葉だと思います。

第二章　1年 国語　ひらがなを教える

2007年度1年担任
石原 義久

中央大学卒業後、同大学院にて教育学を研究。その後、ドイツ・マンハイムの教員養成所で、ヴァルドルフ学校のクラス担任と体育専科の資格を取得。2006年からシュタイナー学園の体育専科教員、2007年～2012年クラス担任。

はじめに

1年生の2学期でした。子どもたちに初めてひらがなを教えた日、僕はこんな話をしました。主人公の少年が裏の森に薪を取りに出かけました。ところが、夢中で拾っているうちに道に迷ってしまい、暗い森の中をさ迷うことになります。不安な気持ちで草をかき分け進んでいくと、突然、目の前が開けて明るい光が差し込みました。思わず、「あぁ……」と声を上げる少年。見ると見知らぬ空き地が広がっていて、その真ん中には大きな穴がぽっかりと口を開けていました。「あ、あんなところに穴がある……」とつぶやきながら、引き寄せられるように穴の中を覗き込むと、きらめく青い泉がぐるぐると渦を巻いていました――。

こう物語った後、僕は黒板に、泉を覗く少年の絵を描きました。次の日、「この絵から新しい字が出てくるよ。何だと思いますか?」と子どもたちに尋ねると、「穴」とか「渦」といった答えが返ってきました。僕は、ひらがなを教える前に、漢字を教えました。子どもたちは、それまで、字と言えば「漢字」しか習っていなかったので、てっきり今回も漢字のエポックだろうと思いこんでいました。そこで、僕はヒントを出しました。「少年は、『あ、あんなところに、あながある』って言ったよね。それに、少年は森を抜けた時何と言ったでしょう?」すると、何人かの子どもたちはわかってきたようで、「あぁ!」と言いながら顔を明るくしました。「じゃあ、今からその字を隣に書いてみますね」。背中に子どもたちの視線を感じながら、少しずつ絵を変形させて、最後に「あ」という字を大きく書き終わった時、クラス全体から、「あぁ!!!」という大きなため息が漏れました。「そうだね。もう答えはみんなが言ってくれたね。これが新しい字、【あ】という字です。みんなで一緒に言ってみようか」
「あ!!!」
子どもたちは、こんな風にして、ひらがなの「あ」という字に出会ったのでした。答えが分かった時、子どもたちは、思わず「あぁ！」と声を上げましたが、その時に子どもたちがおそらく心の中で感じたであろう、何だか明るくなるような感じこそ、その日の授業で伝えたかったことでした。

言葉のふしぎ

ひらがなのエポックを行なうに当たって、子どもたちに伝えたいことが一つありました。それは、言葉の持つ感じ、言葉の「質感」でした。「あ」という響きが、「い」という響きとは全く違う質感を持っていること、そのことを何とかして伝えられないものだろうか。この想いから、僕のひらがなの授業は始まりました。

僕は長らく、言葉というものは、自分の考えを相手に伝えるための「道具」、あるいは、相手の考えを理解するための「道具」に過ぎないと考えていました。そして、言葉の持つ「意味」には注目しても、「言葉そのもの」には注意を向けてきませんでした。ところが、この型にはまった考えを、ドイツでの体験がガラリと覆してくれました。

シュタイナー学校の教員資格を取るためにドイツのマンハイムにあるゼミナールに入学した僕は、言葉の壁に悩まされていました。十分な準備もせずに飛び込んだために、最初の頃は講義に出ても全くチンプンカンプンで、意味のわからない音声が右の耳から左の耳へと通り抜けていくような状態でした。それでも何とかして聴き取ろうとして、必死で耳を澄ましていた時、僕は不思議な経験をしました。それは、こんな体験でした。

ドイツの先生が何かを話しています。言葉の意味は全くわからないのに、聞こえてくる言葉の響きによって、体が熱くなったり、逆に寒くなったり、鳥肌が立ったりするのです。おかしいな、と思いました。そこで、今度は目を閉じて、先生の声だけに集中してみました。すると、やっぱり熱のようなものが感じられましたが、それに加えて、さまざまな色が見えてきたのです。赤っぽくなったり、青っぽくなったり、黄色く光り輝いたり……。全く不思議な体験でした。面白くなってきた僕は、いろんな場面で言葉の「感じ」を感じ取ろうと集中してみました。すると、ぺらぺらと流暢に話しているのに中身がないがらんどうのような形が見えてくる人もいれば、ゆっくりと言葉少なに話すのに、一つひとつの言葉がずしりと重く感じられる人がいたり、トゲトゲした形の言葉を投げかけてきて胸が痛くなるような人がいたりすることに気づくようになってきました。これらの体験を通して、僕は、言葉そのものが、色や形、重さ、熱などの、いろんな「質感」を持っていることに気づかされました。これは、言葉の音声と意味（概念）とがすぐに結びついてしまう日本語の環境では見過ごしていたことでした。

そして、この体験を持つことができたお陰で、僕は、シュタイナー教育における「言語造形」や「オイリュトミー」の重要性を再認識し、そうした言語芸術の体験を土台にして行なわれる言語教育の意味も、自分なりにつかむことができたように思いました。それは、一言でいえば、「言葉の質を感じ取る教育」ということです。

アルファベットとひらがなの違い

それでは、どのようにして「言葉の質を感じ取る」力を伸ばすための授業を組み立てたらよいのでしょうか。

言葉に関して、シュタイナーはさまざまな示唆を与えてくれましたが、なかでも大事だと僕が思うのは、母音と子音の質感の違いに関する示唆です。シュタイナーによると、「A・E・I・O・U」という母音は、僕らの内なる魂の営みを表現しているのに対して、「K」や「S」などの子音は、外的な事物を模倣したものです。そして、シュタイナーは、母音同士の質感の違いを次のように簡潔に表現しています。

「母音のOが驚きを表し、Uが恐怖と不安を表し、Aが尊敬と礼賛を表し、Eが反抗を表し、Iが接近を表し、AOUが畏敬を表す」

R・シュタイナー著、高橋巖訳『教育芸術1―方法論と教授法―』、筑摩書房、29頁

もちろん、母音が持つ質感は、これが全てではありませんし、シュタイナーも違うところでは異なる表現をしたりもしていますが、今回の僕の授業では、この質感を基にして展開することにしました。

たとえば、いま目の前に突然、大きなクマが現れたとしましょう。すると、思わず「おおっ!」と声を上げるのではないでしょうか。このように、「O(オー)」という母音を発音する時は、驚きの感情が伴っています。

また、「うちゅう(宇宙)」「うみ(海)」など、「U(ウー)」という母音を口にする時、何か黒いもの、空虚で底なしの世界に降りていくような恐怖と不安を感じます。

逆に、正月に高尾山で初日の出を拝んだ時に、思わず「あぁ……」とため息が漏れたりしますが、この時、僕たちは白くなるもの、明るくなるものに対して、讃美や尊敬の念を抱いています。

さらに、何か受け入れられないようなことに出会って、「エ~!!」と言う時、自分を守るために相手と距離を置いたり、闘ったりするような反抗・抵抗の心の働きが生じますが、逆に、「I(イー)」と発音する時には、やはり「E(エー)」の時と同じように意識は明るくはっきりとしているのですが、それだけではなくて、相手に近寄ろうとしたり、相手と一つになろうとする衝動が湧き起こってきます。たとえば、見知らぬ穴を見つけて、「いくぞ!」と言いながら入っていく時、決心して近づいていく感情の働きが伴っています。

このように、母音は、僕たちの感情のダイレクトな表現になっていますが、子音は違います。子音を発音する時は、内なる感情ではなくて、外界の事物、あるいは、事物を形成する力を表現しています。たとえば、「K、K、K」と発音してみると、何かカクカクと角ばった、あるいは、切り込みを入れているような形が浮かんできますし、「S~」と発音してみると、風がサァーッと吹き抜けたり、ヘビがするするっと進んで行ったりする情景が浮かんできたりします。このように、子音は、何らかの外的事物に還元することができるのです。

さて、以上に述べたような質感を持つ母音と子音を「文字」にするには、どのようにしたらよいのでしょうか。それに関してシュタイナーは、感情と密接な関係にある「呼吸の息遣い」から母音の形を取り出す方法、および、「外界の事物の絵」から子音の形を取り出す方法を提示してくれました。たとえば、「A」という母音を文字にするためには、朝日が昇る時の情景を子どもたちに思い起こさせて、その時思わず「A（アー）」という声が出ることを確認してから、「アー」と言う時の息の形を考えさせて「A」というアルファベットの字形を取り出す。あるいは、子音であれば、たとえばクマ（Bär）の話をして、その姿を黒板に描き、その絵の形から「B」というアルファベットの字形を取り出すといった例を挙げて説明しています（図Iを参照のこと）。いずれも「線描から文字へ」という芸術的な方法を用いていますが、母音と子音の質の違いに合わせて、「息の形」から出発する方法と「事物の形」から出発する方法という二つの異なる教育方法を、シュタイナーは例として挙げてくれました。

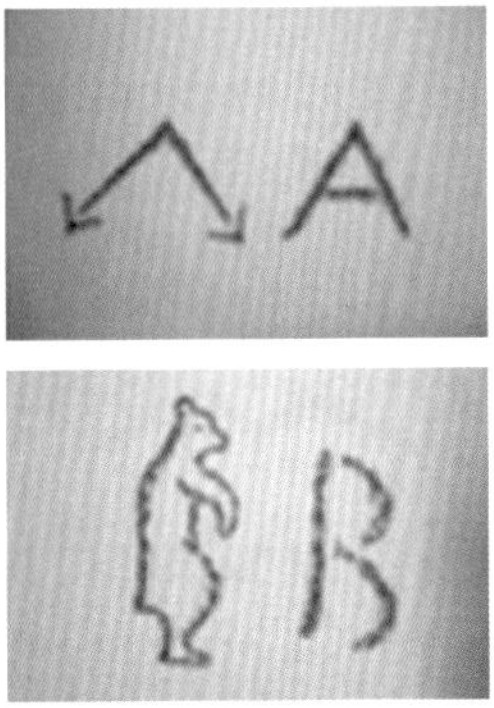
図Ⅰ.『教育芸術 1』より

ところが、この方法論を日本語のひらがなに応用しようとすると、非常に厄介なことになります。というのも、母音を「息の形」から取り出そうとしても、ひらがなの「あいうえお」の場合、字の形が曲線的で複雑なために、直線的なアルファベットのように上手くいきません。また、子音を「絵」から導き出そうとしても、ひらがなの場合、「ん」を除いては、純粋な子音だけの字はなく、「か（KA）」「き（KI）」のように、必ず〈子音＋母音〉の形になっているために、単純に外的な形だけから導入するという訳にはいかなくなるのです。しかも、アルファベットはせいぜい26文字ですが、ひらがなの場合、その倍以上の数があり、漢字も考え合わせると数えきれません。この大量の文字を、いかにして効率よく教えればよいのか。このように、僕は、(1)曲線的な母音の字形をいかにして導入するか、(2)〈子音+母音〉にどう対応するか、(3)大量の文字をいかに効率よく教えるか、という三つの課題にぶつかりました。

ひらがなの母音を教える

ひらがなの母音、つまり、「あいうえお」を文字として教える時、僕は、単なる事物の絵からではなく、より感情に寄り添った形、しかもひらがなの曲線を上手く表現できる形から文字を導き出す、という課題にぶつかりました。その課題を乗り越えるために、僕が選んだのは、「フォルメン線描」でした。フォルメン線描ならば、内的な感情の表れでもある「動き」を視覚化する芸術であるし、息の形と違って、直線だけではなく、曲線も上手く表現することが可能になると考えたのです。

最初、僕は、文字とフォルメンの対応を考えてみました。その結果、「あ」は渦巻きの形から、「い」はレムニスカート(∞)の形から、「う」は波の形から、「え」はジグザグの形から、「お」は円の形から導入できそうだと見当がつきました。そこで、ひらがなのエポックの前にフォルメンのエポックをもってきて、これらの形を集中して体験できるように配慮しました(図Ⅱを参照のこと)。

図II．フォルメンのエポック
（黒板絵）

このように土台作りをしておいて、いざひらがなのエポックに突入したのですが、その際に「あいうえお」の母音としての質感・情感を体験させるために、それぞれの文字に物語をつけることにしました。最初の母音「あ」については冒頭に述べましたので、以下では「い」から「お」までの母音につけた物語を要約してみます。

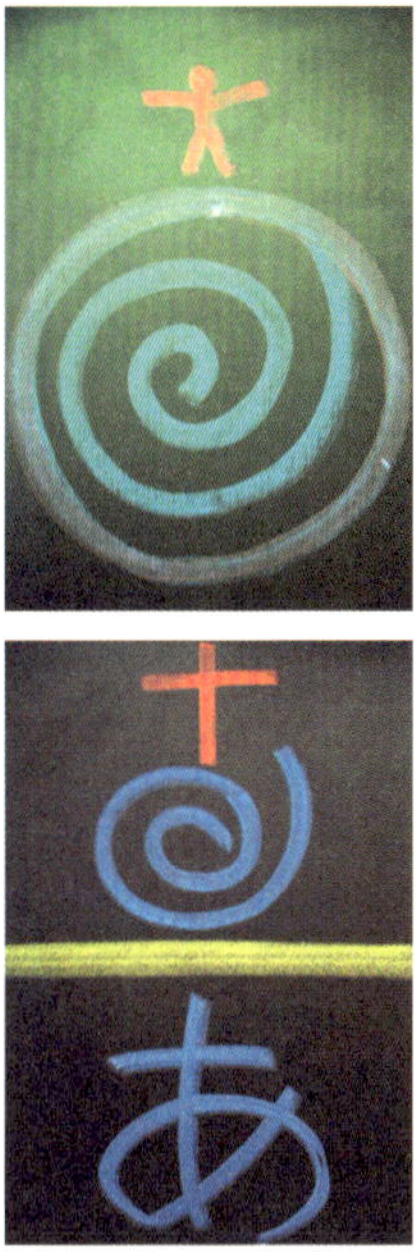

図III．フォルメン的な絵から母音の
文字を取り出す（黒板絵）【あ】

【い】

少年が穴を覗いていると、不思議なことに、泉の中から「助けて……」という声が聞こえてきた。少年は、穴の周りを行ったり来たりしてレムニスカートを描きながら、「**い**こうか、**い**くまいか……」と何度も迷っ

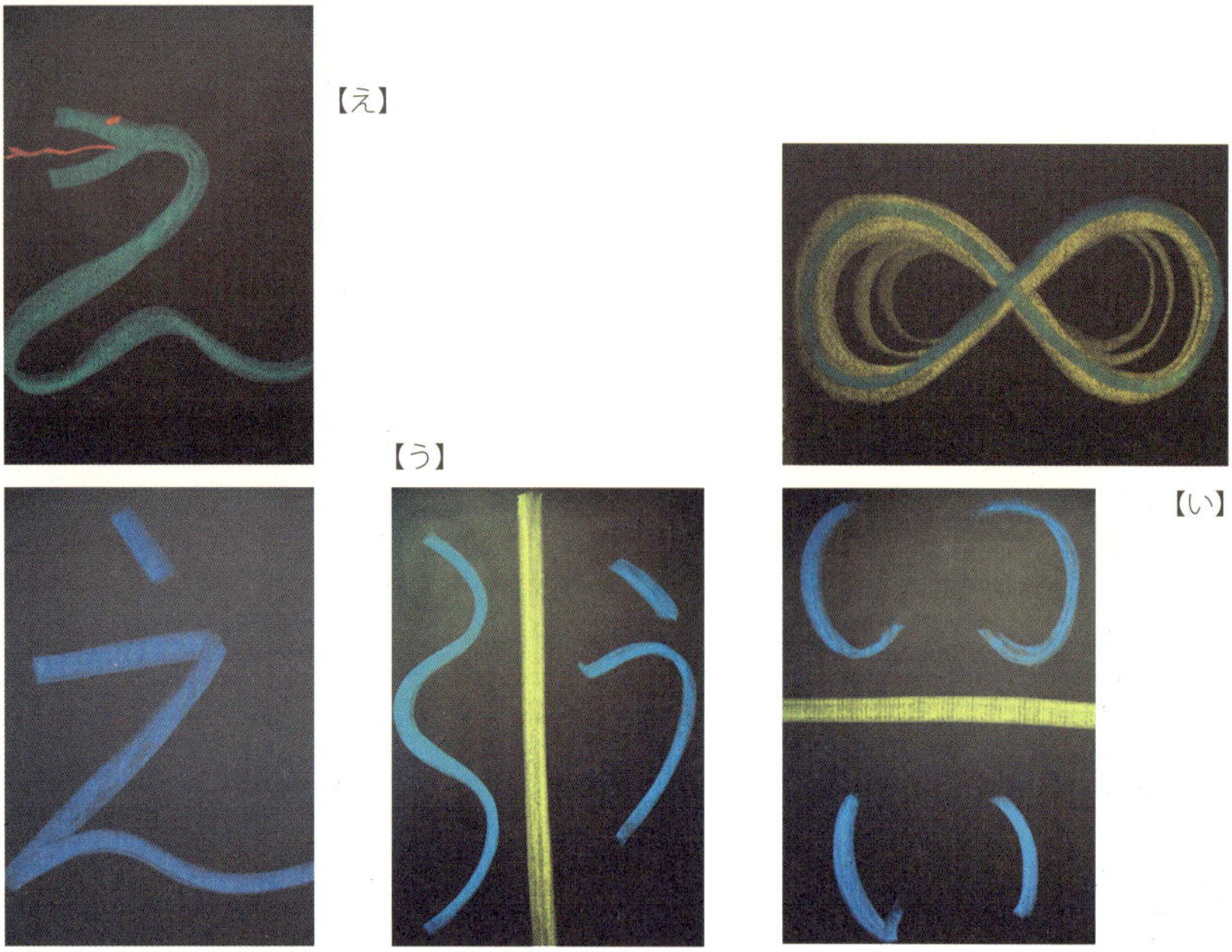

図III．フォルメン的な絵から母音の文字を取り出す（黒板絵）

た末に、とうとう決意して、「**いくぞ！**」と叫びながら泉の中に飛び込んでいった。

【う】

飛び込んでみると、水は表面だけで、中は空洞になっていて空気もあった。見ると、下の方へとトンネルが続いており、先は真っ暗でわからない。不安と恐怖でどきどきしながらも、**う**ね**う**ねとした道を手探りで進んでいった。すると、突然、一面にたくさんの星がきらめく宇宙（**うちゅう**）の中に放り出された。

【え】

星だと思っていたものは、よく目を凝らすと、緑色に苔むした岩壁から顔を出した宝石たちだった。ところがその中に二つだけ真っ赤に光る不気味な宝石があった。気になって

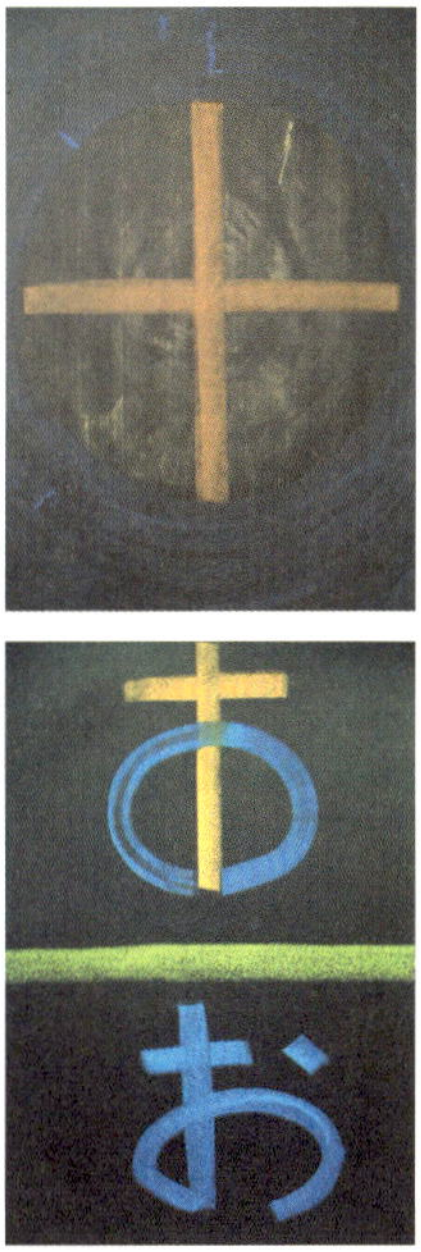

【お】

見ていると、赤い宝石は緑色の壁ごと動き出した。実は、それは巨大なヘビの目だった。**ヘ**ビが赤い**べ**ろを出しながら、少年を**ね**らってくる。「**え**〜!　**ヘ**ビだ!!」と思わず声を出す少年（注：太字は全て、え音を含む）。見ると、ヘビのうしろには檻があって、5人の小人たちが囚われていた。少年は、小人たちを助けるために、勇気を出して大蛇に闘いを挑んだ。

【お】

激しい闘いの末、ヘビは自分で壊した岩に押しつぶされて気を失った。その隙に少年は小人たちを助け出す。5人の小人は、「あ・い・う・え・お」という名前のひらがなの小人たちだった。でも、真っ暗で出口がわからない。すると、遠くの方で、オレンジ色の光が輝く。それに導かれるようにして地上に出た6人。久しぶりの地上の光に、思わず「**おお!**」と声を上げた……。

物語を聞く子どもたちの表情は、その中に入り込んで真剣そのものでした。子どもたちは、少年が意を決して穴に飛び込む場面では「すごい!」と目を輝かせ、暗いトンネルを通って行く場面では少年と一緒に胸をどきどきさせ、大蛇と闘う場面では「がんばれ!」「負けるな!」と応援し、再び地上の光を見つけた場面では思わず「おお!」と声を上げ拍手してくれました。子どもたちの生き生きとした反応を見ながら、僕は、「母音のOが驚きを表し、Uが恐怖と不安を表し、Aが尊敬と礼賛を表し、Eが反抗を表し、Iが接近を表し、AOUが畏敬を表す」という母音の持つ感情が子どもたちに実感されていることを肌で感じることができました。

それから、僕は、「あいうえお」それぞれの母音の質感を子どもたちにより実感してもらうために、物語の中の言葉を使った簡単なA・I・U・E・Oのオイリュトミーを創作して、子どもたちと一緒に動きました。「**あ**、**あ**んなところに**あ**ながある……」で始まるオイリュトミーは、試しにやってみると、子どもたちは大はしゃぎで、「もっとやって! もっとやって!」と言ってきました。そこで、最初は母音だけのつもりだったのですが、結局、子音も含めて最後の「ん」まで、全てのひらがなをオイリュトミーにすることになりました。

このように、動きとイメージを通して、それぞれの母音の質感を感じさせた上で、それをフォルメン的な絵から文字にしていきました(図Ⅲを参照のこと)。

ひらがなの子音を教える

次に待っていたのは、子音を教えるという課題でした。子音といっても、ひらがなの場合、純粋な子音は「ん」ぐらいで、あとはすべて〝子音+母音〟の形なので、この問題をどうクリアするかに頭を悩ませました。その結果、僕が出した答えは、シュタイナーと同じように外界の事物の「絵」から導入するが、その際に、母音を「色」で感じさせる、というものでした。

少年がオイリュトミーのA・I・U・E・Oの動作をすると、目の前の事物からKやSといった子音の響きと共に、ひらがなの小人たちが飛び出してくるという設定にしたのですが、それぞれの小人の服の色を決めたのは、子どもたち自身でした。子音の授業が始まる前に、僕は、教室の床の上に、以前子どもたちが描いた単色の濡らし絵を5枚ならべました。それは、赤・青・黄・緑・オレンジの5色だったのですが、僕は、子どもたちに、それらの絵を「あ・い・う・え・お」の順番に並べさせてみました。どんな結果になるのか、僕にも楽しみだったのですが、「温かい色（ひらがな）」と「冷たい色（ひらがな）」という風に分けさせていったところ、案外すんなりと「あ（赤）」「い（黄）」「う（青）」「え（緑）」「お（オレンジ）」に落ち着きました。そこで、その色をひらがなの小人たちの服や帽子の色にすることに決めたのです。その上で、こんなお話をしました。

少年は、助けてあげたお礼に、ひらがなの小人たちから、秘密のことば（オイリュトミーのA・I・U・E・Oの身振りをしつつ、「あいうえお」と唱える）を教わります。ひらがなの小人たちと会いたくなったら、いつでもそのことばを唱えればよいのです。そうすれば、どんな物にもひらがなの小人は潜んでいるので、木や石の中からそれぞれの色に光りながら飛び出してくるというのです。

そこで、早速少年は、目の前の柿の木に向かって秘密のことばを唱えてみました。すると、「かきの実」からは、赤い服を着た「あ」の小人が飛び出してきて、空にはK、K、K……という音が響いて消えていきました。そして、柿の実には、小人が飛び出したあとが赤く残っていました。それを見て、少

【け】　【か】

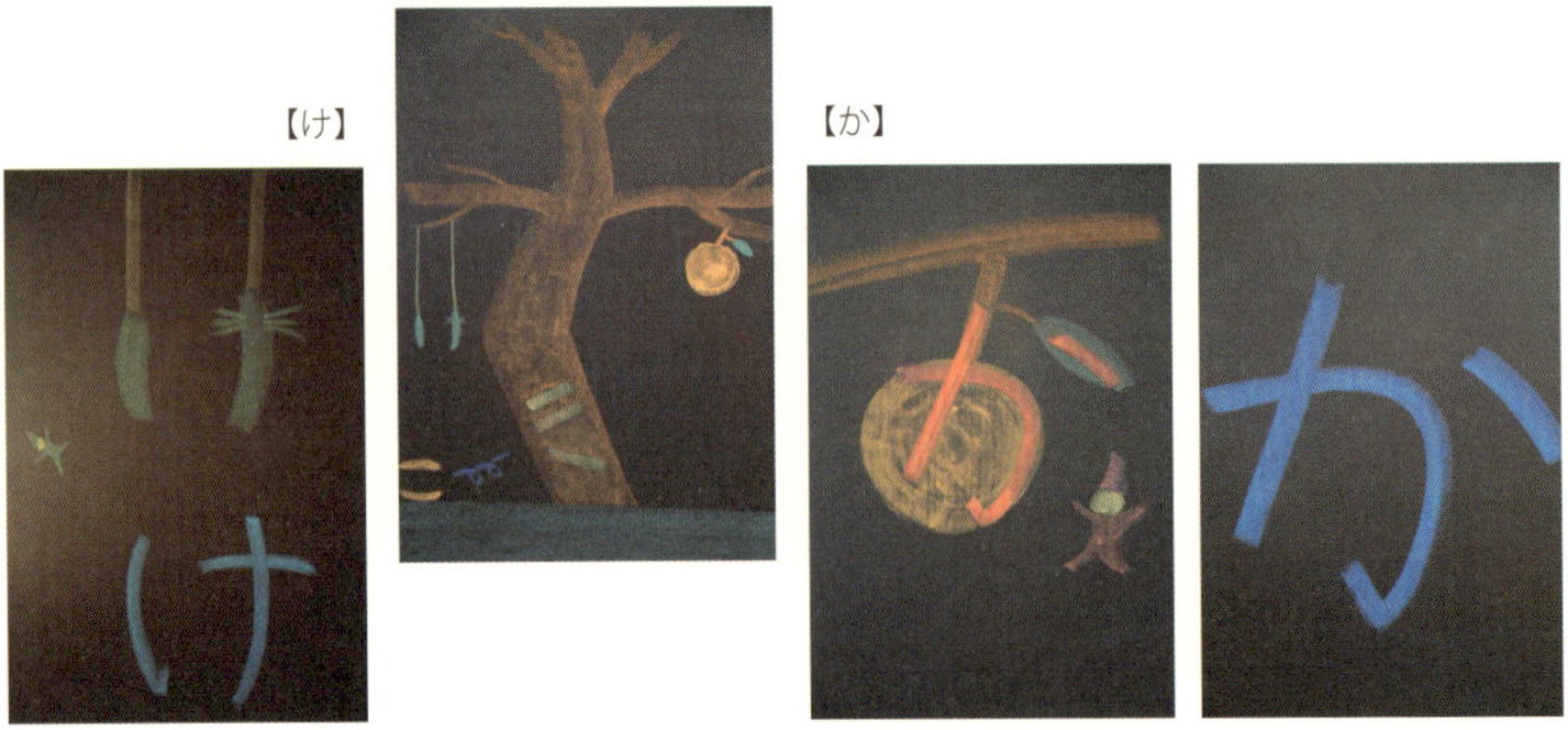

図Ⅳ．絵から子音（＋母音）の文字を取り出す（黒板絵）

年は「か」という字を思いつきます。そんな風にして、柿の木の「**き**ず」からは、黄色い「い」の小人とKの音が飛び出してきて「き」の字が生まれ、「**く**ねね」曲がった幹からは、青色の「う」の小人とKの音が出てきて「く」の字が生まれ、柿の木の枝からぶらさがっていた「**け**むし」からは、緑色の「え」の小人とKの音が現れて「け」の字が生まれ、その毛虫が風に吹かれて「**こ**ろ**こ**ろ」ところがる姿から、オレンジ色の「お」の小人とKの音が飛び出してきて「こ」の字が生まれる、という具合に、「かきくけこ」の子音（＋母音）を一本の柿の木の絵から導き出しました。そして、同じやり方で、少年が再び家に戻るまでの道で出会う生き物たちを通して、か行からは行までの子音（＋母音）を学習しました。

　このように、ひらがなの小人の「色」で母音の質感を意識させつつ、子音（＋母音）を絵から文字にしていきました。子どもたちは、まるで隠し絵を見つけるような感覚で、「（今日の絵からは）どんな字が出てくるのかな？」と言いながら、新しいひらがなの登場を、わくわくしながら待ってくれました（図Ⅳを参照のこと）。

効率よく教える

さて、母音と子音を合わせて、二つのエポックを費やしましたが、それでもまだ、ま行以下の子音（＋母音）が残っていました。そして、3回目のひらがなのエポックになると、子どもたちも、そろそろ全部のひらがなを習ってしまいたい、早く何でも書けるようになりたい、と言い出すようになりました。そこで、これまでのやり方を変えて、もっと効率よく教えることにしました。その際、僕が用いたのが、「蜜ろう粘土」でした。

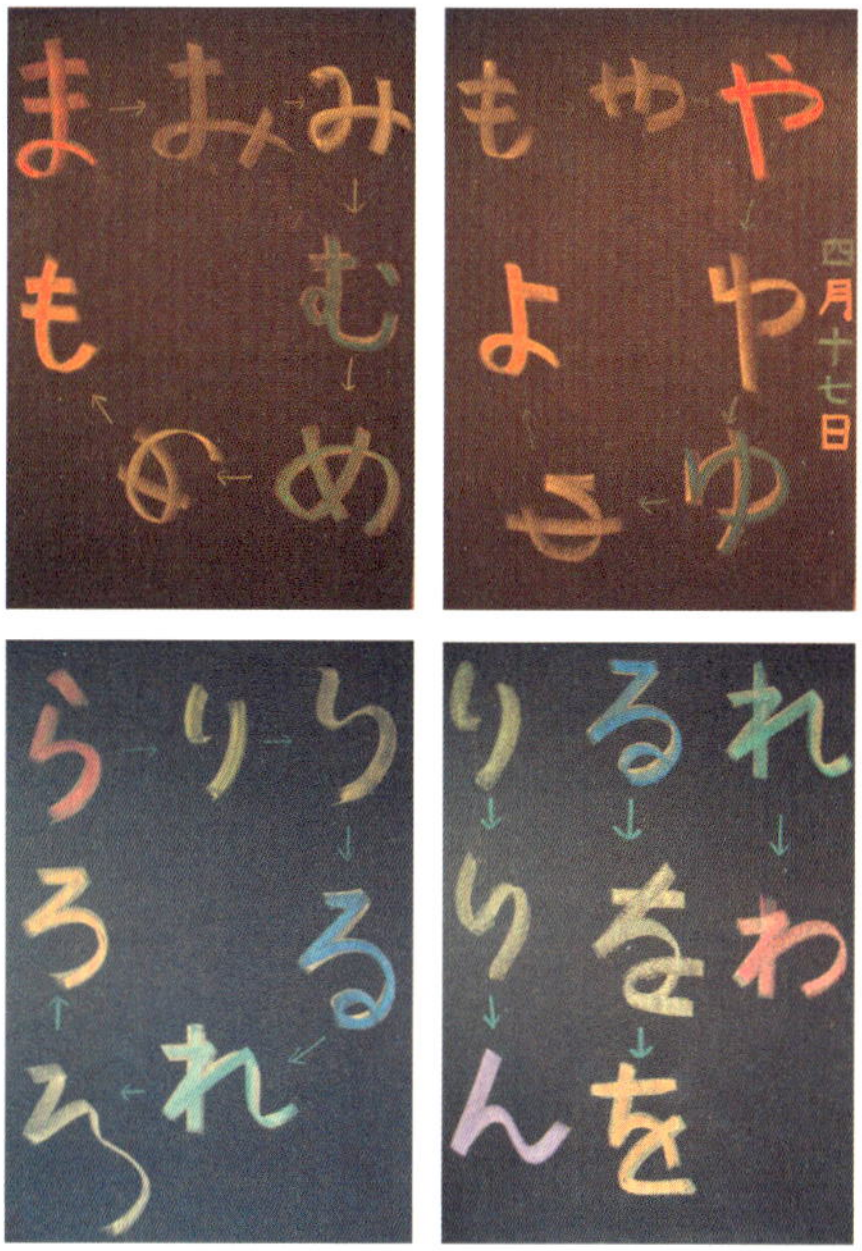

図Ⅴ．粘土の形からひらがなを取り出す
（黒板絵）

どうしたかというと、まず、粘土をニョロニョロと一本のヒモにします。そして、それを曲げたり、つなげたりしながら、少しずつ変形させて、たとえば、「ま↓み↓む↓め↓も」の形を作らせていくのです。こうして1日目は、子どもたちと一緒に粘土あそびをしながら、粘土が変形していく様子をノートに描いておきます。そして、次の日に、その絵を、例のひらがなの小人の色で色分けして、「まみむめも」や「やゆよ」

といった文字を取り出していくのです。このやり方だと、約2日で一つの行を教えることが可能になります。ただし、子どもによっては、進むのが早すぎて学習が定着しない場合も考えられるので、習ったひらがなが入った言葉を書かせたり、背中にひらがなを書いて当てさせたり、「ひらがなかるた」を作らせたりして補いました（図Ⅴを参照のこと）。

主人公の少年には、3歳になる妹がいるという設定で、その子が粘土遊びをしていて偶然ひらがなの形を作り出した、という話をしながら、みんなで粘土をニョロニョロやって遊んだのですが、僕にとっても和やかで楽しい時間でした。

そして、とうとう最後のひらがな「ん」を教え終わった時、「わあっ！」と歓声が起こり、子どもたちは手を叩いて喜びを表現してくれました。「これで、何でも書けるぞ！」という、子どもたちの熱い想いがひしひしと伝わってきて、鳥肌が立ったのを覚えています。

おわりに

ひらがなの小人の声がこだまする
宇宙の中にこだまする
A・I・U・E・O
ひらがなの小人の声がこだまする
心の中にこだまする

（無言で）Ａ・Ｉ・Ｕ・Ｅ・Ｏ

「Ａ・Ｉ・Ｕ・Ｅ・Ｏ」を唱えるところで、オイリュトミーのＡ・Ｉ・Ｕ・Ｅ・Ｏの動きをする子どもたち。ひらがなのエポックは、毎回、この詩を唱えることから始まりました。試行錯誤の連続でしたが、子どもたちの心に、少しでも言霊の余韻を残すことができたでしょうか。彼らが上の学年になった時に、今回の授業のことを懐かしく思い出してくれたら、こんなに嬉しいことはありません。

さて、僕はこんな風にひらがなを教えましたが、他の先生方も、それぞれの問題意識とやり方で、魅力あふれる授業をなさっています。その多様さ、自由さこそが、シュタイナー教育の醍醐味だと思います。今回の発表が、これからの国語教育の発展に少しでも役に立ってくれたら幸いです。

これで、僕からの報告を終わります。最後まで読んでくださり有り難うございました。

第三章　2年 国語　動物寓話と聖人伝

2011年度2年担任
後藤 春日

都内の公立小学校で8年間教諭として勤務後、米国カリフォルニア州のルドルフ・シュタイナー・カレッジでシュタイナー教育教員養成課程を修了。同州シダー・スプリングス・ウォルドルフ・スクールで2年間、外国語教員として勤務。帰国後、1999年4月〜2005年3月まで、東京シュタイナーシューレでクラス担任を務める。再び教育現場に復帰し、2010年4月よりシュタイナー学園初等部教員。

1．2年生という時期

「1年生の頃は、妹にあんなにやさしかったのに、この頃本当にひどいことを言うんですよ。そうかと思うと、今度はすごく良くしてあげてまるで天使のようになるんです」

2年生の保護者からは、よくこんな声が聞かれる。まさに「ある時は動物園の動物のよう。また、ある時は聖なる天使のよう」これが2年生の子どもたちの姿である。

それでは、一体、2年生という時期に、子どもの内で何が起こっているのだろうか。1年生の時期には、子どもの感情や思いは、全体の中に包まれてそれほどはっきりとは現れてこない。ところが、2年生の時期には、感情や思いが自分のものとしてより強くはっきりと体験されるようになるのである。善き思いと意地悪な気持ち、強さと弱さ、聖なる思いと愚かさ、人間らしい面とまるで動物のような面。これらの感情や思いを、自分の内に以前より強く体験し、生活の中で外にも表わすようになる。

つまり、2年生は、善悪、聖なるものや愚かさ、人間らしさと動物のような面など、2つの相対する極、両極の感情や思いを、自分の内に強く体験し始める時期なのである。

2．成長を支えるためのカリキュラム

（1）2年生の成長課題とカリキュラム

それぞれの発達段階には、成長していくための課題がある。そして、シュタイナー教育のカリキュ

ラムは、それぞれの発達段階における子どもの成長を支えていくためにある。

2年生という時期では、何が成長の主要な課題なのだろうか。それは、上述したように、自分の内に強く体験し始めた両極の感情や思いを、どう健やかに調和させて育んでいくかという課題である。

では、2年生のカリキュラムは、どのようにその課題を支えるのだろうか。2年生で語られる物語の主要なテーマは、「動物寓話」と「聖人伝」である。

(2) 動物寓話

動物寓話には、動物の愚かな姿やこっけいな姿が描かれている。しかし、実はそこで動物の姿を通して表現されているのは、人間のもつ弱さ、愚かさ、克服できていない一面性、人間の中の低次の部分なのである。子どもたちは、動物寓話を通して、人間の中にある動物的な面を、共感をもって体験する。

(3) 聖人伝

聖人伝には、自分の中にある一面性や低次の部分を克服し、善きことや人のために、自分を変容させた人間の姿が描かれている。人間とは、自分の弱さや愚かさ、一面的で低次の部分を、克服して高次なものに変容させる可能性をもつ存在なのである。子どもたちは、聖人伝を通して、自らがもつ動物的な一面性を克服し、高次なものに変容していく人間の姿を、驚きや感動をもって体験する。

（4）調和そして物語を通して

2年生のカリキュラムにとって、大切なふまえるべき点が2つある。

1つめは、動物寓話と聖人伝が対になってはじめて、調和がもたらされることである。あまりにも動物寓話のみに偏ると、子どもたちには、人間の動物的な面に対して、あざけりやあきらめに似た感情を抱かせてしまう可能性がある。また、あまりにも聖人伝のみに偏ると、人間の偉大さのみが強調され、人間の弱さや小ささ、動物的な面が見落とされる可能性がある。人間の中には、2つの極があるのであり、それらを調和させていくことこそがシュタイナー教育で大切にしていることである。

2つめは、これら人間のもつ両極の面を、物語を通して体験するということである。この時期の子どもは、この両極の面を、抽象的な観念や道徳論によって理解するわけではない。では何によって理解するのだろうか。子どもは、物語の中で描かれているいきいきとしたイメージを通して、そこに語られている本当のこと、真実を、受け取ることができる。2年生の子どもたちは、動物の姿、聖人の姿を通して、人間のもつ両極のイメージを、共感や驚き、感動をもって受け取り理解するのである。

3．動物寓話のエポック授業の実践

それでは、動物寓話のエポック授業をどのように進めていったのか、紹介しよう。

動物寓話のエポックは、1学期の6月から4週間行なった。6月になった理由は、3月11日に発生した東日本大震災を経て、子どもたちに、自然の力を信じること、季節は必ずめぐってくること、日本の風土ならではの温かな話、美しい風景、人々の困難を幸せに変えていく力や、笑いやユーモアなどのテーマをもつ物語やNature Storyを、動物寓話に先立って語っていたからである。

(1) どの物語を選んだか

動物寓話の物語を通して2年生の子どもたちが体験するものは、動物(物語によっては人間)の姿を通して描かれた人間の内にある弱さ、愚かさ、克服されていない一面性、低次の部分、人間のもつ動物的な面である。イソップの動物寓話、いわゆるイソップ物語には、そのような短い簡潔な物語が数多く集められている。もちろん、動物寓話は、イソップに限らず、世界の各地で伝えられてきた様々な物語がある。たとえばロシアの民話やアイヌの民話の中にも、面白い動物寓話がたくさんある。授業では取り上げなかったが、日本の昔話の中にも探せばたくさんあるはずだ。

私が今回2年生の授業で語る物語を選ぶ基準としたのは、動物的な面や一面性、愚かさが、この時期の子どもにとって理解しやすい明確なイメージで描かれている話であること、内容や描写が子どもの心にとって無理がなく、親しみがもてててつながりやすいということ、短い簡潔な物語であることである。短く簡潔な物語としたのは、1年生で全てのひらがなを学び終わった子どもたちが、そのひらがなを使って物語を要約した短い文章をノートに書くためである。

結果として選んだ物語は、以下の7つであった。

- うそつきの羊飼い※ (イソップ) ※「うそつきの子ども」「わるふざけをするヒツジ飼い」等の訳題で、本には掲載されている。
- キツネとブドウ (同)

●肉をくわえたイヌ（同）
●キツネとツル（同）
●王様に選ばれたキツネ（同）
●金の卵を産むメンドリ（同）
●ツルとアオサギ（ロシア民話）

（2）どのように授業が展開されたか

それでは、「肉をくわえたイヌ」の物語を例に、どのように実際の授業が展開されたかを紹介しよう。

①物語を聴く

イソップの動物寓話は、一話一話がとても短い。明確なイメージを伝えるためには、動物寓話は簡潔で短いほどいいと言えよう。ところが、1年生の時にグリム童話などの長い物語を聴いてきた子どもたちは、動物寓話があっという間に終わると、「えっ、もう終わり？」と一様に驚く。中には、お話のもつ眠らせる力に浸りきって半分眠っているような状態になり（本当に眠ってしまう子もいる！）、ほとんど聴いていない子どももいる。

そこで、物語を語り始める前に、子どもたちに次のように言った。

「これから皆さんに話すお話は、とても短いです。どんなお話か、よく注意して聴きましょう」

これで、子どもたちには、短い物語の中で語られるメッセージを聴きとるため、イメージを描くための注意と集中が必要であるという意識が喚起された。シャキッとして身を乗り出す子どもたち、一言も聴きもらすまいと目を見開いている。

『肉をくわえたイヌが、川をわたっていきました。水にうつるじぶんのかげを見て、もっとべつの大きな肉を持ったイヌがいるとおもって、そのイヌの肉をとろうとすると、じぶんの肉が口からおちてしまいました。

イヌは肉をふたきれともなくしたのです。ひときれは、もともとなかったのですし、もうひときれは、川にもっていかれてしまったのです。』（岩波少年文庫「イソップのお話」河野与一編訳、岩波書店）

イソップ物語には、全ての物語の最後に、短い教訓や解説に相当する文章がある。ちなみに、この物語では、『この話は、よくばりの人にしてやるといいのです。』である。

この部分は、子どもには語らない。あえて、この部分を除いて語る。なぜかといえば、このことこそ、子どもが物語を通して、受け取ってほしいものであるからだ。教訓的な言葉、道徳論によってではなく、物語の中のイメージによって受け取ってほしいものなのである。

イソップ物語「肉をくわえたイヌ」

この物語を真剣に聴いていた子どもたちは、物語の結末を聴いて、「なんてばかなんだ」という表情をした。「うそつきの羊飼い」を語った時などは、本当に「ばか……」というため息が子どもから聞こえてきた。

お話の時間が終わったとたん、子どもたちの何人かが、「ああ、面白い」と言い、肉を失ったイヌがいかに愚かであるか、それぞれに一生懸命話していた。

②再話する　Retell

翌日、どんなお話だったかを、皆で思い起こし、再話する「retell」の時間をもつ。子どもたちは、「本当にあのイヌはばかだ」といいながらも、どこかイヌのことを憎めないような様子で、さもおかしそうに笑っている。なぜならば、子どもたちにとって、身に覚えがあるからなのだ。物語の中のイヌは、まさに自分が生活の中で体験していることそのものなのである。限りない共感をもって、子どもは、肉を失った愚かなイヌに対して、「何て、ばかなんだ」と言ったり、笑ったりするのである。

そこで、子どもたちに、問うてみる。

「みんな、お話を聴いておかしいと笑ったよね。それでは、あのイヌはどうすればよかったのですか。誰か言える人はいますか」

これは、物語の解釈に関する問いである。グリム童話では解釈は求めない。動物寓話でも、ましてや聖人伝では、表面的な解釈など子どもに求めない。しかし、動物寓話に関しては、子どもたちは「はいはい」とこぞって手を挙げ、目を輝かせ、指名されれば口角泡を飛ばして言おうとする。なぜそんなに積極的なのか。それは、子どもたちが、実際に体験していること、身に覚えのあることが物語の中で語られているからである。

子どもたちから出された考えをまとめると、以下のようである。

「もう肉があるんだから、もっとほしがらなければよかった」

「肉を口からはなさなければよかった」

「向こう岸に、肉を置いてから、戻って来ればよかった」

なるほど、そうなのか、さらに欲張るとこうなるのかという明確なイメージを、子どもたちは物語を通して受け取っていた。こういう時、短い簡潔な物語ほど、受け取るイメージが明らかになるのである。

③物語の絵を描く

この後、物語の絵をエポックノートに描いた。絵を描くことは、子どもたちが物語を聴いて感動したことを、再現することにつながる。

子どもたちは、「面白いよね」「笑っちゃうよね」などという言葉こそ発しないが、集中して描いていく。だが、子どもたちが物語と感動を追体験しながら描いていることが、その姿を通してよくわかった。

④物語を要約した文章を書き写す

次に、子どもたちは、物語を要約した文章を黒板からエポックノートに書き写していった。文章を、子どもに考えさせるという方法もある。しかし、今回は、くっつきの「は・を・へ」、句読点、カギ括弧（「」）の使い方などを学ぶと同時に、自分の字で書いた散文形式の文章を読むという学習を兼ねたため、私が文章を作成した。

「肉をくわえたイヌ」の物語は、次のような文章になった。

『にくをくわえたいぬが、川をわたっていきました。水にうつるじぶんのかげをみて、もっと大きなにくをくわえたべつのいぬがいるとおもいました。そして、あい手のにくをとろうとして、口をあけました。すると、にくが、水の中におちました。いぬは、にくをなくしてしまったのです。』

ノートにブロッククレヨンで色の帯を引き、その上にスティッククレヨンで文を書いていく。字の大きさをそろえて上手に書けるようになるまでは時間を要したが、子どもたちは一生懸命に取り組み、上達していった。

⑤要約した物語を音読する

次は、自分のエポックノートに書き写した要約文を、音読した。言葉やリズムを耳から覚え朗唱する経験は十分に積んでいる子どもたちだが、書いた文字を読んでいくことは、まだ慣れていない。初めは文字を拾い読む感じでたどたどしいが、宿題でも毎日読み続けた結果、日を重ねるごとに上手になっていった。

子どもたちは、「肉をくわえたイヌ」の物語の前に、「うそつきの羊飼い」と「キツネとブドウ」の物語をすでに聴いており、その要約文をノートに書き写していた。授業や宿題でその先に書いた文章も継続して音読していく。すると、「肉をくわえたイヌ」の文章はたどたどしいが、練習を重ねた「うそつきの羊飼い」の文章は上手に音読できるようになっていく。子どもたちは、練習を重ねれば上達してできるようになるのだということを経験した。そして、練習を重ねることで上達し、そのことで自信をもつようになっていった。

毎日の宿題と、エポック授業で音読を繰り返していく。全員で音読した後は、グループごとに、その後は、一人一文ずつなど、バリエーションをつけて、飽きないように音読の練習をしていった。

⑥要約した文章を覚えて朗唱する

子どもたちの体に、それぞれの物語の要約文がしっかり入って、文章を目で見ないでも語れるよう

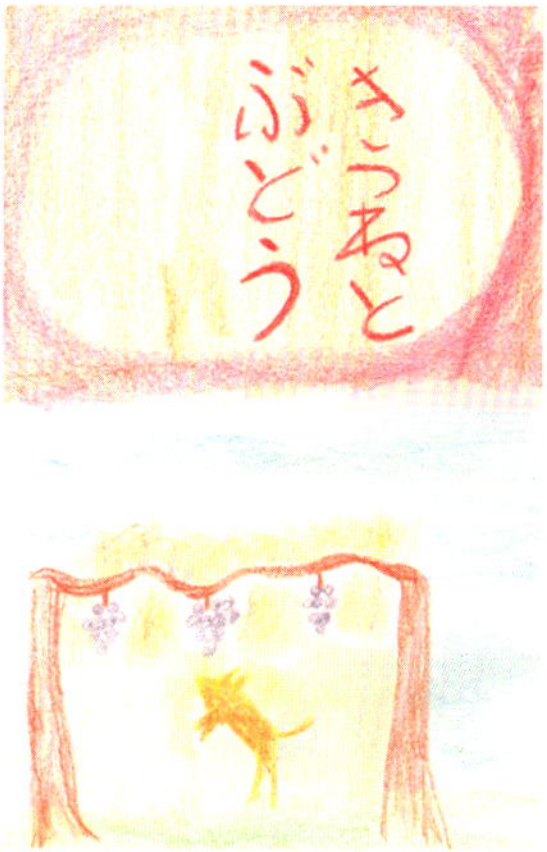

イソップ物語「キツネとブドウ」

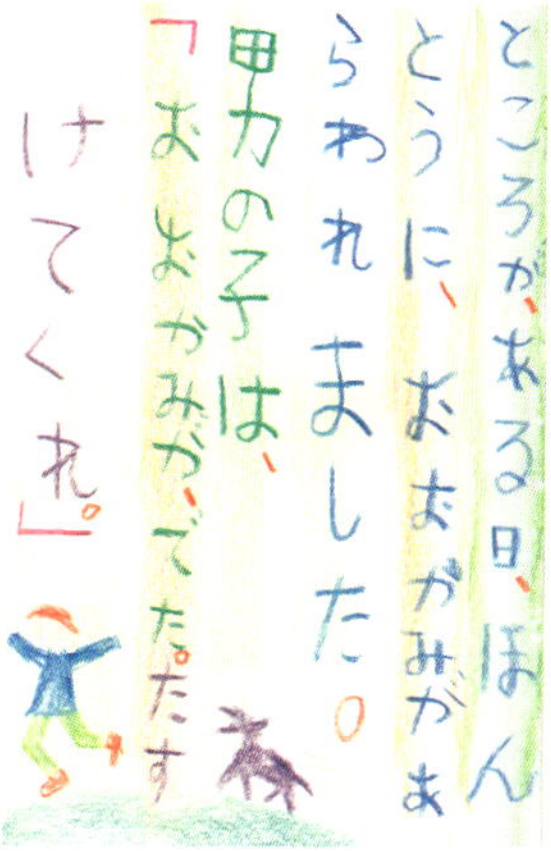

同「うそつきの羊飼い」

同「キツネとツル」

になった頃を見計らって、今度は同じ文を、エポック授業のリズム部分の中で朗唱として取り上げた。

クラスの子どもたち全員で朗唱することにより、皆でひとつになってやりとげる喜びが生まれる。一人で行なうよりも、皆で行なうことが楽しい。そして、多少読みの力がまだ不十分な子どもでも、皆で朗唱することによって一緒に内容を唱えられるのである。何よりも、皆で物語を思い出しながら、そこで感じた思いを共有できるのが嬉しいことである。

（3）音読することで得られるもの、音読することの意味

子どもたちは、イソップの物語を要約した文章をエポックノートに書き写し、毎日毎日音読する。そのことで、子どもたちはお話を聴いた時の感動を追体験する。自らの音声で語ることによって、物語の主題が抽象的な概念ではなく、音と自分の行為と共に、しっかりとその身に入っていくのである。かつての寺子屋のように、大切な教えを、書き、読み、覚え、語ることによって、物語のエッセンスと自分がつながり、会得していくのにも似たプロセスを踏んでいくのである。

それでは、音読をせずに黙読ではどうなのか。文章を読むことを学び始める時期、音読をさせると、多くの子どもたちが、読む速さでは文字を追えず、とばしたりする。言葉のまとまりや、言葉や文の切れ目も、まだ正確にはつかめない。読もうと思って、目だけが先に文字を追い、読むことの内実が伴っていないことが少なくない。このような状態で黙読を奨励するよりは、たどたどしいかもしれないが、文字や文章と子どもが感覚によって結びつくことのできる音読の方が、この時期の子どもたちにふさわしいと私は思うのである。

（4）朗唱と寸劇

1学期の終わりに、月例祭がある。そこで、動物寓話のエポックのまとめとして、短い簡単な劇を行なうことにした。劇をすると聞いて、子どもたちは大喜びだった。シュタイナー学園の子どもたちは、他学年の劇を観る機会がたくさんある。いよいよ自分たちもできるとなると、嬉しくてしょうがないのだろう。

①4つの物語の朗唱と寸劇

劇といっても、シュタイナー学校において本格的な劇は3年生からといえよう。2年生の劇は、劇のようなものを楽しむ「劇遊び」といってもいい。今回は、朗唱を全員が並んで行ないながら、その前で簡単な寸劇をできれば楽しいと考えた。

私のクラスの子どもたちには、学校での生活の中で、金、銀、赤、青の4色の星のグループがある。何か必要があって小グループに分かれる時は、その4グループを使う。当番で掃除をしたり、何かを作ったりする時である。今回の寸劇では、そのグループを利用することにした。特別な役を割り振るのではなく、普段の生活の中で寸劇も楽しむことができたらいいと考えたからである。

このようなわけで、寸劇を行なう物語を４つにしぼった。各グループの子どもたちの様子を見て、各グループに1つずつ物語を割り当てた。全てイソップからで、「キツネとブドウ」が金の星、「肉をくわえたイヌ」が赤の星、「王様に選ばれたキツネ」が青の星、「うそつきの羊飼い」が銀の星という具合である。皆、自分たちの行なう物語をもらって、大喜びである。

子どもたちは、いつも1列に並ぶ順番で、横1列に並び、全員で４つの物語を全て朗唱する。その前で、それぞれの物語を担当するグループの子どもたちが出てきて、朗唱をバックに寸劇をする形である。朗唱の言葉は、エポック授業でノートに書き写したのと同じ、各物語を要約した文章であり、普段の授業と宿題で、音読や朗唱を繰り返し、すっかり子どもたちの体に入っている。劇のために特別な台詞の練習をする必要はなかった。

②道具作り

あっという間に終わる寸劇といえども、小道具が必要だったので、早速、小道具作りを始めた。まず、自分たちが行なう物語ではどんな小道具が必要だと思うか、各グループから考えを出してもらった。私は、今回の寸劇では、動物だからといって特別な衣装は無し、物語をわかりやすくするための最小限の小道具でいいと考えた。そこで、子どもたちから出された考えのうち、私が必要と思う物のみを作ってもらうことにした。小道具を作る材料は、紙（画用紙や白い紙、工作用紙など）と新聞紙、たこ糸、のり、輪ゴムなどである。それらで作れるもの以外の小道具が特に必要な物語には、さおや布を使うといいことを伝え、使い方をアドバイスした。

結局、作られた小道具は、こんな具合である。「キツネとブドウ」では、さお2本にたこ糸を渡して糸に葉っぱやブドウの実をさげたもの、キツネのしっぽ。「肉をくわえたイヌ」では、肉、イヌの耳、川を表わす青い布。「王様に選ばれたキツネ」では、王様の冠、コガネムシを糸の先にさげたさお。「うそつきの羊飼い」では、オオカミのしっぽ、助けに来る村人の刀。

これらは、新聞紙をまるめて形を作った後、クレヨンで色をぬった紙でおおい、必要であれば輪ゴムやホチキス、セロハンテープなどを使って留めていくという、いたってシンプルなものである。

小道具作りは、子どもにとって楽しい時間である。自分の小道具を一生懸命に作っている。それぞれ使いやすく、とてもいい小道具が次々にできていった。

③動き作り

さて、小道具ができたところで、各グループの寸劇をどのように行なうか指導して回ろうとしていた時だった。なんと、小道具のできあがったグループから、もう子どもたちが自分たちで、どのように劇をするか、動きを考えて練習しているのである。

「王様に選ばれたキツネ」の青の星グループでは、騎馬戦のように3人の子どもで馬を作り、王様に選ばれたキツネが乗る輿にした。王冠をかぶせられ輿にのったキツネ役の子の鼻先に、もう一人の子が、さおからさげたコガネムシをゆらゆら揺らしながら動かす。すると、キツネ役の子は、輿から飛び降りて、コガネムシを追っかけ回す。行儀の悪いキツネは、王様の位から降ろされ、王冠をとられてしまう、というわけである。動きができたら、何度も何度も繰り返して練習している。

「肉をくわえたイヌ」の赤の星グループも、小道具ができあがり、動きを考え始めた。川の水を表わす布の前で、2人の子どもが向き合い、同じ動作をしている。やってきたイヌと、川の水に映ったイヌというわけだ。肉をくわえたイヌが口を開けて肉を落としてしまうと、川の水に映ったイヌも同時に落としてしまう、という具合だ。このグループも、自分たちで役を決め、何度も練習している。

私は、小道具作りに時間がかかっているグループを手伝っていたが、青の星と赤の星の2グループは、とうとう、自分たちで椅子を並べ観客席を作って、お互いのグループの劇を発表し合いはじめているのである。これには、私も驚いた。もちろん、子どもたちはどの物語の言葉も覚えているので、皆で声をそろえて朗唱しながら、お互いのグループの発表を見合って、手を叩いたり、笑ったり、大喜びである。

低学年の劇では、特定の役に特化するのではなく、子どもたち全員が全部の役を体験できるといい。子どもたち自身が、物語やクラスと一体となって体験するためである。子どもたちには、あらかじめ、練習の時から皆がいろいろな役を交代して行ない、全員が全部の役をできるようにするよ、と言っておいた。

そこで、子どもたちは、動きができたら、入れ替わり立ち替わり役を交代して楽しんでいる。月例祭の時は、誰がどの役をするかまで、もう子どもたちで決めてあって、無理や不満が無いようなので、今回は子どもたちの自発性をいかし、それでいいことにした。

④一体となる体験

全グループの小道具作りと動きができた後、教室の後ろ半分に全員の椅子を弧にして並べ観客席を

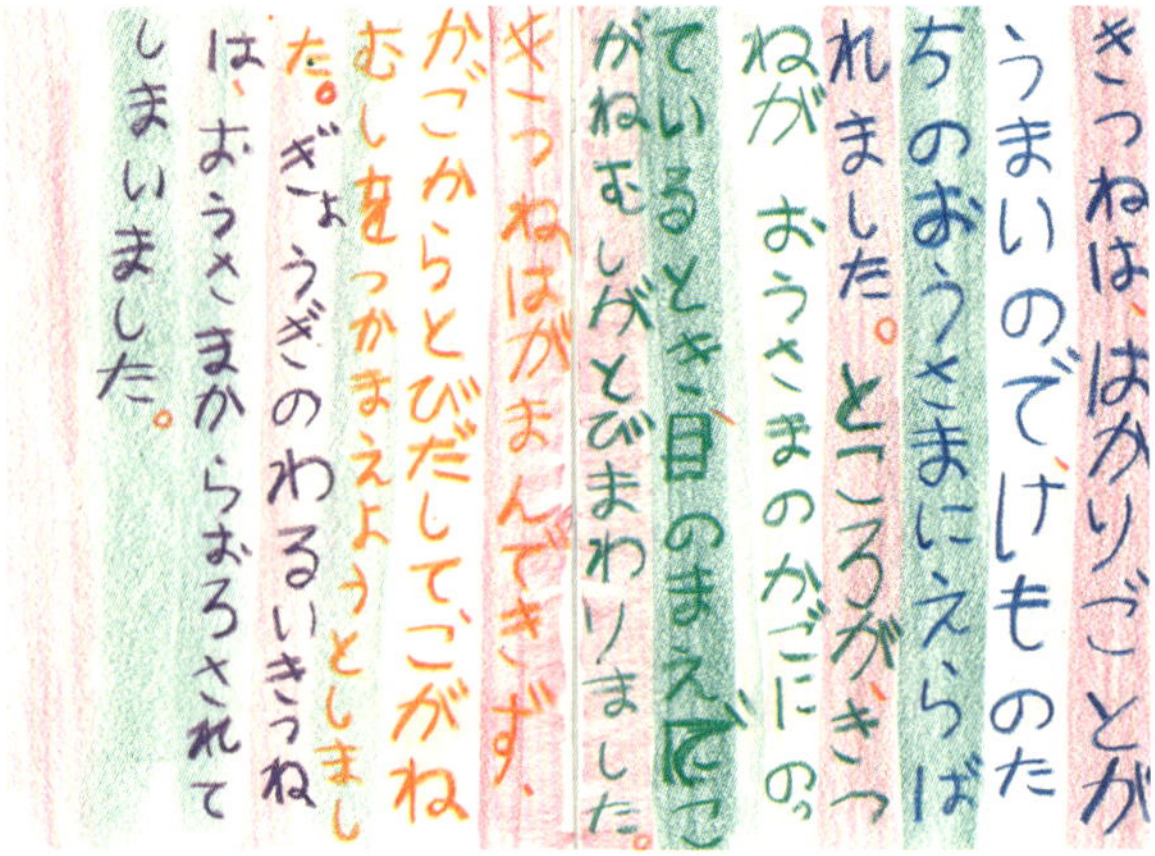
きつねは、はかりごとが
うまいので、けもののた
ちのおうさまにえらば
れました。ところがきつ
ねが おうさまのかごにの、
ているとき目のまえでこ
がねむしがとびまわりました。
きつねはがまんできず、
かごからとびだして、こがね
むしをつかまえようとしまし
た。ぎょうぎのわるいきつね
は、おうさまからおろされて
しまいました。
イソップ物語「王様に選ばれたキツネ」

作った。教室の前半分がステージで、各グループの発表をするのである。各グループの発表を見ながら、観客席の子どもたちは一緒に朗唱する。子どもたちは楽しくてしかたがない様子だ。まさに、1回1回、物語そのものを一体になって体験していた。私が指導したことは、動きに合わせた朗唱の言葉のタイミング、ステージや袖の出入りのタイミング、ステージの上で団子状態にならないための位置取りぐらいであった。当初の私の予想をはるかに超えて、子どもたちは自ら進んでいろいろな小道具や動きを創り出し、役割分担をし、繰り返し練習し発表し合い、積極的だったのだ。

「早く発表したい」「発表が楽しみ」と月例祭当日まで言い続けた子どもたち。当日は、言葉が速くなり、声もそろいにくく、はっきりよく聞こえたとは言えなかった。しかし、とにかく、全員が楽しそうだった。月例祭後に感想を聞いても、一人残らず「楽しかった」と言った。本当にそうだったのだろうと思う。

一つひとつの物語を自らの声を出して語る。皆でひとつの声になって朗唱する。舞台で起こる一つひとつのことに、全身で反応している。「あっちだぞ。今度はこっちだ」と、コガネムシを追い回すキツネや、何度もうそをついたためにオオカミに追い回される羊飼いの姿を見て、寸劇をする子どもも朗唱する子どもも、愉快に笑う。こっけいであればあるほど、心から笑っている。劇で表現することで、物語の体験が子どたちのより深いところに降りていくと感じた。

4. ジャータカ物語

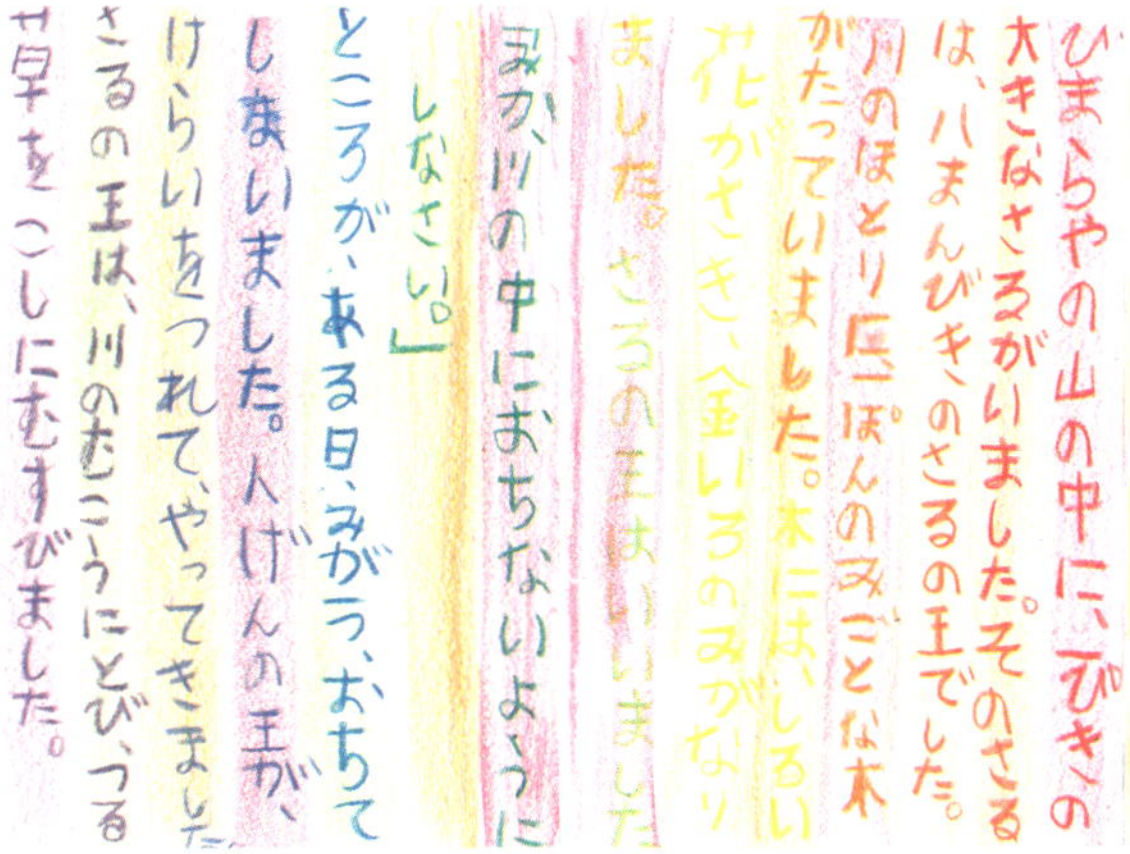

ジャータカ物語「サルの王の物語」

２学期の初め、本格的な聖人伝のエポックに入る前に、「ジャータカ物語」から、３つの物語を話した。繰り上がりの筆算を学ぶ算数や、対称のフォルムを学ぶフォルメンのエポックと組み合わせてである。

ジャータカ物語は、お釈迦さまの「前の世の物語」であり、お釈迦さまが仏になるまでに、動物や人間の姿を借りて聖なる行ないを積むという、たくさんの物語が語り伝えられたものである。

アジアの仏教を基盤とした文化では、人間だけが生き物の頂点にいるのではなく、むしろ動物も人間も同じ衆生である。そのような感覚は、子どもたちが日々生きる環境の中で、ごく自然に存在している。アジアの多くの文化では、人間と自然が対立するものではなく、あくまでも人間は自然の一部なのである。

ジャータカ物語「サルの王の物語」

日本の子どもたちは、動物も人間も同じ生き物どうしであり、動物の中にも何か聖なるものを感じる風土に生きているのである。

私は、ジャータカ物語が、動物寓話と聖人伝の両方の性質をもつと考え、日本に生きる子どもたちがしっくり感じるであろう物語を話したいと思った。

選んだ物語は、以下の3つである。

●カメとハクチョウ
●サルの王の物語※
●月のウサギの物語※

※「命をすてて仲間を助けたサルの話」等の訳題で、本には掲載されている。
※「ウサギの施し」等の訳題で、本には掲載されている。

「カメとハクチョウ」は、動物寓話的な物語として、また、「サルの王の物語」と「月のウサギの物語」は、サルやウサギの姿を借りて聖人的な行ないをする聖人伝的な物語として語った。

大きなウエイトを占める扱いではなかったが、子どもたちはジャータカ物語を楽しみ、動物と人間とが混乱することなく、物語を自然に受けとめていたと感じた。子どもは、克服されより高いものに変容された行ないを、物語の中でしっかりと分けて聴きとる力をもっていると、あらためて感じた。たとえ、それが、動物と人間のどちらの姿を借りていても、である。

5. 聖人伝

次に、動物寓話と対極をなし、動物寓話と対になって調和をもたらす聖人伝のエポック授業をどのように進めていったのかを紹介しよう。

(1) エポックの組み方

聖人伝は、2学期の10月から語り始めた。カタカナ導入のエポックと共に5週間、その後、算数のエポックと共に4週間。3学期に入ってからは、劇のエポックと共に4週間、その後、再び算数のエポックと共に4週間である。

カタカナ導入のエポックでは、聖人の名前をカタカナで記すことができた。算数のエポックでは、筆算や繰り上がり繰り下がり、大きな数や九九などの算数の内容を学びながら、授業の最後のお話の時間に聖人伝を語っていった。

現在担任している2年クラスの子どもたちは、特に算数において、前の日に学んだ内容を次の日にもう一度繰り返しながら、じっくり進んでいくプロセスを踏むことがいいと感じている。新しいことにどんどん進むより復習することに重きを置く日も出てくる。そのような日には、エポックノートへのまとめが、算数の内容の代わりに、聖人伝の物語の絵を描いたり、要約した文章を書きとったりということになるのである。

ひとつの教科を集中して学ぶエポック授業において、このやり方がふさわしいのかは、議論の余地があるところであろう。しかし、この方法は、比較的ゆっくり進むことで子どもたちが安心できるクラスでは、なかなか有効であった。一方の内容にゆっくり時間がかかっても、もう一方の内容に確実に進んでいけたのであるから。

(2) 抽象的な観念ではなく具体的な物語で

聖人伝を通して2年生の子どもたちが体験するものは、人間の内にある低次な部分や動物的な面を、克服してより高次なものに変容させていく姿である。自らの一面性を、より崇高な目標のために、あるいは、善きことのために、克服し高次なものに変容させていけるのが、まさに人間という存在なのである。そして、動物と対比させると、その可能性は人間の内にしか見いだせないものなのである。人間のもつそのような可能性や姿は、抽象的な観念や道徳をならべても、人に伝えることはむずかしい。2年生の子どもにとっては、なおさらである。人間の弱き部分を克服した人の営みを伝える聖人伝こそ、物語を通じて具体的なイメージによって、いきいきと人の心に伝わるのである。

(3) どの物語を選んだか

それでは、聖人伝に誰を選ぶのか。もちろん、語る教師自身が感動できる人物や物語であることは必要である。教師が感動したものであれば、教師の感動を通して、子どもも感動することができるからだ。

しかし、自分が好きな人物、感動した物語ならば、何でもいいというわけではない。誰を選ぶか、どの物語を選ぶかということに関して、実はシュタイナー学校の教師として配慮すべきいろいろな観点が含まれている。

① 2年生の子どもにふさわしいこと

1つめに、最も大切にするべきは、物語の中に描かれているイメージや行為が、2年生という時期の子どもにふさわしいものかどうか、子どもが親しみつながれるものなのかどうかという点であると私は考える。どんなに教師自身が個人的に好きな人物や話でも、この年齢の発達段階や心の状態にふさわしくなければ、健やかな影響を与えない可能性もあると言えよう。例えば、極論だが、2年生の子どもたちに、ある聖人の行ないのうち、殉教などの場面を語ったとしたら、子どもの心身にどのような影響を与えるかは、容易に想像がつくであろう。2年生という発達段階にある子どもが、成長の過程で栄養として必要としているものか、子どものニーズにかなっているか、教師がしっかりと見極めることが肝心である。

シュタイナー学校の教師には、目の前にいる子どもたちに、今必要と思われるものを選び教材として与える自由が与えられている。しかし、それは、責任を伴った自由なのである。自由な裁量を任された教師は、自分の嗜好に偏ったり、子どものニーズより自分の思いが優先されてしまわないように、見極める責任があるのである。自分の選んだものが子どものニーズにかなっているか見極めるためには、子どもの様子や反応をよく観察すると共に、客観的な視点をもてるよう、できるだけ自分の実践を教師間やクラスの会（保護者会）で話したり共有したりして、そこで聞かれた声に謙虚に耳を傾けることが大切であると私は考える。特に聖人伝のように、自分の信条や好み、感性や感動が物語の選択に影響するようなものに関しては、よく意識して向かうことが大切だと思っている。

②universalで普遍的なものであること

2つめに、聖人の行為は、どの文化にも通ずるuniversalで普遍的なものであることが大切である。シュタイナー教育において、聖人伝は、特定の宗教を教えるためのものではなく、自分の一面性や低次の部分を、勇気をもって克服変容していく人間としての姿を伝えるものなのである。

私が2000年に現在のシュタイナー学園の前身である東京シュタイナーシューレで、やはり2年生を担任していた時である。学校をニュージーランドのシュタイナー学校の教師が訪れた。彼は、2年教室に描いてあったアッシジのフランチェスコの黒板画を見て、日本の学校なのにどうして東洋の聖人を教えないのかと、質問した。私は次のように答えた。フランチェスコは、洋の東西を問わず、2年生の子どもが心を通わせ、心をつなぐことができるものをもっている。子どもの発達は、universalで普遍的である。触れるにふさわしい聖人であれば、たとえ背景となる国や文化が違っても構わないと思う。日本の子どもたちへの教育だからと言って、全ての聖人に仏教のお坊さんの袈裟を着せる必要はないと。今から思い返すと、随分ときっぱり言い切ったものだが、方向としては間違っていないと思う。

③イメージがシンプルで物語が面白いこと

3つめに、聖人の行為が、1つもしくは2~3つのできごとによって、シンプルでわかりやすいイメージで描かれ、物語として語って面白いことである。今まで、多くのシュタイナー学校で語り継がれてきた聖人伝は、さすがに、このような形で物語が残っている。ゲオルグが竜と戦う話、クリストフォロスが世界で最も強い王をさがして旅をする話、マルティンが自分のマントを半分に切って与える話、エリザベートがお城から持ちだしたパンが深紅のバラに変わる話、アッシジのフランチェスコがオオカミと握手をする話、などである。

聖人の中には、後に歴史上の人物として歴史のエポックで取り上げたほうが、人物のエッセンスを伝えられる場合もある。

④選んだ聖人伝

聖人伝のエポックを行なう前に、たくさんの聖人を調べたつもりだった。しかし、結局今回選んだ聖人は、前回2年生を担任した時とほぼ同じであり、前回に比べて一人新しく加わっただけであった。上記の理由から、それも納得できる。聖人伝を語る時間は無尽蔵にあるわけでないし、やはりそれだけふさわしいものが語り継がれて残っているのであろう。

以下が、私が今回選んだ聖人である。

- ●ゲオルグ（ジョージ）
- ●クリストフォロス（クリストファー）
- ●マルティン（マーティン、マルチノ）
- ●エリザベート（ハンガリーのエリザベート、エリザベス）
- ●ニコラウス（ニコラス）
- ●フランチェスコ（アッシジのフランシスコ）
- ●マザー・テレサ
- ●良寛

（4）授業の進め方

授業は、動物寓話と同様に、一人ひとりの聖人につき、以下のプロセスを踏んだ。それぞれの活動に関して、動物寓話のエポックと同じものは省略する。

①物語を聴く

②再話する　Retell

③物語の絵を描く

④物語を要約した文章を書き写す

今回は、全て七五調の言葉とした。詳細は、後述する。

⑤要約した物語を音読する

音読は、授業と家庭の両方で行った。授業でノートに書き写した後は、自分で小さい声で音読したり、終わった子ども同士で、組になって交互に音読したり、状況に応じていろいろなやり方で行った。家庭では、宿題として、それまでに学んだ聖人伝も含めて、毎日3回音読をするようにした。家庭でしっかりと協力してくれたので、子ども達は、一生懸命音読に取り組むことができた。再び、授業の中で、音読を繰り返した。これを繰り返すうちに、暗唱できる子が、日毎に増えていった。

⑥要約した文章を覚えて朗唱する

言葉が多くの子ども達の体にしっかり入った頃、朗唱として、エポック授業のリズム部分でとりあげた。もちろん、それまでに学んだ聖人伝の言葉も合わせて朗唱した。

（5）七五調の言葉（要約文）

聖人伝では、物語を要約し、音読・朗唱する文章を、全て七五調にした。

七五調の言葉は、日本語の調べの基本となるリズムとも言える。リズムの力で、言葉が子どもの体にとてもよく入っていくので、覚えやすく、語りやすい。子どもたちは、七五調のリズムに乗って、言葉をすぐに覚えた。また、一度覚えた言葉は、再びリズムに乗ってたやすく呼び起こされ、歌のようにすぐに語り出された。

要約文は、七五調で語れる言葉にするため、私が作成した。また、動物寓話では、散文の形式の文を子どもたちに教えたが、聖人伝では、七五調の言葉を通して、詩（韻文）の形式を子どもたちに教えることができた。

聖人伝のエポックで、物語の要約文を七五調の言葉にして、何よりも良かったことがある。それは、子どもたちが、聖人の生き方のエッセンスを、リズムある言葉で歌のように想い起こせる、呼び起こせることである。

子どもたちが、ある聖人のことを想い起こそうとする時、まずは、「えっと、何した人だっけ」と、その聖人の行ないや物語によって思い出すのである。決して、「このような徳や人間性をもち、このように自分自身を克服した人」というような抽象的で観念的な言葉によってではない。

例えば、「クリストフォロス」という聖人のことを想い起こす時、「子ども（キリスト）を背負った人だよ」とか、「一番強い王様を探したんだよ」「面白いよね、初めは悪魔に仕えたんだよ」というようにである。

しかし、一つ二つの行ないだけでは、クリストフォロスが、大きな望みのためにどう弱さを克服したかを、充分に表わしきれない。それは、物語の中でこそ、生き生きとした動く姿で現れ、子どもに理解されるのだ。それと同時に、物語という水の流れの中に入らないと、なかなか現れにくく、短い言葉のみでは取り出しにくいものなのである。極めて短く簡潔な動物寓話が、一体どんな話なのか、子どもたちは簡単に言うことができるのに比べ、聖人伝は、どんな話なのか、一言で言い表わすことができない。後で、どんな人だったのか想い起こすということに関しては、ここが聖人伝のむずかしいところである。

ところが、今回、七五調のリズムによって、聖人の生き方を要約しエッセンスを伝える言葉が子どもの体の中に入っているのである。エポックノートに書きとった七五調の言葉を、学校と家で毎日毎日音読する。体に入ってきた頃、エポック授業のリズム部分で取り上げて、毎日朗唱する。次の聖人の物語が始まっても、朗唱は続ける。これを繰り返すうちに、リズムに乗って、子どもたちは、いとも簡単に、聖人の生き方を、物語のエッセンスを、呼び起こし、語ることができるようになったのである。

例えば、「クリストフォロス」と誰かが言えば、「大きな男オフェルスは、心にかたく決めていた。世界で一番強い王、偉大な王に仕えると。」というように、要約文をすらすらと最後まで、皆が唱えるのである。まるで、誰かが歌いだした歌を、皆で歌うようにである。

これは、その聖人がどんな人だったのか、感動と共に想い起こすという点で、とても良かった。唱えるたびに、子どもは、絵を描くのと同様、物語を聴いた時の感動を再体験するのであった。

聖人伝のエポックの間、教室で、聖人の生き方のエッセンスを語ったこれら七五調の大合唱が子どもたちから何度巻き起こったかわからない。今後、子どもが聖人伝を、覚えた歌のように自ら呼び起こせるものにするための、ひとつの有効な手立てとして、考えてみる価値があるのではないかと思った。

（6）それぞれの聖人伝と子どもたちの様子

それでは、それぞれの聖人伝で、子どもたちがどのような様子だったのかを紹介しよう。各聖人の言葉（物語や生き方を要約した七五調の文で、エポックノートに書き、音読と朗唱をしたもの）も合わせて紹介する。

①ゲオルグ（ジョージ）

高く青い空に金色の日の光がまぶしい9月の末、秋の祝祭（ミヒャエル祭）の頃に、初めての聖人伝として、ゲオルグの話を子どもたちは聴いた。子どもたちは、ゲオルグが竜に立ち向かう姿に強く感動していた。

誰一人、王でさえ、生贄に差し出された王女を救える者はないその時に、ゲオルグが現れる。逃げてと頼む王女に、「決してあなたを見捨てない。私は竜と戦おう」とゲオルグは言う。「力を送ってください」と大天使ミヒャエルに祈りをささげた後、ゲオルグは馬にまたがり、一人竜に向かっていく。

激しい戦いの末、ついにゲオルグが竜を倒した時、子どもたちの間から、「すごい」とため息がもれた。

白馬にまたがり竜と戦うゲオルグの姿を、クレヨンで描いた。馬を描くのも、騎士の姿を描くのも、2年生の子どもたちには決してやさしい課題ではなかった。しかし、皆がゲオルグの勇ましい姿を描きたがった。描き終わると、ノートに現れたゲオルグの勇敢な姿に満足した表情で見入っていた。音読の宿題のためにエポックノートを持ち帰った時に、家で、自分の描いたゲオルグを「むずかしいんだけど、かっこがいいんだ」と、誇らしげに見せていたという。ノートに描いたのと同じ絵を、家で何度も別の紙に描く子どもも少なくなかった。

「聖ゲオルグ」

わたしは、あなたを、みすてない。
わたしが、りゅうと、たたかおう。
ゆうかんなきし、ゲオルグは、
おそれず、りゅうに、たちむかう。
うしろにたって、ミヒャエルは、
力とゆうきを、おくりだす。
ミヒャエルの、力をうけて、ゲオルグは、
光のつるぎで、りゅうをたおす。

聖人伝「ゲオルグ」

王女をたすけた　ゲオルグは、
ふたたびだれかを　すくうため、
あらたなたびに、あゆみだす。

聖人伝「ゲオルグ」より
ミヒャエル

②クリストフォロス（クリストファー）

最初に子どもたちが「面白いと」と目を輝かせたのは、クリストフォロスが、世界で最も強い王に仕えるために、愚かなほどひたむきに道を探し求めるところである。クリストフォロスは、初めに仕えた王が怖がる悪魔というものが最も強そうだと思い、悪魔をわざわざ訪ねて仕えようとさえするのである。

やがて、クリストフォロスにも、悪魔さえ怖れるキリストが最も強い王らしいということがわかり、今度はキリストを探し求めるのだが、なかなかキリストに会えないのである。賢者を訪ねていくが、「キリストに会うためには、断食をしてたくさん祈らなければならない」と言われる。クリストフォロスは、それを聞いて驚き、「とても自分は断食などできない。祈りというものもしたことがない」と嘆く。賢者に逆巻く川の渡し守になることを勧められると、それなら自分にもできると喜ぶ。このクリストフォロスの正直さ、真面目さ、一見愚かに見えるほどひたむきな姿に、子どもたちは、手をたたいて笑いながら、限りない共感をもって聴き入っている。

物語のクライマックスは、長いこと待ったクリストフォロスが、ついに子どもの姿で現れたキリストを背負って川を渡る場面である。世界を背負っているのかと思うほど重くなる子どもを肩に、激しく荒れ狂う水の中を、もてる力を全部ふりしぼって歩いていく。この力強さに、子どもたちは「すごい」と、感動する。クリストフォロスが向こう岸に子どもを降ろした時は、子どもたちもほっとした表情になった。そして、ついにキリストに出会えたことを、心から「良かったね」と喜ぶのであった。

キリストを運ぶクリストフォロスの姿を、クレヨン画で描いた。男の子は、特に力強さが心に響くのであろう。力強い絵を描いている。背丈ほどもある逆巻く波を、繰り返し繰り返し一心に描いていた。

このクラスの前に担任をしていた子どもたちが2年生の時、やはりクリストフォロスの物語を話した。クラスの中に、真面目でひたむきで、やさしく力強い男の子がいた。彼が12年生になって、卒業プロジェクトで選んだのは、オイリュトミーによる「クリストフォロス」であった。「力強さが自分に合っていると思い、2年生の時に担任の先生から聴いたクリストフォロスの物語を選んだ」と、発表の時に話していた。私は、それを聞き、彼の創作したクリストフォロスのオイリュトミーを観て、あの時語ったひとつの聖人伝が、ここまで一人の子どもの中に深く入り込んでいき、働きかけたのだと、感動を覚えざるをえなかった。

「聖クリストフォロス」

大きな男　オフェルスは、
こころにかたく　きめていた。

せかいで一ばん　つよい王、
い大な王に　つかえると。
王は、あくまを　おそれてる、
あくまは、キリスト　おそれてる。
では、キリストに　つかえよう。
たすけをもとめる　たび人を、
せおって川を　わたすのだ。
ある日、子どもの　こえがして、
むこうへわたして　くれという。
水かさ　どんどん　ふえていき、
子どもも　どんどん　おもくなる。
さいごの力を　ふりしぼり、
オフェルス　つとめを　やりぬいた。
まるで、せかいを　せおうよう、
いや、それいじょう　せおうよう。
わたしは、せかいの　つくりぬし、
このわたしこそ、キリストだ。
キリストせおった　おまえこそ、

聖人伝「クリストフォロス」

③マルティン（マーティン、マルチノ）

先に紹介した男の子のように、ある聖人をとても近く感じ、つながりを見出す子どもが時々出てくるものである。現在担任しているクラスでは、マルティンの柔和なやさしさに、特に心魅かれていた男の子がいた。

マルティンは、将軍である父から軍隊に入るように言われた時、こう言った。「なぜ、剣や槍で、人を傷つけたり殺したりしなければならないの。ぼくは、皆に、死ぬより生きてほしいのに」。それを聴いて、その男の子は、本当にそうだよという表情で、大きくうなずいていた。結局マルティンは父親に捕まえられて無理やり軍隊に入れられてしまうのだが、その間も徹底して武器による戦いよりも、平和を求めるのである。

マルティンが兵士の務めを果たしていた時、町の城門を通りかかり、着るものもなく震えている物乞いに気づく。誰もが見ぬふりをする中、マルティンは一人近づき、肩にかけた自分のマントを２つに切って、半分を渡す。マルティンのさりげない温かさ、やさしさが、見事に現れている場面である。先の男の子の物語を聴く表情は、心の深いところで満たされながら受け取っていることを感じさせるものだった。

マルティンの物語は、闇が深くなる晩秋に語られた。この時期は、闇を照らす光をともすために、みつろうろうそく作りが行なわれる。暗闇に光を灯すようなマルティンの物語を聴きながら、子どもたちはランタンを作り、自分たちで作ったみつろうろうそくに光を灯していた。

「聖マルティン」

冬のつめたい　風の中、
一人のものごい、ふるえてた。
さむさをふせぐ　ふくもなし、
たすけてくれる　人もなし。
マルティン一人　ちかづいて、
かたのマントを　さっときる。
きった　はんぶん、ものごいに、
へいわなひとみで　さしだした。
のこったはんぶん、かたにかけ、
ふたたび、ひらりと　うまにのる。
わらわれたって　なんのその、
はんぶんのマント　なびかせて、
マルティンしずかに　すすんでく。

聖人伝「マルティン」

くらやみてらす　ランタンの
光を、こころに　ともしつつ。

④エリザベート（ハンガリーのエリザベート、エリザベス）

ゲオルグ、クリストフォロス、マルティンと続いた後、エリザベートの物語を語った。子どもたちにとっては、初めての女性の聖人伝である。「聖人て、男だけじゃないんだね」子どもたちは、素朴な感想を口にした。聖人伝が、男性だけ、あるいは女性だけに偏らないようにすることが大切だとあらためて感じた。

エリザベートの物語の中で、子どもたちの心に、その色彩と共に、最も鮮やかな印象を残す場面がある。それは、王女であるエリザベートが、貧しい村の子どもたちに届けるため、ドレスの下にパンを隠して持ちだそうとしたところ、お城の廊下で、前と後ろを妃である母親と料理人にはさまれ、思わず隠し持っていたパンから手を離してしまう場面である。その時、パンは真っ赤なバラに変わり、たくさんのバラの花が次から次へと床にこぼれ、かぐわしい香りが城中に広がった。母親は、エリザベートの心を理解し、バラの花を贈り物として、村の子どもたちに届けさせる。

純白のドレスのすそに、深紅のバラの花が次々と降ってくる鮮やかなイメージは、エリザベートの想いと共に、強く子どもたちの心に働きかける。エリザベートの物語のイメージはこれに尽きるといってもいいぐらいである。子どもたちも、この他に何もいらないぐらい充分だと思っていたのだろう。

翌日に私が、エリザベートの続きを語ろうとすると、一人の子どもが、こうつぶやいた。「え、まだ、あるの。あれで終わりかと思っていた」。

また、この場面で、「パンがバラになったら、村の子どもたちが食べられないじゃないか」と、冷めた現実的なことを言う子どもは一人もいなかった。2年生の子どもは、この物語で語られている本当の意味、メッセージを、心の深いところで正しく受け取ることができるのだということをあらためて感じた。

「聖エリザベート」

エリザベートの　こころには、
おなかをすかせた　子どもたち、
たすけをもとめる　人びとを、
きづかうおもいが　あふれてる。
おしろのパンを　手にかかえ、
まずしいむらへ、はこんでく。
じぶんのベッドを　さしだして、
びょうきの人の　せわをする。
そっとかかえた　手の中で、

聖人伝「エリザベート」

パンは、まっかな　バラになり、
しろいドレスに　こぼれおち、
かぐわしいかおり、しろじゅうに。
それは、まずしい　人びとへ、
エリザベートの　おくりもの。
だれにもうばえぬ　おくりもの。

⑤ニコラウス（ニコラス）

子どもたちは、12月6日になると贈り物を持ってきてくれるニコラウスの名前をよく知っている。それだけに、どんな人なのだろうと、ニコラウスの物語を興味津々で聴いていた。もちろん、ニコラウスの物語を子どもたちに語るのは、12月6日のニコラウスの日の頃である。

隣家の家族が、どんどん貧しくなって、娘が結婚することもできず、豚飼いになって食べていくよりほかなくなったことを、ニコラウスは知る。そして、そっと自分の家の金貨をつかむと、隣の家の窓に投げ込み、あとは見つからないように大急ぎで走って逃げるのである。2人の娘を助けた後、3人目の娘を助けようとした時、ついにニコラウスは隣家の主人に見つかってしまう。子どもたちは、見つからないよう大急ぎで逃げるニコラウスのユーモラスな姿を想像し、自分たちの知っている子どもを守ってくれる姿と合わせて、大喜びで聴いていた。

ニコラウスは熱い心をもつ人である。沈みそうになった舟があれば、そこまでとんでいき、舟乗りと一緒になって、帆を上げたり下ろしたり、舟を漕いだりする。無実の罪で殺されそうになった人がいれば、火のような怒りに燃え、一目散に駆け付け、我が身を投げ出して、人を助ける。卑怯な行ないをした人間には、炎のごとく叱りつける。燃える炎のような心をもったニコラウスの行ないも、子どもたちの心にストレートに語りかける。皆、「すごい」と感動し、時には面白さに手をたたいて聴いていた。

「聖ニコラウス」

あつきこころの　ニコラウス。
子どものしあわせ　ねがっては、
そっとかくれて、おくりもの。
まちがったこと、大きらい。
ひきょうなおこない、ゆるさない。
わがみの　きけん　かえりみず、
こころの炎　もえたたせ、
人をたすけに　とんでゆく。

聖人伝「ニコラウス」

⑥フランチェスコ（アッシジのフランシスコ）

フランチェスコは、洋の東西を問わず、子どもたちがつながり、心を通わすことのできる聖人である。フランチェスコを聖人伝として取り上げるシュタイナー学校は、調べてみたことはないが、おそらくかなりの数に上ると想像される。この聖人の生涯には、子どもが心を打たれ、フランチェスコと一体となって、感じ、喜び、歌い、語り、動き、願い、祈ることのできる話が、宝石のようにちりばめられている。

苦労知らずの青年時代、仲間と大騒ぎする姿に、子どもたちは愉快になる。いくつもの夢や神様からの声を通して、自分の歩む本当の道を探し求める姿に、そして、両親からもらった物を全て返してしまうフランチェスコに、子どもたちは驚く。石を一つひとつ積み重ねて教会を建て直し、仲間を増やしていく姿に、子どもたちは感動する。私たちは皆兄弟であり、共に神様を讃えようと、真剣に小鳥に語りかけるフランチェスコに、子どもたちは心の深いところで共感する。創造された全てのものを通して神様を讃えるフランチェスコの歌「太陽の賛歌」は、子どもの心に響き渡る。

しかし、2年生の子どもにとって、フランチェスコの物語における最大のハイライトは、何と言っても、「グッビオのオオカミ」の場面であろう。グッビオの町を襲い、町の人から憎まれ嫌われていたオオカミに、フランチェスコは「話をしたい」と、皆が止めるのも聞かず、会いに行く。皆が遠くから固唾をのんで見守る中、フランチェスコは、一人オオカミに近づいて、微笑みながら、「兄弟のオオカミよ」と呼びかける。そして、「町の人々に食べ物を与えてくれるよう頼むから、これからは町の人々や家畜を襲わないと約束をしておくれ」と語り、手を差し出すのである。オオカミがするどい爪を引っ込めた前足を、フランチェスコの手の上に乗せると、子どもたちの中から思わず声が上がる。まるで飼い犬のようにフランチェスコの後をついて歩きだしたオオカミの姿に、子どもたちは思い切り笑う。憎しみではなく、平和の橋をかけるこの心こそ、子どもたちが心の奥深くで求めているものだということがよくわかる。

フランチェスコの物語は、劇でも取り組んだ。その様子は、後述することにする。

⑦マザー・テレサ

マザー・テレサを2年生の聖人伝として取り上げたのは、私にとって今回が初めてである。マザー・テレサは、フランチェスコの心を継ぐ人、その心や生き方が伝わっている人として語った。マザー・テレサ自身は聖人として語られることを好まなかったそうなので、その点では、彼女に大変申し訳ないのだが……。

フランチェスコの劇の後、子どもたちの間から、「フランチェスコに会いたいな」「フランチェスコは本当にいたんだよ。だって絵があるもの」「天国に行ったら会えるよ」などの会話が聞こえ出した。そこで、子どもたちに、次のように話した。

「フランチェスコは、天国に帰っていったけれど、その心は生きているんだよ。人の心の中に、生き続けるんだよ。これから、フランチェスコの心を引き継いだ、フランチェスコの心が生きている人の話をするよ」

子どもたちは、救える命、愛されるべき命があるならば、一秒だって無駄にせずどんどん行動するマザーの姿に感心していた。マザーは何もないところから、地面に字を書いて貧しい子どもたちのための学校を始めた。灯かりもつけずに寂しく一人で暮らす人を見つけては、黙々と掃除をして部屋の中を明るくし、話し相手になった。倒れている人や子どもがいるなら、抱き上げて自分の家に連れてきた。体をきれいに洗っては、食べる物を与え、手を握っては、おしみなく慈しみと愛情をふり注ぐ。その愛情にあふれた姿、決してあきらめず、自分のできることをてきぱきと進めていく姿に、子どもたちは「おお」と驚き感嘆する。マザーの姿を何ともたのもしそうに、明るい表情で物語に耳を傾けていた。家に帰っても、マザーの話を一生懸命していたという。

子どもたちの手ごたえも良く、やはり取り上げて良かったと思うと同時に、マザー・テレサは時代がとても近いこともあり、2年生の聖人伝として話すには、課題も残った。1つめは、詳細なエピソードが情報として残っている分、2年生に聖人伝として語るにふさわしいシンプルな物語の形で語り込まれてきていない。ややもすると、歴史上の人物のバイオグラフィーのように語ってしまう可能性がある。もちろん、これは、語る側の問題であるので、もっとエピソードを厳選して、他の聖人伝と同じくらいシンプルな形にして話せばいいだろう。2つめは、マザー・テレサは現代の人なので、子どもたちが彼女の写真を目にする機会もあり、そのことも、「昔、一人の女の人がいました」というように伝説の雰囲気をもって語ることを少々難しくしていることだ。もし、今後も、現代の人物を2年生の聖人伝として取り上げるのであれば、いろいろな意味で工夫が必要であろう。

「マザー・テレサ」

もっともまずしい　人びとの
いのちの中に　生きている、
かみさまの光、みつけだし、
こころをこめて、つかえてく。
どんなに　小さい　いのちでも、
どんなに　かよわい　いのちでも、
けっして、けっして、みすてない。
どこかに　すくえる　人あれば、
一びょうだって　むだにせず、
すぐにかけつけ、だき上げる。
手をにぎっては、かたりかけ、
目をみつめては、ほほえんで、
あなたは、だいじないのちだと、
かみさまのあい、つたえてく。
マザー・テレサは、人びとの
こころのランプに、火をともす。

聖人伝「マザー・テレサ」

⑧良寛

良寛は、自分の確かな人生をつかみたいと仏の道を選び、修行を重ねたお坊さんである。「良寛さん」と親しみをこめて呼ばれる、子どもたちの大好きな人である。

子どもたちは、良寛さんの面白く、温かく、慈しみ深い物語を一つひとつ聴いては、そのたびに愉快に笑う。

良寛さんの暮らす庵には、お椀と鍋、布団などがあるだけで、盗人が入っても盗っていく物などない。何も盗る物がなくて、困っている盗人に気がついた良寛さんは、寝返りを打って、布団を持っていけるようにしてやるのだ。

弱き者、困っている者には、相手が誰であれ、慈しみをかけ、助けようとする。着る物をくれと震えている物乞いを哀れに思い、自分の着ている衣と物乞いの来ている服を交換する。そのせいで、牢破りの罪人と間違われ、ひどい目にあうのだが、「このような身なりをしているから、皆が間違うのも無理もない」と、抵抗も怒りもしない。

かと思うと、自分を利用して金や高い地位を手に入れようとする人には、全く協力しない。自分の名を高めるために良寛さんの書を欲しがり、良寛さんが「書かない」と言うと、今度は部屋に閉じ込めて、書くまで出さないと言う人がいた。良寛さんは、「書けた」と言って出てきたが、書いた書は、「書けと言われて困る」という意味の言葉だった。

その一方、子どもの遊びを大切に思い、せがまれれば、とことん遊ぶ。いつも、たもとに手まりを入れ、最後の一人が終わるまで、何度も何度も子どもと一緒にまりをつく。かくれんぼでは、あまり上手に隠れたので見つけられず、途中で眠ってしまい、子どもたちも皆家に帰り、次の朝まで隠れていたこともあった。

初めは、「良寛さん、どうなるのかな」と心配そうに聴いている子どもたちだが、いつも、予想と異なる意外で良寛さんらしい結末に、大喜びだった。

「何だか一番面白い人だよね、良寛さんは」一人の子どもがつぶやいた。

一見愚かに見えるほど、ひたむきで真面目、一途で徹底した良寛さんの生き方。その中に貫かれる、良寛さんの大切にしている心を、子どもたちはしっかりと受け取っていることを感じた。

良寛さんは、たくさんの歌を詠んだ。その中には、子どもと朗唱しても楽しい歌がある。物語を要約した言葉の終わりに、良寛さんの歌を一部を言いやすいように変えて付け加えた。

「りょうかんさん」

ほとけのみちの　ためならば、
手ぬき　ごまかし　けっしてせず、
とことんやりぬく、りょうかんさん。
人のすくいの　ためならば、

わがみなげうち、人だすけ、
しょうじきものの、りょうかんさん。
ぬすっと　とるもの　ないならば、
ねがえりうって、ふとんあげ、
じぶんをだました　人にさえ、
たすけてくれたと　れいをいう。
たけのこ　のき下　つかえれば、
のばしてやろと、やねをやき、
子どもたちとの　かくれんぼ、
つぎのあさまで、かくれてる。
さいごの一人が　おわるまで、
きょうも子どもと、まりをつく。
つきてみよ、
ひふみよいむななや　ここのつ　とお、
とおとおさめて　またはじまるを。

（7）劇「フランチェスコ」

聖人伝「良寛」

私は、フランチェスコを聖人伝の中心に据え、劇の発表を含め、4週間のフランチェスコのエポックを行なった。他の聖人伝に比べると、かなり多くの物語を時間をかけて語った。

①朗唱、寸劇、そしてオイリュトミーによる劇

劇と言っても、動物寓話の寸劇のところで前述したように、2年生の劇は、「劇遊び」のようなものである。

1学期月例祭のイソップ劇のように、全員で朗唱する前で、何人かの子どもが寸劇を行ない、それに加え、劇中の2つの場面で、専科の先生と一緒にオイリュトミーを行なう、というものだった。オイリュトミー専科の教師には、「小鳥の説教」と「太陽の賛歌」の場面を、オイリュトミーで表現し、準備してもらった。

劇の構成は、試行錯誤もあったが、結局次のような形に落ち着いた。

プロローグ：フランチェスコ（朗唱）
苦労知らずのフランチェスコ（朗唱と寸劇）
スポレートの夢（朗唱と寸劇）
サン・ダミアーノの声（朗唱と寸劇）
小鳥の説教（朗唱の後、オイリュトミー）
グッビオのオオカミ（朗唱と寸劇）
太陽の賛歌（朗唱の後、オイリュトミー）
エピローグ：フランチェスコ（朗唱）プロローグと同じ言葉

朗唱のボリュームが多かったので、「太陽の賛歌」に関しては、劇中はほとんどをオイリュトミーで行ない、「太陽の賛歌」を構成する一つひとつの歌は、劇終了後に取り組むことにした。その様子は、後述する。

②前半の2週間：普段通りの授業

初めの2週間は、物語を聴いては、ノートに絵を描き、文を書き、音読や朗唱を繰り返していった。劇の言葉は、物語を要約し普段の授業の中でノートに書いた七五調の言葉である。音読を学校と家庭で毎日繰り返すうちに、言葉がリズムと共に自然と入っていった。2週間の終わりには、特別な練習をしなくても、全部の言葉が皆朗唱できるまでになっていた。もちろん、家庭での協力がなければできないことであり、そのことに深く感謝している。子どもたちは、劇の発表を何よりも楽しみにしている様子で、音読にとても積極的に取り組んできた。そして、ノートを見ないでも言えるようになると、大喜びで報告してきた。

③後半の2週間：劇の準備

残りの2週間で、小道具作り、動き作り、役決め、役を替えての練習（皆がいろいろな役を体験する）、オイリュトミーとの合わせ、リハーサルを行なった。

小道具作りでは、まず、劇に必要な小道具を話し合い、次に、自分の作りたい小道具をあげ、その後人数を調整した。

動き作りでは、私が元となるおおまかな動きや位置を提示し、次に希望する子どもたちに実際にやってもらいながら、位置やタイミング、細かい動きを決めていった。そして、朗唱のタイミングも、小道具の出し入れ、動きに合わせて変えていった。舞台の袖を使うのは初めてだったので、小道具を袖に取りやすいように準備して置いたり、片付ける場所を決めたりすることも、子どもたちには楽しい学びとなった。

必要な登場人物と人数が決まると、役決めを行なった。フランチェスコは、各場面で2人ずつ（男女各1人）として、できるだけ多くの子が体験できるようにした。寸劇に登場する場面が、子ども1人につき2～3回ずつとなった。

全員が全部の役を体験できることが大切だが、発表の時の役は決めておかないと混乱するので、発表で自分がやりたいと思う役を各自出してもらった。子どもたちから出された希望をいかしつつ、男女や個々の役とのバランスを見ながら、私が役を割りふった。人気があったのが、大勢で走り回ったり、逃げ回ったり、騒いだりする役である。村人を追いかけ回すオオカミも人気があった。フランチェスコに特に強い思いをもち、どうしてもこの場面のフランチェスコをやりたいという女の子も3人いた。

最初の練習では、発表の時の役で、作った動きや位置を確認したが、次の練習からは、役を替えながら皆が多くの役を体験できるようにした。「ここが上手だったね」「こうしたら、もっとよくわかるね」「そうだね、良くなったね」皆で感想や意見を言いながら、さらに良い動きを作り、確かめていった。回を重ねるごとに、朗唱の言葉と寸劇の動きのタイミングがぴったり合っていく。

オイリュトミーも、2年生の課題がたくさん盛り込まれた、素晴らしいものができた。「小鳥の説教」や「太陽の賛歌」は、オイリュトミーの動きで表現すると、本当に美しい。

衣装は、自分のオイリュトミードレスに、白い綿糸で編んだ腰ひもを巻くだけという、いたって簡単なものにした。専科の手の仕事の授業で、ちょうどかぎ針編みを習っていたので、子どもたちは、自分のひもをかぎ針で鎖編みして作った。それを腰に巻くと、皆、小さなフランチェスコの姿になった。フード付きの服を中に着て、フードをドレスの上に出すと、いかにもフランチェスコらしい姿になる。それが気に入って、自分からフード付きの服を着てきた子も多かった。皆、フランチェスコになりきっていて、何とも可愛らしく、ほほえましい。子どもたちがフランチェスコのことを想いながら、その心とひとつになって腰ひもをしめる。すると、本当に小さなフランチェスコが、そこに現れ存在するかのようだ。「○○君、本当にフランチェスコみたい」「△△君もだ」「すごい似てるね」子どもたちは、お互いに言い合っていた。

リハーサルでは、初めて、寸劇とオイリュトミーを合わせ、通しで劇を行なった。場面ごとの人の入れ替わり、場面と場面の間のつなぎ、寸劇とオイリュトミーのつなぎ、実際に舞台の上で立つ位置の目印などを決めた。

この時期の子どもたちは、家に帰ると、毎日、フランチェスコのことばかり話していたという。初めから終わりまで、家で何度も演じて見せた子どももたくさんいた。あるお父さんは、仕事から帰って来ると着替える間もなく、すぐに用意していた券を渡されて、我が子が一人で全部を演じるフランチェスコの劇を観せてもらったと笑って教えてくれた。

④そして発表

発表当日の朝、子どもたちは、興奮状態だった。いよいよ今日、ずっと練習してきたものを発表するのだという時間の流れを、子どもたちが少しずつ意識できるようになったのだということを実感した。

発表では、1～8年生の子どもたちと、2年生の保護者、教員を招き、観てもらった。

発表は、素晴らしい時間となった。子どもたちは、全員がいきいきとして、本当に楽しそうだった。それぞれの場面で、心をこめ、全身全霊で、物語に入り込んでいた。それぞれその瞬間、フランチェスコに、青年時代の仲間や騎士に、小鳥たちに、町の人々に、オオカミに、なりきって生きているのである。演じているというよりも、劇やオイリュトミーの動きや言葉の中で、物語の全ての存在とまさに、一体となっていた。そして、全場面を貫き流れるフランチェスコの心と、子どもたちはひとつになっているのが、観ていてよくわかった。

さすがに、終わった時はほっとしたと言っていたが、子どもたちにとって、発表は本当に楽しいものだったといえよう。

1学期のイソップ物語の寸劇と比較して、皆で協力し合い、ひとつのものを作り上げようと力を尽くす姿が印象的だった。子どもたちの1年間の大きな成長が感じられた。

⑤太陽の賛歌

太陽の賛歌を構成する一つひとつの歌は、劇の発表が終わってから、授業の中で、エポックノートに絵を描き、言葉を書き、音読と朗唱を積み重ねた。

太陽、月と星、風・雲・空気、水、火、大地、それを讃える一つひとつの歌は、2年生という時期の子どもの心にぴったりと合う。ひとつの歌ごとに、ノートに絵を描き、歌の言葉を書く時間は、劇の余韻を残す中、ゆったりとして楽しいものだった。子どもたちは、すぐに「太陽は言える」「水も、見ないで言える」と積極的だった。

そして、3学期の月例祭では、「太陽の賛歌」の朗唱を発表した。太陽から大地まで、フランチェスコの創った祈りの歌を、子どもたちは心をこめて朗唱した。それは、賛歌を通して、フランチェスコの心とひとつになるのを、いつまでもいつまでも喜んでいるようだった。

⑥聖人伝における劇

劇によって、子どもたちは、物語の中により深く入っていくのだと、今回あらためて感じた。言葉と動きで物語を繰り返すことで、体験がより深いものになっていく。

フランチェスコの心や生きざまと、子どもとが、劇を通してひとつになる瞬間を、どれだけ目にしたことだろう。子どもの体に心に、フランチェスコの心と生きざまが深く入っていくのである。

聖人伝において、その聖人をより深く体験することを、劇は大いに助けてくれるといえよう。

以下は、子どもたちがノートに書いて朗唱した、フランチェスコの物語の言葉である。

「フランチェスコ」

人のこころの　中にある、
たてごとのいとに　そっとふれ、

うつくしいしらべ　かきならす、
かがやくひとみの　フランチェスコ。
こころにひびく　うたごえと、
こころをてらす　そのことば。
まずしいものを　いつくしみ、
さしのべることを　おしまない
はたらきものの　二ほんの手。
くるしむきょうだい　いるならば、
どんなところも　たずねあて、
そばによりそい、手をにぎる。
子どものころから、かわらない。
大人になっても、かわらない。
むかしもいまも、かわらない。
人のこころに　生きている、
フランチェスコの、そのこころ。

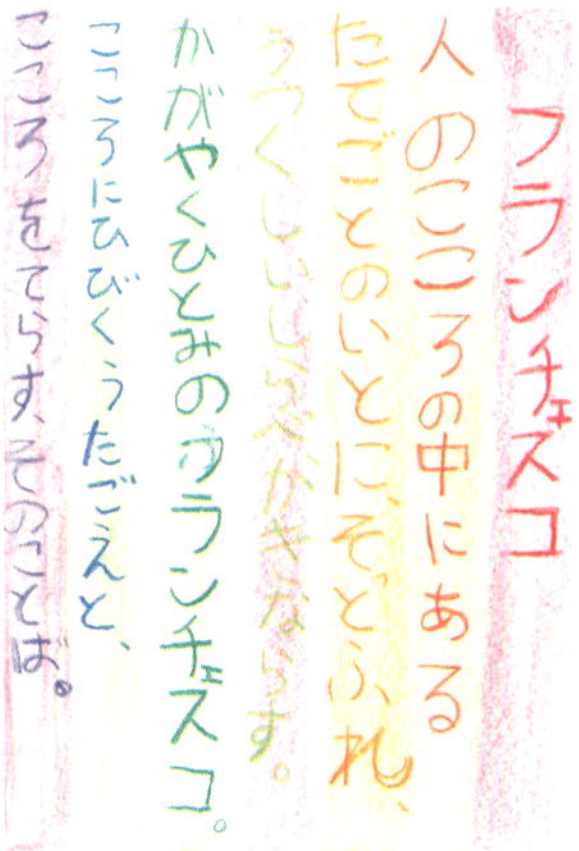

フランチェスコ
人のこころの中にある
たてごとのいとに、そっとふれ、
うつくしいしらべかきならす。
かがやくひとみのフランチェスコ。
こころにひびくうたごえと、
こころをてらす、そのことば。

聖人伝「フランチェスコ」

「くろうしらずの　フランチェスコ」

とうさんピエトロ、お金もち。
かあさんピカは、やさしくて、
いつもみんなの　人きもの。
こころやさしく、きりょうよし。
うたもあそびも　かっこよく、
いつもみんなに　かこまれる。
すえは、おりもの　しょうてんの、
もうしぶんない　あとつぎだ。
きれいないしょう　みにまとい、
ビオルをひいて、うたっては、
まえがみ　さっと　かきあげる。
アッシジのまちの　いしだたみ、
花が、まどから　なげられる。
うまにまたがり、とばしては、
まい日、ゆかいに　大さわぎ。

「スポレートのゆめ」

フランチェスコの　ゆめだった。
めいよをかちとる　きしになる。
光るよろいに　みをつつみ、
いくさのにわに、かけつける。
ところが、ある日、スポレートで、
いくさのさなか、ゆめをみる。
「しゅじんとけらい、どちらこそ、
おまえはつかえて、いきたいか。」
「わたしは、しゅじんに、つかえます。」
「では、アッシジに　かえるのだ。」
いくさをはなれて　ただ一人、
こころのこえに　したがって、
アッシジにかえる、フランチェスコ。
これから、なにを　すればいい。
ほんとうのみち、さがしだす。

「サン・ダミアーノのこえ」

「くずれかけた、わたしのいえを
たてなおしなさい。」
フランチェスコに　かたられた、
かみさまからの　そのことば。
これからさきは、天にいる、
ちちなるかみを、ただ一人、
じぶんのちちと、よぶのだと、
きものをすべて、ぬぎすてる。
そまつなころも、みにまとい、
こしになわまき、おびにする。
たった一人で　もくもくと、
一つ一つの　いし　はこぶ。
いしをめぐんで　くださいと、
ゆうきをだして、うた　うたう。

聖人伝「フランチェスコ」
サン・ダミアーノの声

はじめは、ばかに　されたけど、
だんだん、なかまが、ふえていく。
みんなの力が　あわさって、
くずれたきょうかい、たてなおす。
フランチェスコは、きがついた。
くるしむまずしい　人びとの、
ともに、わたしは、なるのだと。

「小とりのせっきょう」

フランチェスコは、しんけんに、
小とりにむかって、かたりだす。
わたしたちはみな、きょうだいだ。
うつくしくうたう　そのこえと、
じゆうにとべる、そのつばさ。
ともにかみさま、たたえよう。

フランチェスコ
人のこころの中にある
たてごとのいとに、そっとふれ、
うつくしいしらべかきならす。
かがやくひとみのフランチェスコ。
こころにひびくうたごえと、
こころをてらす、そのことば。

聖人伝「フランチェスコ」小鳥の説教

「グッビオのおおかみ」

おなかをすかせた　おおかみが、
グッビオのまちを　おそっては、
人やかちくを、くいころす。
まちの人から　おそれられ、
きらわれていた　おおかみに、
フランチェスコは、かたりだす。
われらのきょうだい、おおかみよ。
わたしたちは、みな、きょうだいだ。
きずつけあうのは、もうよそう。
おたがいに、もうあやまろう。
おまえにたべもの　あたえてと、
まちの人には　たのむから、
おまえもこのさき、グッビオの、
人やかちくを　おそわない、
そうと、やくそく　しておくれ。

聖人伝「フランチェスコ」
グッビオのおおかみ

フランチェスコが　さしだした、
その手に、おおかみ　手をのせる。
するどいつめを　ひっこめて、
まるで、あく手を　するように。
しっぽを、いぬの　ようにふり、
フランチェスコに　ついていく。
「かみさま、どうか、わたくしを、
へいわのどうぐに、してください。
にくしみあれば、あいじょうを、
あやまちあれば、ゆるしあい、
くらやみあれば、光こそ、
もたらすものと　してください。」

「たいようのさんか」

みんながともだち、フランチェスコ。
たいよう・月も、星ぼしも、

聖人伝「フランチェスコ」
太陽の賛歌

聖人伝「フランチェスコ」
太陽の賛歌：太陽

風・水・火まで、大ちまで、
どんな小さい　ものさえも、
フランチェスコの　ともだちだ。
いのりのうたが、ひびきだす。

ほめたたえよう　かみさまを。
かみさまの手で　つくられた
このよのすべての　ものたちを。

とうとききょうだい、たいようよ。
かがやく光で、ひるつくり、
われらと大ち、てらしだす。
かみさまのすがた、てらしだす。

われらのしまい　月と星。
ほうせきのごとく、大ぞらに
ちりばめられて、かみさまの
光をうけて、かがやくよ。

聖人伝「フランチェスコ」
太陽の賛歌：月と星

聖人伝「フランチェスコ」
太陽の賛歌：風・雲・空気

われらのきょうだい、風・くも・くうき。
天のできごと、つくりだし、
いのちのいきを、ふきこんで、
すべてのものを、ささえてる。

われらのしまい、きよらかな水。
かみさまがつくる　もの　すべて、
水できよめて　生かされる。
おごることない、すんだ水。

われらのきょうだい、もえる火よ。
火はうつくしく、いさましく、
われらをあたため、力づけ、
よるのくらやみ、てらしだす。

われらのしまい、ははなる大ち。
大ちは、われらを、はぐくんで、

聖人伝「フランチェスコ」
太陽の賛歌：水

聖人伝「フランチェスコ」
太陽の賛歌：火

いろとりどりの　花さかせ、
草木をそだて、みのらせる。
ほめたたえよう、かみさまを。
かみさまの手で　つくられた、
このよのすべての　ものたちを。

聖人伝「フランチェスコ」
太陽の賛歌：大地

6. 終わりに

今回、2年生の子どもたちと一緒に、動物寓話と聖人伝を学び、この時期の子どもたちの成長に、いかに必要なものであるかを実感した。

9歳の危機を迎える前、世界と一体となれるこの時期に、子どもたちが、自分の中にある2つの面、すなわち、動物的な面と、それを克服しより高きもののために変容させていくことのできる人間の聖なる面を、しっかりと体験し、調和させていくことが大切である。動物的な面に対しては、「わかるよ」という共感を、「でも、やっぱりおかしいよね」という健やかな感情を育んでいく。そして、善や人間の気高さ、聖なる面に対しては、共感と信頼の体験を繰り返し、深めていく。それを、動物寓話と聖人伝の学びは、子どもの心に寄り添いながら助けてくれるのである。

参考文献：

〈シュタイナー教育のカリキュラム〉

● 「自由への教育〔日本語版〕」 国際ヴァルドルフ学校連盟編著、高橋巌・高橋弘子訳、ルドルフ・シュタイナー研究所発行、フレーベル館制作・販売、１９９２年刊

● "Waldorf Education - A Family Guide" Edited by Pamela Johnson Fenner and Karen L. Rivers Published by Pamela Johnson Fenner, Michaelmas Press, Printed in USA, 1995

〈動物寓話〉

● 「イソップのお話」（岩波少年文庫） 河野与一編訳、岩波書店、１９９９年

● 「イソップ童話 （上）・（下）」（偕成社文庫） 二宮フサ訳、偕成社、１９９９年

● 「ロシアのむかし話・２」（偕成社文庫） 金光せつ編訳、偕成社、１９９１年

● 「ジャータカ物語 インドの古いおはなし」（岩波少年文庫） 辻直四郎・渡辺照宏訳、岩波書店、２００８年

〈聖人伝〉

● "Stories of the Saints" Retold by Siegwart Knijpenga, Translated by Tony Lanham and Plym Peters, Published by Floris Books, 1997

● 「ミサの前に読む聖人伝」 C・バリョヌェボ著、中央出版社、１９９２年

● 「神さまだいすき―10人の聖人たち―」 戸田三千雄文、田中槇子絵、女子パウロ会、１９９９年

● 「みんなのきょうだいフランシスコ」 戸田三千雄文、落合稜子絵、女子パウロ会、２００８年

● 「フランシスコの祈り」 石井健吾編訳、女子パウロ会、１９９２年

● 「被造物の賛歌（Laudes Creaturarum）」 アッシジの聖フランチェスコ、Coop. Minerva Editrice, ASSISI,

Tipolitografia Porziuncola S. Maria degli Angeli – Assisi, 1995
●"Mother Teresa" Longman famous Lives　Charlotte Gray,　Edited by Susan Ullstein,　Published by Longman, 1991
●"Something Beautiful for God　Mother Teresa of Calcutta"　Malcolm Muggeridge,　Published by William Collins Sons & Co. Ltd, 1990
●「マザー・テレサ　あふれる愛」（講談社 青い鳥文庫）　沖守弘著、講談社、２０１０年
●「マザー・テレサ」　キャサリン・スピンク著、新島典子訳、近代文芸社、１９９７年
●"Teresa of the Poor　The Story of Her Life"　Renzo Allegri,　Published by Servant Publications, 1996
●「マザー・テレサ　愛と祈りのことば」　ホセ・ルイス・ゴンザレス―バラド編、渡辺和子訳、ＰＨＰ研究所、２０１１年
●「良寛　逸話でつづる生涯」　安藤英男著、鈴木出版、１９９３年
●「良寛さま」（カラーブックス）　小松正衛著、保育社、１９９５年

第四章　3年 算数　度量衡—はかる

2010年度3年担任
加藤 優子

大学卒業後、会社員や小学校講師などを経験し、2008年からシュタイナー学園教員となる。日本アントロポゾフィー協会主催教員養成講座修了。

1．３年生のテーマ

３年生とは一体どんな時期なのだろうか。「９歳の危機」「ルビコン期」といわれる年齢の３年生である。それまでの夢見の状態から少しずつ目覚めていき、世界というものを客観的に見始めると言われている。親や教師に対しても、それまでは素直に話をよく聞いていたのが反抗的になってみたり、闇や死を怖がるようになったりと、変化が表われ始める。この時期、３年生では、授業で『旧約聖書』が語られるが、創世記でアダムとエバが楽園から追放される話は、温かで共感に満たされた感情で見ていた世界を、今までと違った目で見始める、そんな子どもたちの内面の状態を表わしているといえる。

さて、楽園から追放された人間は、住む家を自分で建て、農耕をして、収穫をし、パンを焼き、道具も必要となる。３年生の子どもたちも、はっきりとした意識を持って、身近な周囲の世界に入っていくようになる。「お米作り」の授業では土を耕し、種まきから稲刈り、収穫までの仕事をし、肥料、様々な道具が必要なことも学んでいく。一年の時間の流れ、暦というものとの関わりも体験し、道具ひとつを取っても、鍛冶屋や林業などたくさんの職人が関わっていることにも気付いていく。これらは、「仕事の学び」や、どの仕事にも必要な「生活の中の算数」（度量衡）を身につけていく学びにもつながる。また、これらの学びのまとめとして、家作りも行なわれるが、そこでは、それまでに学んだ度量衡、お米作りや仕事の学びでの貴重な体験が生かされることになる。

まさに、この地上で生きていくために必要な術（すべ）を、実際に手や足を使って学んでいくのが３年生のテーマである、と言えるのではないだろうか。

2．「度量衡　はかる」の授業の組み立て

度量衡というと、重さ、長さ、体積、時間などの単位ということが思い浮かぶが、重さと密接なつながりのあるお金についての学びも授業に組み入れることにした。そして、学ぶ順番をどうするか悩んでいたところ、「人間が最初にはかったものは、『時間』だと考えられている。人々が農耕を始めると、種をまくタイミングや洪水が起こりやすい季節、収穫の時期をよむことが必要になった。やがて、道具や掘っ立て小屋を作る際に『長さ』をはかるようになり、穀物を交換するために『体積』をはかるようになった。『重さ』はそのあと、都市国家が整えられていくにつれて、貴金属や宝石が大切にされるようになり、その価値をはかるようになった」(「はかりの歴史館」より要約）という記述を参考にして、まずは、時間というところから始めることにした。４週間というエポック期間で終了することと、お米作りのお米販売で、重さをはからなければならないことを考えて、「時間→長さ→重さ→お金」の順番で組み立ててみた。重さと関連するお金を最後にして、体積については、お米の量をはかる際に使う一合枡で簡単にふれる程度にし、詳しくは、４年生にまわすことにした。

3．「時間」（時の経過から暦、そして時計）

「人間が何らかの行動を起こすときは、意識・無意識にかかわらず、まず昼夜の別、次に一年の季

節的変化とにしたがっている。『時間』の経過をこれほどはっきり教えてくれるものはない。次に、人間にとって大きな影響を与えるのは天空の月である。月はまず夜に明るさを与えてくれる。電気の燈火の無かった時代には、今日では想像できないほどの存在であった」（『暦を知る事典』より要約）

「昼と夜の変化、そして月の形は新月から上弦、満月、下弦というように、月日の経過を。人類がなんらかの形で『暦』を意識したとき、必ずまず最初に注目したのは月の満ち欠けの周期なのである。世界最古の太陽暦とされるエジプトの『シリウス暦』でも、一カ月は30日から成っている。これは、シリウス暦以前に月の満ち欠けを基にした暦があったことを物語るものである」（同上）

これらの文章を参考にして、昼夜、一年の季節の変化、そして、暦、一日の時間、時計という流れで授業を考えてみた。

① 始めのエポック

まずは、子どもたちに「はかる」という学びが始まるのだ、ということを知らせる時間である。私は始めに、子どもたちにこんな質問をした。

「みんなは朝起きて、学校へ来ました。電車に乗って来た人、バスや車で来た人、歩いて来た人もいます。さて、どれくらい時間がかかったのでしょう？」

時計を読める子もいるが、ほとんどの子がまだ分からない。時間を言った子にどうして分かったか尋ねると「だいたいそれくらいだと思う」「家の時計を見て、学校の時計を見て時間をはかった」という声が返ってきた。

次に、「家から学校まではどれくらい遠いんだろうね」という質問には「距離をはからないと分からない」という発言があった。それで、「時間をはかる。それから、距離、道のりの長さをはかる。では、他に『はかる』という言葉で思いつくものは何かあるかな」

この問いには、「長さ」「距離」「重さ」「体重」「背の高さ」「熱」「気温」などと答えが返ってきた。そして、これからそういったものを「はかる」学びを始めていくことを告げ、「はかる」学びの表紙を描き始めた。この表紙には、これから学ぶ単位をはかる道具の絵を描き、これは何をはかるときの道具だろう？ と子どもたちに考えさせながら、描かせていった。（図1）

【図1】「はかる」学びの表紙

② 時間についての授業

（1） 時の経過を知る

次の時間、また子どもたちに質問をしてみた。「ああ、時間が経ったなあ、って思うのはどんな時？」子どもたちからは、「夕方、暗くなった時」「夜になってまた朝が来た時」と、昼と夜についての発言が多くあった。また、子どもたちに、それぞれが生まれてから、どんどん大きくなって、今8歳か9歳になっていることをあげ、自分たちも時間の経過と共に成長してきていることにも気付かせた。その後に、こんな話を始めた。

「昔、おときという女の子があるところに生まれ、すくすくと育ちます。ある時、おときは、お日様が沈んで暗い夜が来て、そして朝がやってくる、それが毎日繰り

【図 2】月の満ち欠け、お日様が照る時間

返されるのだなあと気づくのでした。そして、大きくなってだんだんと月の満ち欠けについて不思議に思うようになり、四つの季節がめぐるのだということにも気が付いていきます。お日様が照る時間が一番長い日（夏至）と一番短い日（冬至）があるということも知ります」

できるだけ生き生きとした描写を入れながら、そうやって「時間」というものを感じていくおときの話をした後に、ノートにそれらのことをまとめた。（図2）

（2）暦について

暦についての授業では、始めにこのような話をした。

「おときのお父さんとお母さんは畑や田んぼを持っていて、いつもお日様や、月や季節の変化をじっくりと見ていました。なぜなら、いつ種をまくか、いつ収穫するのか、近くの川の水が多くなるのはいつか、その時期を読むことがとても大切だったからです。だから、お日様の動きや月の満ち欠け、星の位置を見たりしながら、丁度よい時間をはからなければならなかったのです」

そうして人は、お日様の動きから、一年という時間、そして、月の満ち欠けから、一カ月の日数を決めていき、ある大切なものを作り出した。それは「暦」と呼ばれ、今日が「いつ」なのか時を知るようになった、と続けた。

日本の昔の暦にも言及し、満月の日が15日だったこと、新月は1日だったが、だんだんとお日様の動きと合わなくなっていったことを話した。今の暦は、お日様と月の動きをもとにした暦が合わさっているものだよ、と説明した。子どもたちからは、「閏年」があるという発言もあって、それについても簡単に話をしたが、とても興味を持って聞いている様子が窺えた。ノートには一年（12カ月）の様子の絵と、ちょうどこの授業をしていた10月の暦を書き、一年の月数、一カ月の日数を描いていった。（図3、4）

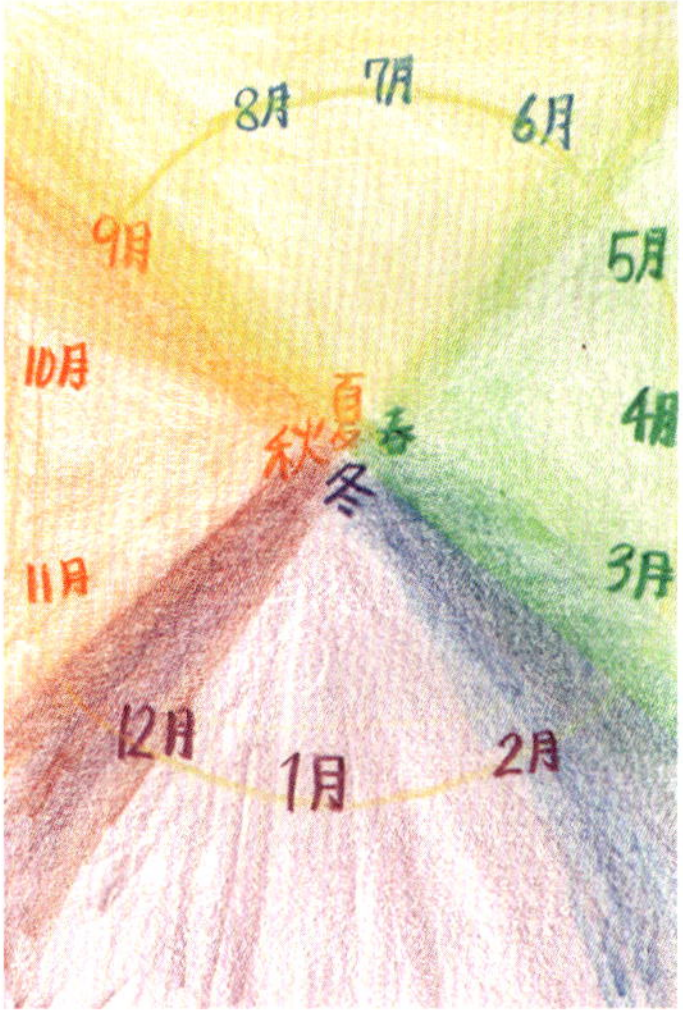

【図3】一年（12カ月）の様子

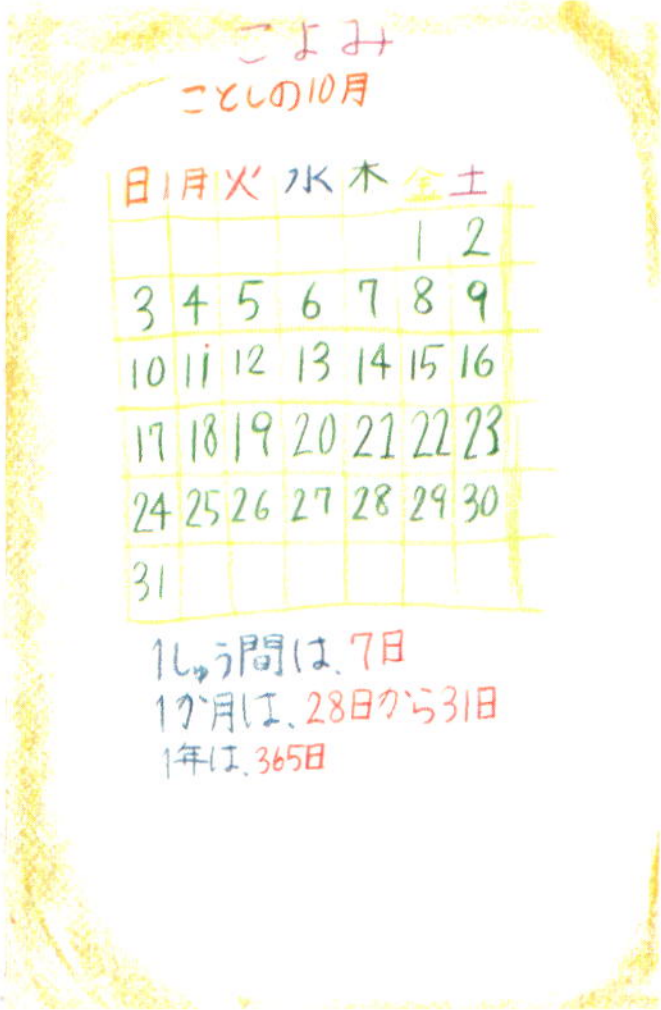

【図4】10月の暦

（3）時刻と時間～時計の学び～

一カ月の時間の流れ（暦）まで来たら、次は一日の時間の流れ、である。いよいよ「時計」の学びに入る。時間を正確にはかる便利なもの、として「時計」があるが、子どもたちには、昔の人が使った時計には一体どんなものがあるのかを想像させた。「日時計」や「水時計」があがった。「香時計」や「砂時計」といったものの話をした後で、教室に日時計を作り、朝の時間や休み時間に、日時計の影の印をつけてみることにした。

次に、一日の時間の流れを意識化するために、朝から昼、夜にかけて自分がすることをあげさせ、それをノー

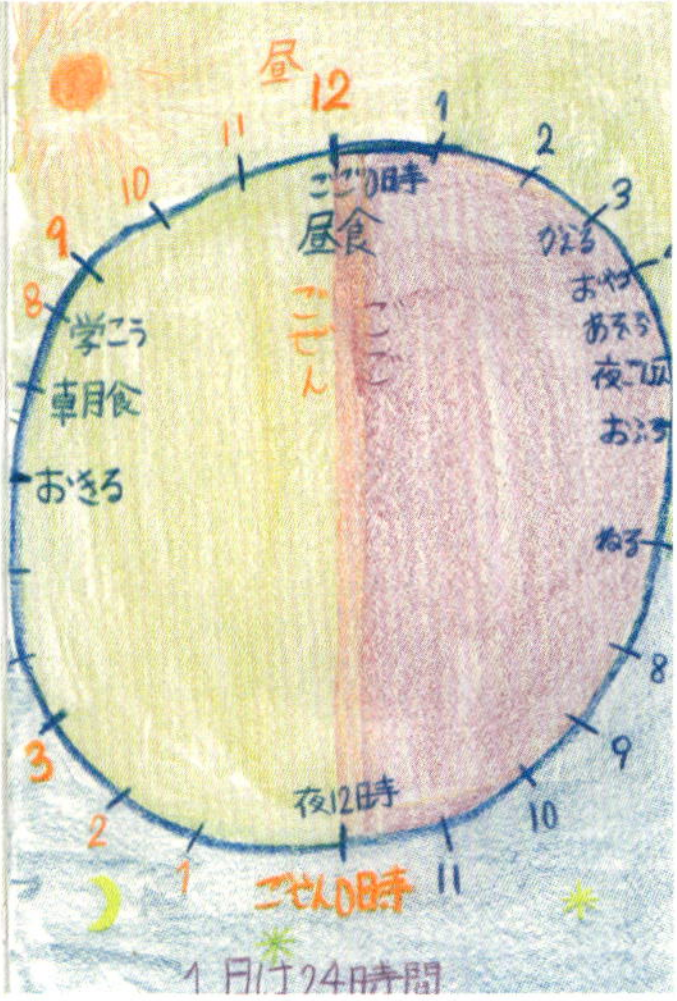

【図5】朝から昼、夜にかけて自分がすること

トに表わしていった。（図５）また、このとき日本の古い時刻についても話をした。子の刻から始まって、亥の刻までが12の干支になっており、「丑三つ時」などという言葉の意味なども教え、昔の時刻の読み方が今にもつながっていることを話した。

その後に、いわゆる「時計」の図を描き、時刻の読み方を学んでいった。そして時計の模型を子どもたちに二つずつ作らせ、「時間」についての学びに使った。学校の授業だけでは足りないので、家へ持ち帰り、練習を重ねてもらった。また、教室に実際の時計を用意して、その針の動きを注意深く見て、時針、分針、秒針を観察させた。とくに秒針は1分で何回動くか、1秒はどれくらいかなど、みなで数えていった。ことあるごとに、時刻と時間の問題を出し、慣れさせていくようにした。（図6、7、8、9）

4. 長さについての授業

「おときやおときの両親は、様々な自然の動きから時間をはかっていましたが、ある日、新しい家を建てることになりました。家を建てる上で、どうしても、はからなければならないものがありました。それは、何でしょうか」という話から入った。

子どもたちからは、「広さ」という発言が真っ先に上がった。「広さ」から「長さ」という答えに持っていくのは難しかったが、広さをはかるには、縦と横の部分をはからないといけない、ということか

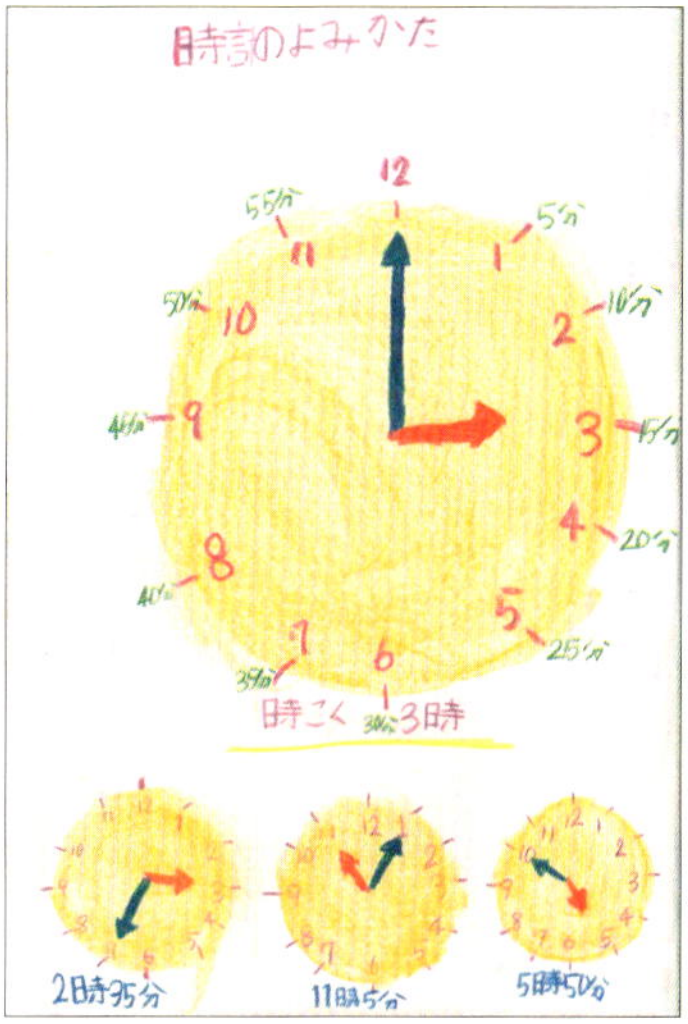

【図 6】時計の読み方

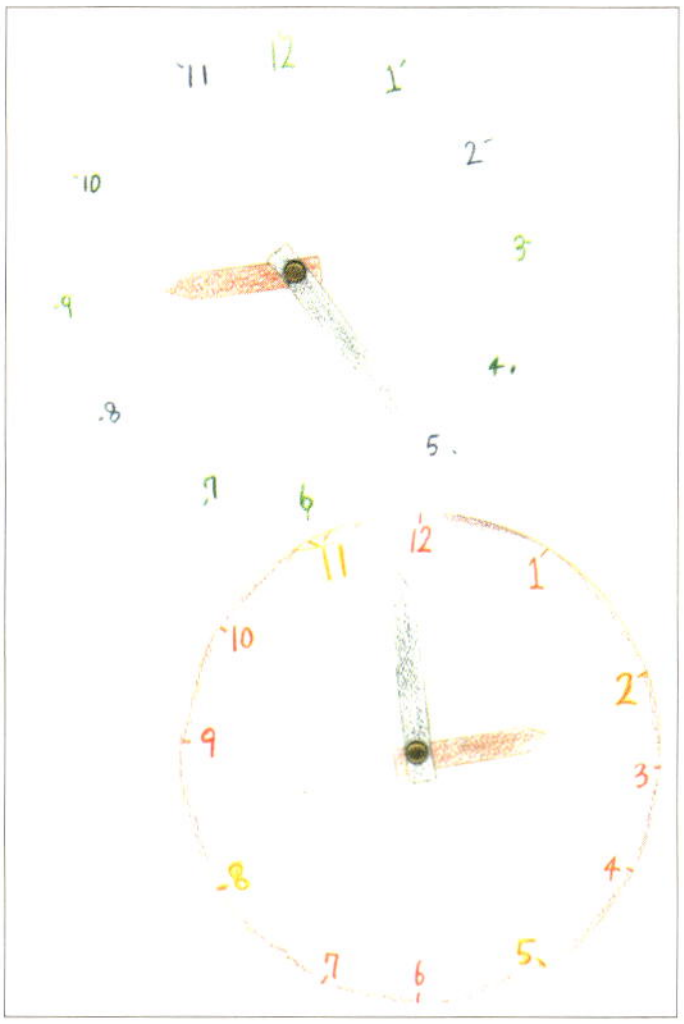
【図 7】時計の模型

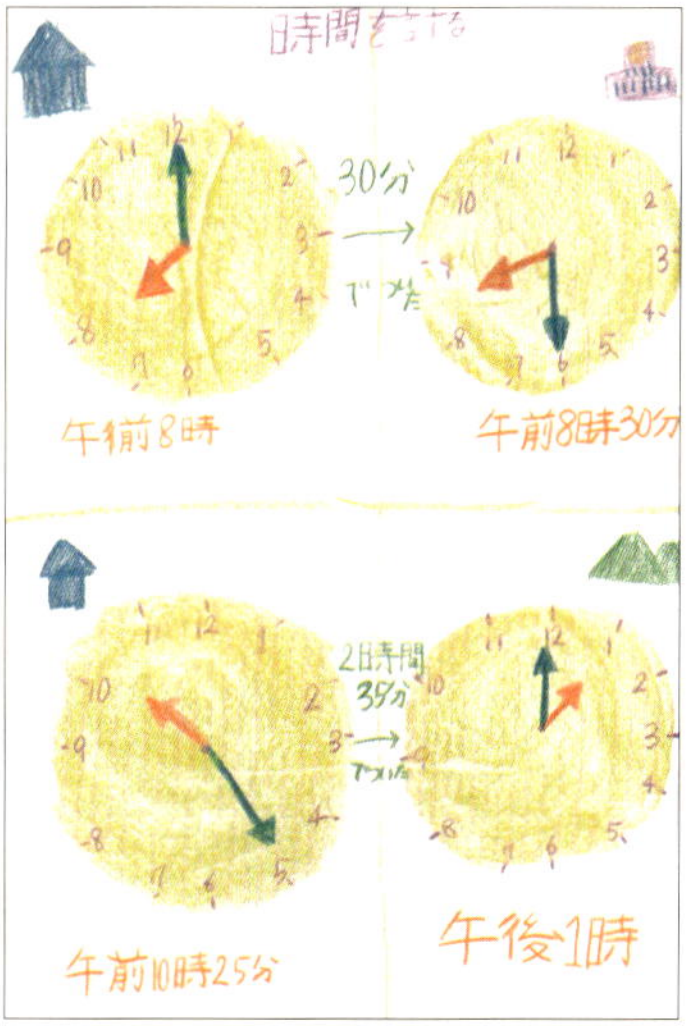

【図 8】時間をはかる

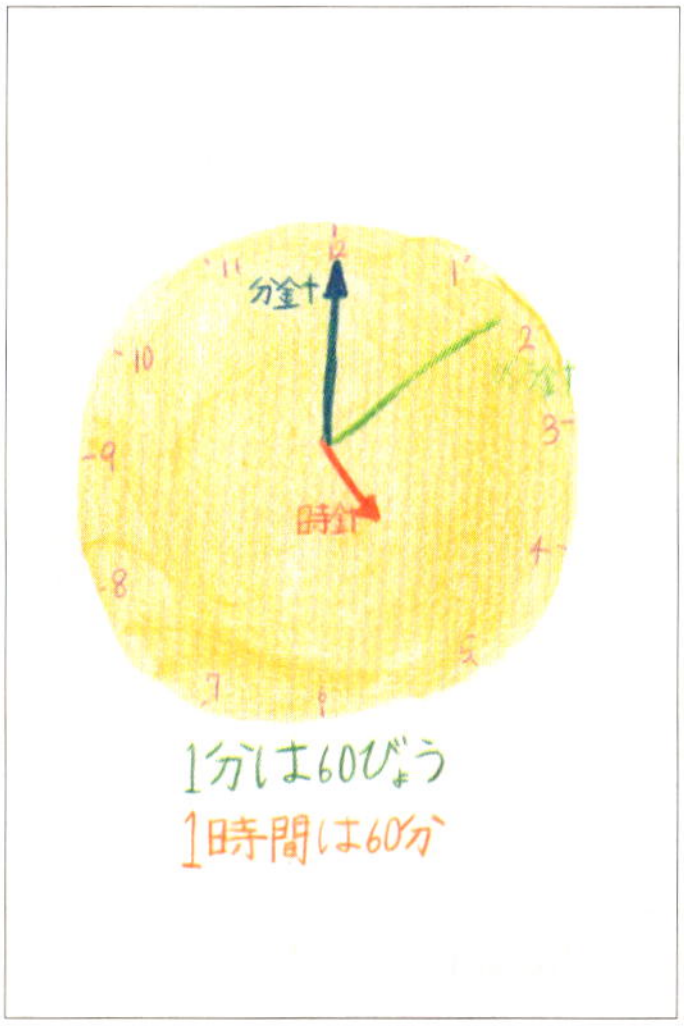

【図 9】1 分は 60 秒、1 時間は 60 分

ら「長さ」にたどりついた。他にも「高さをはかる」や「使う木の長さをはかる」という発言があり、この先行なう家作りの学びに通じていることを感じた。次に「では、どうやって長さをはかるのか？」という問いには「木の棒で」や「手で」といった発言があり、それをもとに昔の人が長さをはかった方法を話していった。

「人は初め、麦や葦、棒などを使って長さをはかったりしていた。ある国では、遠くの牛の角の間隔が見分けられるかで、そこまでの道のりをはかったり、犬や馬などの鳴き声が聞こえるか、ではかっていた国もある。それから自分たちの『体』を使って長さをはかるようになった。『指』『手の平』『尺骨』『歩数』を使ってはかっていた」

その後、昔の人になって、教室大の家を建てるつもりで、二人一組で教室の長さを体を使ってはかってみることにした。教室の縦と横とだけでなく、黒板や机、自分の背丈なども上記の体の部位ではかり、記録していった。はかり終わった後に、発表をしてみると、いろいろな数字になることが分かった。それで、「ある人が、縦横の長さが尺骨10個分の家がほしい、と思って家作りの上手な人に頼みました。けれど建てる人は、自分の尺骨の長さで家を建てたので、作ってみると、『あれ？　思っていたのより小さい……どうして？』ということがおこりそう。さて、どうしたらいい？」という話をすると、「定規みたいなのがあればいい」という発言が出た。

そこで、はかるもとになる物の長さがまちまちでは困るねという話をした後、「尺」という長さの基準になる単位について説明をし、手のひらをいっぱいに広げた長さが「一尺」だったが、年月を経てこれくらいに伸びたんだよ、と実寸一尺のものさしを見せた。そして、一人ひとりが一尺のものさしを実際に作製し（この際、あらかじめ一尺分の長さに厚紙を切っておいて一寸ずつの目盛りはふっておき、子どもたちは寸法を書いて一分の細かい目盛りをつけていくだけにしておいた）、今度は一尺、一寸、一分の目盛りをもとに先ほど体の部位ではかったところを尺ものさしではかり直していった。

以上のことをノートにまとめた後に（図10、11）、「尺」という単位は今でも大工さんが「曲尺」というものさしで使っていることを話した。それから、多くの国で使う単位として、「センチメートル」にもふれて「長さ」の授業を終えた。ちなみに、大工さんに、なぜ尺の単位のものさしを使うのか、と尋ねたところ、メートルものさしは細かすぎてね、という返事だった。おおまかな方が逆に分かりやすい、仕事がしやすい、ということなのだと思った。細かい数字に慣れてしまっている私には、新鮮な答えだった。

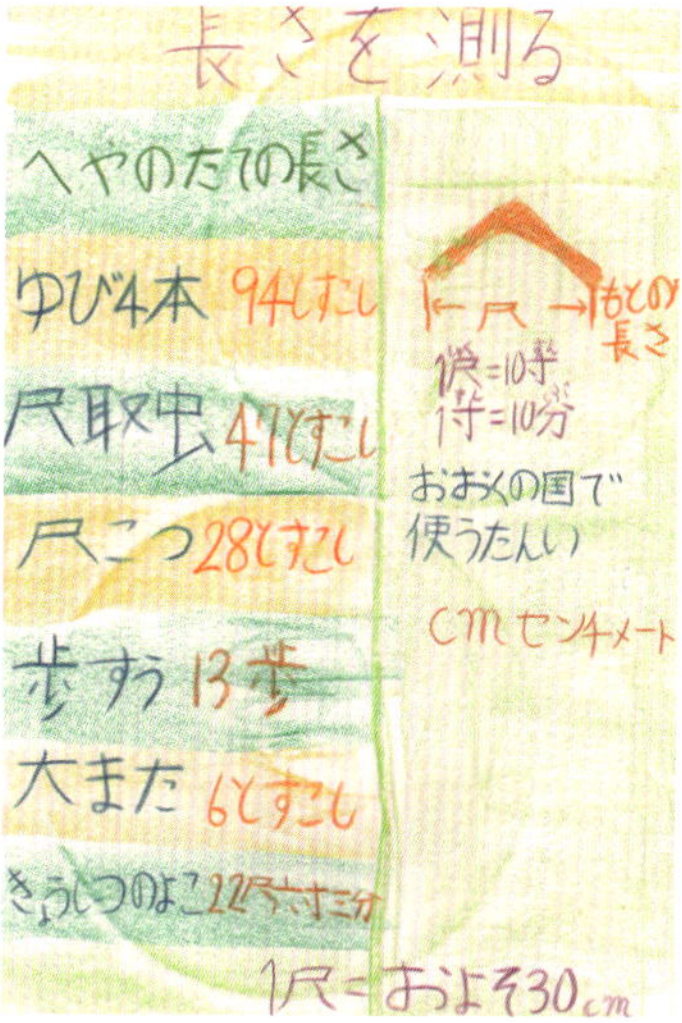

【図10】長さをはかる

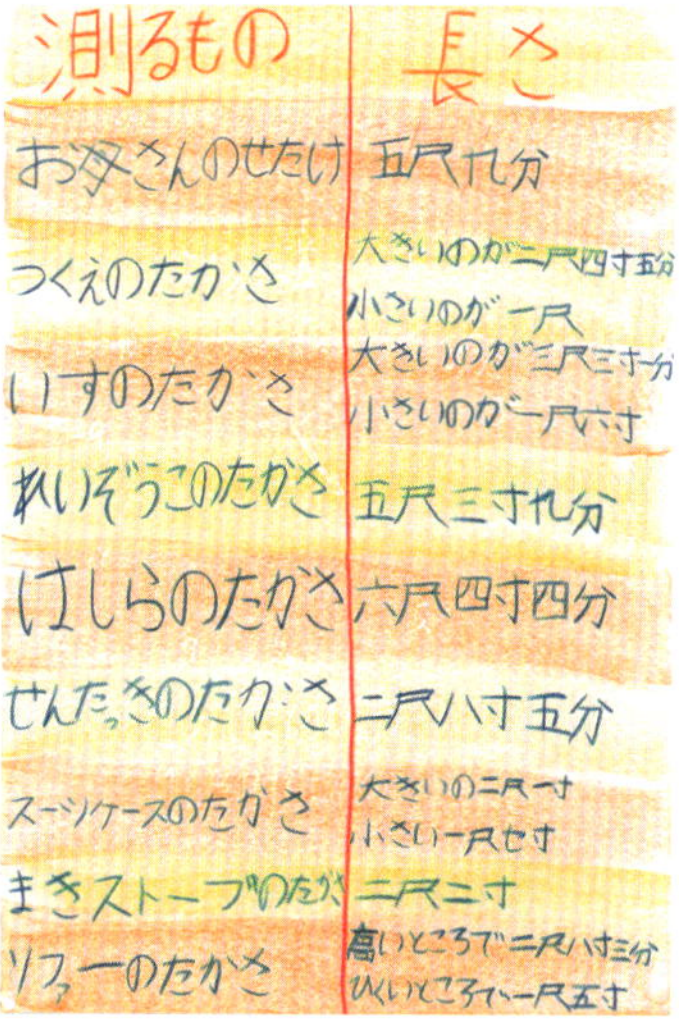

【図11】尺の単位で色々なものをはかる

5．重さについての授業

「長さをはかって新しい家を建てた後に、その年の秋、収穫できた麦を袋に入れて、おときの母は、町へ油を買いに出かけます。そこでは、油売りの商人が小さな枡を持っていて、枡に入る分だけの麦と、同じ量の油を交換してくれるのでした。そのうちに、大きな町では、金や銀、宝石がとても大切にされるようになりました。けれど、金銀、宝石の、それぞれ形の違うものの、多い少ないをはかるのには、一体どうしたらよいのでしょう？　枡ではかるしかないのでしょうか？」

子どもたちの中からは、金や銀だと、塊が大きかったり小さかったりするから、枡でははかれない、という声が上がった。そして、しばらくすると、「重さをはかればいい」という発言。どうやってはかるのか？　との問いに、こういうやつで、と天秤の形を手で表現し始めたので、「天秤」についての古代エジプトの話をした。

「昔、死んだ後の人間は、オシリスという神様の前に行き、生きている間に悪いことをしなかったかどうか、天秤を使って調べられました。天秤の片方の皿に死者の心臓つまり心、もう一方の皿には正義と真理の女神の羽を置きます。もしも悪いことをしてきたならば、心臓は羽より重くなり、心臓はけものに食べられ、けれど羽とつりあえば永遠の魂を約束されるのでした」

人の善悪を見分けるために神様の道具としても使われる「天秤」は、いろいろなものの重さをはかる道具だ。金や銀の重さをはかるために使われ始め、分銅というものを片側に乗せて、どれくらいの重さなのかを正確にはかるようになった。分銅は、金や銀といった金属の重さが基準となっていた。そして正確に重さをはかった銀などで、ものを交換するようになり、メソポタミアの粘土板には、銀1シュケル（重さの単位）で枡3杯分の麦、または12マイナの羊毛、枡3杯分のごま油と交換できた、と記されている。

そうして、重さをはかった金や銀が「貨幣」として使われるようになり、中国では開元通宝という貨幣の一枚の重さを一匁とし、その10枚の重さを一両とし、重さの単位がそのまま貨幣の単位となった。なぜなら、貨幣は一枚一枚が同じ重さで作られていて、基準の重さとなるからである。

これらのことをできるだけ分かりやすく説明した後、実際に天秤を子どもたち一人ひとりが作製して、一枚一枚が同じ重さである1円玉を分銅にし、様々なものをはかる実験をした。

天秤は木の棒とたこひも、折り紙で作製した。長さをはかる時には、前回作った「尺ものさし」を使った。重さをはかる物は、「石、スティッククレヨン、ブロッククレヨン、栃の実、どんぐり、10円玉」。また、重さをはかる前に重い順番の予想をたてさせ、紙に書かせてから、始めた。1回目は分銅なしで物どうしではからせ、2回目には、それぞれ1円玉を分銅にして、何枚分でつり合うかをはからせていった。

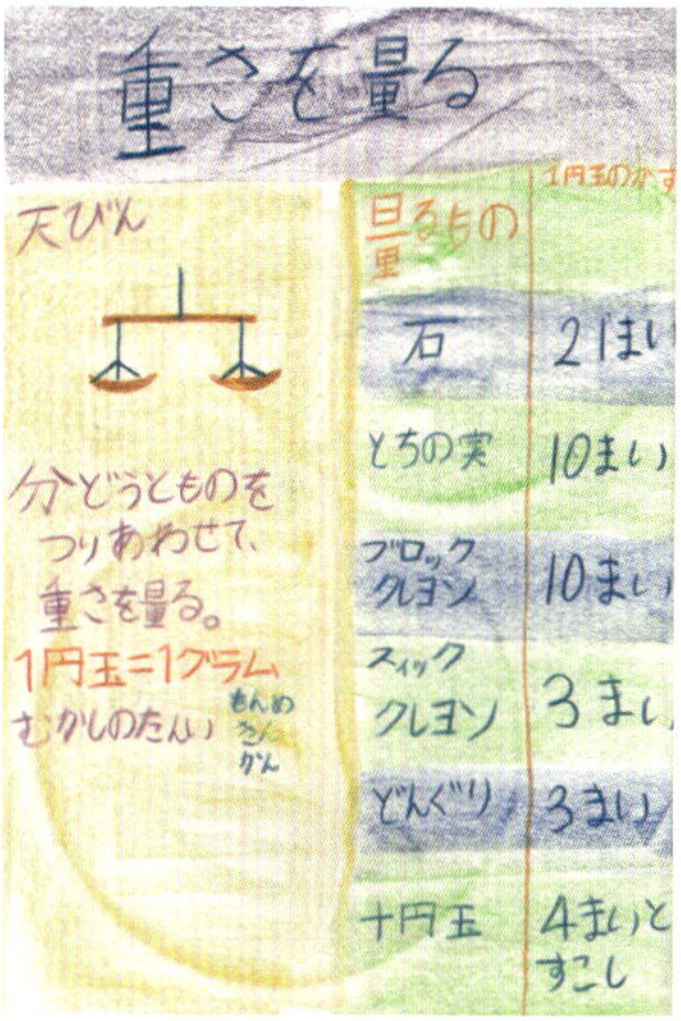

【図 12】重さをはかる

結果をノートにまとめ、1円玉の重さの単位は「グラム(g)」ということを話した。昔使われていた単位には、匁、斤、貫があり、5円玉が一匁の重さ（3.75グラム）であり、パンは一斤と今でも（重さは昔と違うが）言うことにふれた。（図12）

次の時間には、天秤で重さをはかってみて、大変なことがなかったどうか、聞いてみた。すると、「大きいも

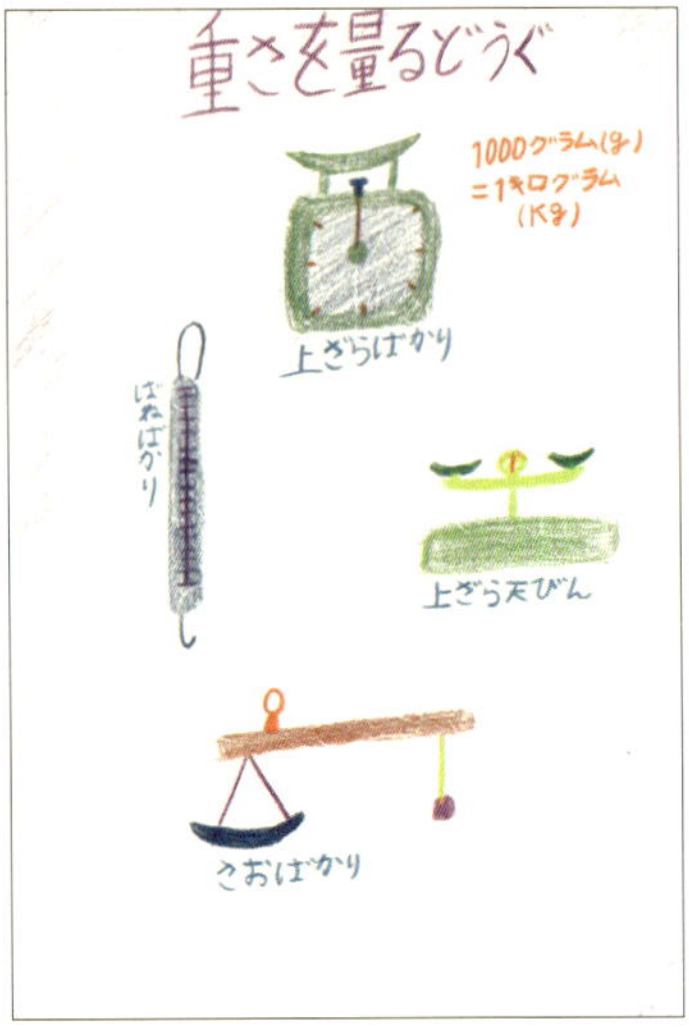

【図13】重さをはかる道具

のはかれない」「あんまり正確ではない（1円玉の分銅とぴったりにならない）」「もっているのが大変」という感想が聞かれた。その感想を聞いてから、人は工夫を重ねて、いろいろな「はかり」を作ってきたという話をした。そして、上皿ばかり、ばねばかり、上皿天秤の現物を見せ、それぞれどんな物をはかるのに便利なのか、の簡単な説明をしていった。ただ、昔ながらのさおばかりについては、残念ながら現物を手に入れることができなかったので、黒板に描いた絵での説明となった。（図13）

また、上皿ばかりは、休み時間にも教室においておき、いろいろな物をはかって、重さを読み取る練習をさせた。なぜなら、お米作りで収穫したお米の販売がすぐにあり、３５０グラムのお米を正確にはかって、袋詰めするという作業があったからだ。この作業では一合枡と上皿ばかりを使用した。３５０グラムでなく、一合枡2杯で二合という量にしてもよかったのだが、枡でいつも同じ分量のお米をはかるというのは至難の業である。これは日本の中世ぐらいから実在した「枡取」という職人の存在がそれを示している。枡による米穀の計量には様々の不確定な誤差要因がつきまとったため、枡による計量を専門とする職人がいたのだ。実際に子どもたちと枡ではかってみると、同じ量をいつもというのは難しかった。それで、枡ですくい、上皿ばかりで正確にはかる、ということになったが、枡取という職人の話などもでき、昔と今がつながる、重さの学びをしめくくる良い体験となった。

6. お金についての授業

お金の授業をするにあたって、以下のことを参考にした。

「子どもが一度はすべての硬貨とお札をよく見て、書き写してみることが大切です」(『人間を育てる』より)このことを、すべてを正確に学ぶこと、と捉えた。

「子どもたちに感じてもらいたいことは、彼らが使うお金は、実は誰か他の人の労働の結果であり、ドルやポンドというのは、私たちに食べ物や衣服、住居などを与えた人間の思考と、献身、努力(思考・感情・意志)を何らかの形で含むものであるということです。このことを子どもたちに気付かせることで、私たちは日常生活の必需品の生産者と社会的な関係を確立する方向へと向かい合います」("A PATH OF DISCOVERY Volume Three: Grade Three"より)

また、これらに、「お金は社会を循環するもの」という点も加えて、授業を行なうこととした。

① 重さの授業の復習

授業は、「重さ」について学んだことをもう一度復習するところから始めた。金や銀、宝石などの価値を決めるために、その重さをはかるようになり、重さをはかった金属がお金として使われていくようになった。そのことを、古代エジプトの壁画(エジプト人が、貴金属の値段を決めるのに、天秤と分銅を使ってその重さをはかっている絵)の図を描いて、ノートにまとめた。また、この時に、お金は「重さ」が重要で、形はいろいろなものがあったことに触れ、タカラガイの形の硬貨(青銅)、

【図 14】お金の始まり

イルカ形の硬貨（銅）、指輪型（銀）、鍬形や刀形の硬貨などを紹介した。そして、しだいに丸い硬貨や、紙幣といったお金が使われるようになったことを話した。（図14）

② 現在使われているお金を学ぶ

「すべてを正確に学ぶ」ということをするために、現在日本で使われている紙幣、硬貨を子どもたち一人ひとりが模写をし、作ってみるという学びをした。そのことを子どもたちに伝えた時の子どもたちの様子は、難しそう、でもやってみたい！というものだった。

本物の紙幣を前にして、紙幣の大きさの紙の上に、色鉛筆で絵や文字、数字を写し取っていく作業は、とても困難な仕事だった。紙幣というものは、様々な色が使われ、線描があり、細かい絵がいたるところに描かれている。あまりにも込み入っているため、教師が大まかに描いて作製した紙幣を見本にさせたが、それでも写し取ることにとても苦労をしていた。硬貨の方は、比較的楽に進められたが、それでも細かい作業に変わりはなかった。ただ、作製している間に不思議と音をあげる子どもはなく、どの子も生き生きとした表情で集中して取り組む様子が見られた。だんだん進んでくるにつれて、「この人は何ていう人？　何をした人？」と子どもたちから質問があり、描いている人物に興味を持ち始めたことが分かった。

ふだん何気なく手にし、目にしているお金が、こんなにもたくさんの色と絵が詰まっていて、そしてなぜか人も描かれている。そのことに子どもたちは驚き、不思議に思い、「すんごく大変！」と言いながらも興奮した様子で作製していた。お金に描かれている絵などについて歴史的なことも踏まえて、もう少し話ができたらよかったが、今回はまず正確に写し取って、しっかりとお金というものに向き合えた時間となったと思う。（図15）

③ お金は回るもの

次に、ときお君という少年を登場させて、こんな話をした（現代の話なので、おときではなく、子孫のときお君）。「ときお君の家には、お米屋さんから、お米が届きます。その時、ときお君のお母さんは、お米屋さんにお金を支払います。お米屋さんは、お米を売ったお金でお米農家から、お米を買います。お米農家の人は、そのお金で田んぼの肥料の牛ふんを牛飼いの人から買います。牛飼いの人は、牛ふんを売ったお金で牛のえさとなるとうもろこしをとうもろこし農家の人から買います。とうもろこし農家の人はそのお金で種屋さんから、とうもろこしの良い種を買います。すると、その種屋さんでは、ときお君のお父さんが働いていて、種を売って得たお金をお給料としてもらって、家へ持って帰るのです。そして、お母さんはそのお金で、お米を買って……。どんどんお金は回っていくのです」

するど子どもたちからは「いろーんな所に回っていくんだよね」という声が上がった。子どもたちの中では、

【図15】紙幣の模写

【図16】お金は回っていくもの

たくさんのところにお金が回っていく様子が浮かんでいたのかもしれない。ノートにはこのお話をもとに「お金は回っていくもの」の絵を描いていった。（図16）

また、回っていくのはお金だけなのだろうか、そのことを考えるために、この年（２０１０年）の7月に上演された12年生の卒業演劇、井上ひさし作「黙阿彌オペラ」の一場面の話を子どもたちにした。

「仁八そば」の女主人、とらが捨て子のおせんを拾い、とらを含め偶然に集った6人が、おせんを育てるための株仲間を始めるという話だ。16歳に成長したおせんが、ある日こんなことを言う。

「ここで初めて目を覚ました朝、おばあちゃんが『株仲間のお金で綿入れでも買ってあげようね』と云って、古着屋さんへ連れて行ってくれました。神田川の土手に沿ってずらりと並んだ古着の屋台見世、前の晩からの大雪で、お客はあたしたちだけ。そのうちの一軒で花模様の綿入れを買ってもらい、さっそく着込んでそのへんを走り回っていると、古着屋の男の子の弾んだ声が耳に飛び込んできたんです。『チャン、お米が買えるね』古着屋のおじさんも明るい声で、『おうよ、三升ばかり買ってきな。帰りに漬物屋の屋台で沢庵の浅漬を二本。こんな雪の日だ、客があればあすこもよろこぶ』……。

おじさん方のあったかい気持ちが綿入れに姿をかえて、あたしをあったためてくれている、でも、それだけじゃない、古着屋さんの子もおマンマがたべられるし、漬物屋さんもよろこぶ。そう、こうやっておじさん方の気持ちが世間を回りだしたんだ」
演劇仕立てでこの話をしていると、子どもたちは真剣な表情でこの話を聞いていた。少し難しかったかもしれないが、見えないけれども、お金を通して回っていくものが分かってもらえたのではないかと思う。

④　まとめ　お金とはなにか

お金というものは、一体何なのか、お金で私たちは、何を得ているのか。上記に記述した文を借りれば、私たちに食べ物や衣服、住居などを与えた人間の思考と、献身、努力（思考・感情・意志）を何らかの形で含むもの、ということになる。お金で得る物の中には、人間の知恵や労働が表わされているのだと思う。そしてそれは、人の手から手へとめぐり、社会を回っていく。

最後の授業では、お金についての学びを一通り復習した後、子どもたちに、お金で物を買うということは、本当は何を買っているか、物には何がこめられているのか、ということに、意識を向けさせた。例として、普段子どもたちが使っている色鉛筆を取り上げた。色鉛筆一本作るのにも、まずは、こういう色鉛筆を作りたい、という想いが初めにあり、木を切ったり、削って、きれいな色を出すために石を粉にしたりして、人が使いやすいように丁寧に作っていく。けれども、そのどれにも人が知恵や力を出さないと、作ることはできない。そして人がそういう仕事ができるようになるためには、長い時間がかかっているのだ。なぜなら、道具ひとつを作るためにもたくさんの人が関わり、考えて、工夫して作りあげてきたからだと話した。色鉛筆一本の中に、それまでの歴史、知恵、そして多くの人の力が入っている。

【図17】まとめのページ

そして、お米作りを終えた子どもたちに、仕事の一つひとつを思い出させた。また、管理をしてくれた農家のおじさんがしてくれた、子どもたちが知らない田んぼでの仕事に思いをめぐらせた。お米一粒作るのに、どれだけの力や知恵が必要で、大変なことなのかを考えた。その大変さを乗り越えて作られたお米には、たくさんの力と、「おいしいお米を作りたい」という想いが詰まっている。このようなことを子どもたちと話していった。

そしてまとめのページにはこんな詩を書いた。（図17）

人が　お金で買うものは
ものにそそいだ力とあせと
たくさんのちえ
たくさんの想い

お米作りを終了していた子どもたちだからこそ、この詩の意味が分かるのではないか、と思う。自分たちがそれぞれの授業を通して学んだことを、ずっと忘れずに持ち続けてほしい。

この数カ月後になるが、お金のやりとりを実際に行なう「お店屋さん」の学びも行なった。残念ながら、本物のお金は使用せず、子どもたちが作製したお金で行なったが、魚屋、鍛冶屋、葉書屋、銀行、焼き芋屋、本屋、花屋、お菓子屋という店が並び、他のクラスの子どもたちや教師にお客さんになってもらい、商品の売買、そして、おつりのやりとりを体験した。商品は子どもたちが丁寧に（まるで本物のように）仕上げ、お客さんからも大好評だった。きちんと領収書も発行して、正確なお金の計算を一人ひとりが行なっていた。お客さんに喜んでもらえるような言葉遣いも練習し、お客さんを含め、皆が楽しめた時間となった。

7. 終わりに

「はかる」の授業を組み立て、実践して「これは度量衡の歴史をたどる学びだ」と感じた。時間、長さ、重さというものがどのようにはかられ、今に至っているのか、その歴史をたどることで、初めて本当の理解につながる。歴史を知ることで、単位を深く学び、時計やものさし、様々な道具、そしてお金などと新しく出会い、自分と結びついていく。

授業を通して、子どもたちがこの歴史をたどる学びをしている間、古い時代から始まり、そして今という時までの学びの中、とても落ち着いているけれども、熱のある様子を感じた。ひとつのものの起源を知り、人がどのように作り出し使ってきたかを学び、そしてその重要性について静かに受け止めていたのではないだろうか。

授業は当初4週間で終わる予定であったが、お米作りの作業や、販売、収穫祭なども入り、ずいぶんと期間は長いものとなった。けれども、学んだことがすぐに実践で生かされ、(時間をはかる、お米をはかるなど）子どもたちは生活とつながった学びをすることができたと思う。まわりの世界を意識を持って受け止め、地に足をつけていく3年生にふさわしい学びとなった。

「はかる」の授業は、この後4年生でも続く。次は、「メートル法」「体積」「面積」の学びだが、それぞれの歴史をたどりながら、進めていきたいと思う。

【参考文献】

『図解単位の歴史辞典』小泉袈裟勝編著（柏書房）
『ニッポンのサイズ』石川英輔著（淡交社）
『ビジュアル博物館　貨幣』ジョー・クリブ著（同朋舎）
『暦を知る事典』岡田芳朗他著（東京堂出版）
『古代オリエントの生活』三笠宮崇仁編（河出書房新社）
「はかりの歴史館」http://www.ishida.co.jp/rekishikan/index.php
『人間を育てる』ヘルムート・エラー著（トランスビュー）
A PATH OF DISCOVERY Volume Three: Grade Three　Eric K. Fairman 1997

第五章　4年 総合的な学習　家作り

2007年度4年担任
高橋 幸枝

1966年栃木県宇都宮市に生まれる。國學院大學栃木短期大学卒業。公立小学校に十数年勤務する。日本アントロポゾフィー協会主催教員養成講座修了。併せて、鈴木一博氏に言語造形を学ぶ。2004年、東京シュタイナーシューレに勤務、翌年からシュタイナー学園に勤務し、2012年3月に8年間の担任を終える。

わたしたちにとって家とは？
４年エポックノートより

２００７年、子どもたちが４年生になって間もなくのことです。「先生、家作りはいつやるんですか」と、子どもたちは何かにつけて同じ質問をして来るようになりました。何しろ3年生の時は、4年生が竪穴式住居を作っていたのを、教室の窓に貼り付いて見ていたのですから。「自分たちは4年生になったら家を作るのだ」と、その意気込みは予想以上で、まだ何の構想も無かった私は、次第に追いたてられていきました。

シュタイナー学園では、4年生になると家作りの授業があります。自分たちの力で柱を立て、家作りを通して、働くことそのものの中に意志の力が育まれていきます。ここでいう意志は成長する力を指します。それまで子どもたちは周囲に守られた環境の中で育ってきましたが、自分たちの力で作り上げていく過程で、内面から新たな力が生まれていきます。家の種類や規模、作業期間等は、クラスの子どもたちに合わせて担任が計画していきます。

そのころ藤野町（現在相模原市緑区）では、ふじの里山クラブの方々が、2年ほど前から里山普請プロジェクトとして農家に残る古い土蔵を修復するプランがありました。子どもたちが3年生の時、林業実習でお世話になった地元の佐々木正利さんのところで、古い味噌蔵を修復しているとのこと。「今週の休日に土作りや荒壁塗りの実習があるから、遊びに来ては」と言って下さいました。

早速飛び入り参加です。横浜国立大学工学部の学生さんたちや、地元の方々、左官職人や工務店の方々、およそ30人ほどが集まりました。そして、土壁用の荒木田土を使って壁の土を塗っていきます。粘土質の土の重さは肩にずっしりときて、かなりきつい作業になりました。

待ちに待ったお昼ご飯の時間のことです。いろいろな所で古民家を修復している市川茂さんに、家作り授業の話をしました。市川さんは、身を乗り出して聞き、さらにかばんの中から『土と左官の本』という雑誌を出して見せてくれました。抜けるような青空の下、大人も子どもも泥だらけになって土を運び、長い列になってうねり、作業をしています。それはそれはもう圧巻としか言いようが無く、これほど美しい写真があったのか、と思うほどです。「これです。これがやりたいんです」「そうです。これですよ」市川さんはさらにのって、『どぞう』（むらおかずこ作・絵）という絵本を見せながら、読み聞かせをしてくれました。ページをめくるごとに「おおう」と歓声が上がり、興奮冷めやらぬまま帰ってきました。しかも市川さんの名刺もいただき、「分からないことは、何でも聞いてください」とのおまけつきです。まだ、何一つ決まっていませんでしたが、「ああ、できるできる」と自信に満ちあふれていました。日本に古くから伝わる土壁の家。屋根はわらで、高さは子どもが手を伸ばして届くくらい。大きさはクラスの子どもたち27人全員が円くなって作る輪の大きさにしよう。

クラスの会で保護者に家作りの提案をすると、「おもしろそう」とお手伝いの当番表を作るところまで話が進みました。図案を見て心配してくれるお父さん方は、クラスの会が終わった後で地面と壁、壁と屋根の接合法や、屋根の骨組みと中心の柱の組み方等々アドバイスしてくださいました。「子どもたちができないところは、いつでもやりますから、言ってください」というありがたいお言葉でした。加えて、校庭のジャングルジムを撤去したところに家を作れそうだ、ということになりました。

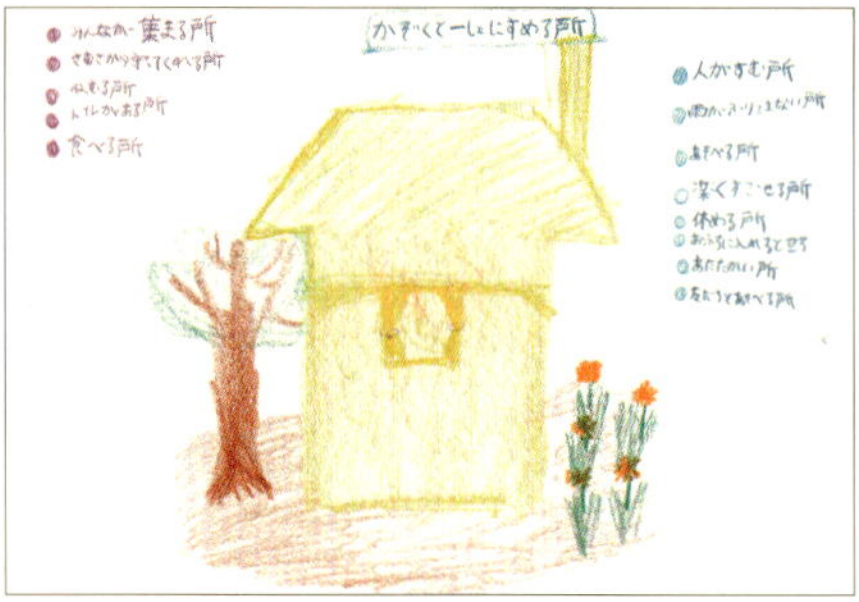

かぞくといっしょに住める所
4年エポックノートより

材料も調達できそうだし、手伝ってくださる方もいる。何一つわからなかったことが、一つひとつクリアになってきました。同僚の教師たちはもちろんのこと、労務主事の徳重吉隆さんや土蔵作りの市川茂さん、「竹ならいくらでもあるよ」と言ってくださった佐々木正利さん等々に、それこそ一度つかんだら離れない勢いで連絡を取っていきました。また、工芸専科の大嶋まりさんと相談しながら、実際に土地の広さを測るなどして計画を立てては修正を加えていくといったことを繰り返していきました。

家作りの期間は、エポック時間を中心として1カ月ほど。4年生の子どもたち27人が手作業で家を作っていきます。大まかな授業計画を以下に示します。

事前準備

1、家を建てる場所の決定　ジャングルジムを撤去した場所
2、大まかな家の設計図作成
　直径3m円周に12本の柱　中心に1本の柱　土壁にわら屋根　窓2　出入り口1
3、材料の発注（荒木田土）
4、柱と篠竹の長さと本数決定、集める　150㎝×240本〈5㎝間隔に差し込む〉
5、職人の市川さん、工芸専科の大嶋さんと打ち合わせ

これから先はノートのメモを元に書き進めていくことにします。

4／23　かかしの解体&わら切り

去年の米作りで作った6体のかかしは、解体する時機を逃し、体育館下の隅に置かれていた。もう10カ月ほど経っていて、中に詰めてあったわらは、すでに分解が始まっていた。壁土作りにちょうど良い状態だ。

校庭にシートを敷き、子どもたちとかかしを運ぶ。そして、中のわらを取り出して細かく切る作業が始まる。発泡スチロールの箱3個に細かくしたわらと水を入れ、ふたをして小屋の中に置き、発酵を速めておく。

4／24　竹の生えている場所に下見

「土壁の家を作るなら、うちの山に篠竹が生えているから、採りに来るといいよ」この言葉に飛びつき、放課後佐々木さんの山に軽トラックで入る。急な斜面で登るのがやっとだ。私はそこら中の草をわし掴みにしながらものすごい形相で登っていった。そんな中、佐々木さんはひょいひょいと登っていく。降りるときは「落ちないですか」を連発しながら命がけの下山を果たした。子どもたちと竹を切ることは断念し、保護者にお願いすることにした。

4／25　佐々木さん宝をつんで現る

放課後、佐々木さんが真竹や篠竹を100本も運んできてくださった。「まだまだあるから、言ってくれれば切っておくよ」とのこと。林業の仕事が忙しい時期にこうして合間をぬって助けてくださる。そして、お茶も飲まずに帰って行かれた。

4／26　予算オーバー

佐々木さんは「土ならうちの山から持って行ったらいい」と言ってくださったが、周りの方のアドバイスもあり、麻すさ入りの荒木田土を建材屋さんから購入することに決定。土の量を割り出してみる。3×3.14×1.2×0.06＝67.824㎥……教室一杯分?! たちまち青ざめ何度も計算すると、㎜とmの単位をまぜこぜに計算していたことが分かり、晴れて1.5㎥あれば十分ということになった。1袋25㎏の荒木田土を50袋注文する。1袋550円。すでに予算オーバー。

4／27　市川さん現る

子どもたちに「連休が明けたら、家作りをしましょう」と伝えると「わーい」と喜びの声が上がった。柱の穴に入れる小石を連休中に集めて持ってくることを宿題にして、しばしの別れとなる。

放課後、市川さんが来校し、篠竹を組んだ試作品を見ていただく。「へえ、うまいもんですねえ」とほめられご満悦。ただ目が粗いから、大人の指が入るくらいにしたほうがいいとのこと。「柱にする丸太は？」と聞かれ、慌てて1本運んでくる。家を建てるそばに穴を掘り190㎝の丸太を立ててみると、土の固さや柱の長さが具体的に良く分かる。さらに屋根の組み方、傾斜の付け方などを段ボールに図面を描き入れながら説明してくれた。「紙の上であれこれ悩むより、使う物で実際に試してみる方が、はっきりイメージできる。私たちも実際に現場に行って土地の状態を見て、使う材なんかは実物大の物をこうやって試しながら、その場で考えることも多いんです」

今まで、何が分かっていないのかさえ分からない状況で計画を進めてきた。だが、こうして実際に穴を掘ってみて、柱を立ててみると、柱のぐらつき方で、60㎝の深さが適当かどうかの手応えがはっきりしてくる。「私も今まで土蔵作りなんてしたことなかったんですよ。師匠について、現場で一緒に働かせてもらいながら一つひとつ身につけて行くんです。昔の資料を見て、ああかな、こうかなと考えながら手探りで段取りを付けて、それでも分からないことは多いんですから。じゃ、頑張ってください」市川さんもまた、お茶も飲まずに帰って行かれた。

5／7　連休明ける　子どもたちの石を集める

わら切り用の箱を3つ追加。連休前に作っておいたわら入り水は、ものすごい匂いだ。少しでも匂いを逃がしておこうとふたを開けておいたら、クラスのいたずらっ子がいきなり走ってきて、水に浮かんでいるわらを素手で沈めた。あまりの匂いに言葉を失い、慌てて水道へと走っていく。この子は、その日一日中、腕の匂いをかいでは、においが消えたかどうかチェックしていた。

注文していた荒木田土が届くと聞き、急きょ徳重さんにベニヤ板と木材でたたみ1畳ほどの巨大な箱を作っていただく。しばらくして、25㎏の荒木田土50袋が届いた。少し遠慮して事務局長に請求書を渡し、そそくさと外に出た。1袋開けてみるとものすごい重さだ。ものは試しと持ち上げようとしてみたが、即あきらめ、私はカッターで袋を開ける役に回った。「開けておくよ」という徳重さんの言葉に甘え、教室に戻った。

巨大とはいえ、1箱だけでは、27人の子どもたちが一斉に土踏みをするには十分でなく、半分以上の子たちが見ている状態になる。徳重さんに相談すると、「今日の帰りに材料を買って、明日あと3つ作っておけば足りるでしょう」と言ってくれた。助かった。

5／8　巨大入れ物追加

徳重さんに巨大入れ物をあと3つ作ってもらい、1箱につき10袋ずつ土を移しておいてもらう。

5／9　土踏み①

朝のうちに、発酵したわら入り水を4つの巨大入れ物に分けて行く。目にしみる強烈なにおいだ。ゴム手袋をはめ、意を決してわらをすくい取り、分配していく。登校してきた他の学年の子どもたちは、おもむろに鼻をつまんで通り過ぎて行った。とにかくわらは全て振り分け、残り水は入れず、代わりに水道水を入れることにした。

午後、いよいよ土踏み開始。初めのうちは匂いに負けそうになっていた子どもたちも、興味が先行したのかそのうちにキャーキャー言いながら踏み始めて行った。鼻にタオルを当て無言で踏む子、どうしても素足で踏めないでうろうろしている子とさまざまだ。途中で光化学スモッグ注意報により作

かべ土作り　４年エポックノートより

土踏みの様子

業を中止し、教室へ引き上げた。翌日続きをすることを伝えると、いつもの「やったあ」は少なめであった。

放課後、市川さん来校。土の状態を見ていただく。「いいじゃないですか。いい土になりましたね」と言われ、ほっとする。かごのようなものを探し、そこに土を塗りつけながら、下に落ちないか試してみる。完璧だ。

5／10　土踏み②

２日目の土踏み開始。昨日より臭くないと、子どもたちはますますパワーアップして踏み始める。女の子２人は少しだけ踏み、早々に足を洗い始めた。仕方がないので、道具を置く小屋の掃除を頼んだ。よほど嬉しかったのか、２人ともほこりまみれになって掃除をし、「見て見て」と言って、きれいになった小屋を得意そうに見せた。一方、腕白っ子たちは、手の周りに泥を塗り、巨大なグーを作って「大きくなっちゃった」と言いながら、パンチごっこをしている。まあ、このくらいは目をつぶろう。

5／14　明日をむかえる

工芸専科の大嶋さんから大工道具を借りる。のこぎり、げんのう、かなづち、木づち、釘等々。管理の仕方と扱い上の注意を確認する。いよいよ明日から家作りが始まる。

5/15　地鎮祭

家を建てる場所に笹竹を立て、去年子どもたちと作ったしめ縄で囲う。机に白い布をかけ、榊やお花、塩、酒、鯛、稲穂等を用意する。こういった儀式を準備するのはことのほか骨が折れる。どちらの方を向いておじぎをするのか、鯛をのせる紙の折り方など、何もかも初めてのことだ。土地の神様に安全を祈願した後、皆で詩を唱える。

私たちは家を作る
土を掘り　木を運び　柱立て
力を合わせて家を作る
外がどんなに荒れようと
安心してくつろぐことのできる家を

私の中に静けさを
小さな明かりを灯すよう
一人ひとりは小さな力

地鎮祭の様子

自然の力に助けられ
つながれ　つながれ　みんなの心
声かけ合って　力合わせて働けば
きっと　丈夫な家になる

この詩の後に「今日も一日安全に良い仕事ができますように」と言ってから、仕事を始めることになる。

地鎮祭終了後、棒に糸を付け、中心に棒をさして、ぐるりと一回りする。そして直径3mの円を作る。そして、方位磁石で方位を決め、東西南北にそれぞれ柱を立てる印を付け、穴掘り開始。途中で雷が鳴り、早々に引き上げる。すぐ土砂降りとなった。

自宅に戻り、差し入れの鯛を塩焼きにして日本酒で乾杯。地鎮祭までわき目もふらずに突っ走ってきた。明日からいよいよ子どもたちとの作業がおよそ1カ月続く。安全に家が建ちますように。

***5／16*　穴掘り開始**

朝、私が外で準備をしていると、クラスの子たちが7人ほど手伝いに来てくれた。朝からこんなに張り切っていて大丈夫だろうか。今日は中心と東西南北に柱穴を掘る作業と、柱と柱の間に新たに2

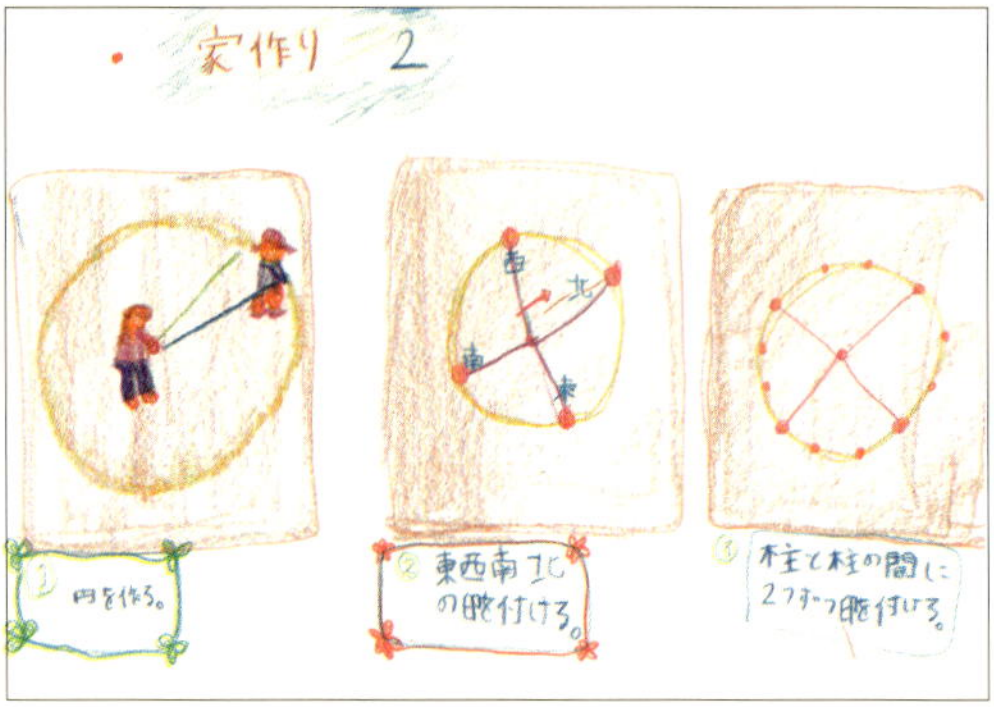

穴掘りの準備　４年エポックノートより

個ずつ柱穴の目印を付ける作業となる。子どもの背丈ほどもある穴掘り用の道具を地面に打ち付け、シャベルやスコップで掘っていく。土は予想以上に固く、打ち付けた時の振動が手に直接伝わりしびれてくる。幸いにも我がクラスは穴掘り好きとあって、皆夢中になって掘っていた。20㎝位掘り進めていくと急に地質が変わり、掘りやすくなった。途中、鳥のくちばしのような石を発見。「昔の矢じりではないか」私が神妙な顔つきで言うと、奪い合いが始まるグループがあり、もっとないかと穴掘りに夢中になるグループがあり、この混乱した状況を遠巻きに眺め、すぐ自分の作業に戻る子とさまざま。奪い合いのグループは、数日の間もめごとが続いていた。少し反省する。

5／17　中心の柱が立つ

柱にする丸太13本を体育館下から運び出す。２ｍ近い丸太を2～３人で肩に担ぎ、「わっしょい、わっしょい」と言いながら運んできた。途中で勢い余って走り出してしまう子たちは、私に叱られしゅんとしていた。丸太を雑巾で拭き、乾かす。今年の10年生が４年生だった時に家作りをした際の丸太だ。ずっしりとした重さで、いい音がする。

60㎝の深さまでもう一息という穴が増えてくる。中心の穴を掘り終わり、棒で突き底を固める。さらに、小石を数個入れ、柿渋を塗った柱を中心に立てた。ひもの先に石を付けたものを持って、柱のそばに立ち、垂直を確かめ、土を埋め戻した。一本の柱が立つと、急に様子が変わり、空気さえも縦方向に漂っている感じだ。「家を建てることは、自分の中に新しい覆いを作っていくことで、柱をまっすぐ立てることが自分の力でしっかり立って歩いていく力になっていく」と以前同僚が話してくれたことがある。こうして、柱を立ててみて初めて、そのことの意味が身をもって感じられる。

5／18　大雨のため作業中止

大雨のため、教室で地鎮祭の絵をノートに描く。そのうち「あのお供えした鯛はどうなったのか」という話題になった。私が塩焼きにしてありがたくいただいたことを話すと、収拾がつかなくなるほど大騒ぎになった。土壁塗りが終わったら、みんなにもごちそうする約束をして、ようやくその場を収めることができた。

その後、わら半紙をくるくると丸め、格子に組んでいった。これは家の壁を作る際の骨組みになる木舞(こまい)を作る練習だ。交差したところを麻ひもできつくしばっていく。とにかくずれないように固くしばるという地道な作業だ。子どもたちはいつの間にか鯛のことは忘れ、夢中になって小さい木舞を組んでいった。

中心の柱を立てる　4年エポックノートより

柱と柱の水平をはかる　4年エポックノートより

2週目

5/21　柱を4本立てる

柱と柱の水平を見るために、透明なホースの中に水を入れ、両端を柱の先端に上げる。先人の知恵は素晴らしい。だが、いざやってみると、ホースの両端から水がぴゅーっと飛び出し、その度にホースを持っていた子の頭に水がかかり、なかなか作業が進まない。それでも何とか4本の柱が立った。

放課後、市川さんと、市川さんの2人の師匠が来て、土の状態を見てもらう。良好とのこと。また、柱と柱に渡すのは割り竹を使う予定だったが、細くてしなる篠竹の方が安全だろうということになり、篠竹を使うことに変更した。

5/22　作業は一気に進む

昨日に引き続き、透明ホースに水を入れ、柱と柱の水平を計る。ぴゅーと出るとキャーとなり、なかなか作業が進まない。お手伝いの保護者から「柱の上にひもを渡して、水平かどうか、見たらどうですか」と提案された。作業は急にはかどり、ひとまず全ての柱が立った。さらに柱の周りをたこで固め、仕上げて行く。

5／23　班ごとの作業始まる

３つの班に分かれ、日替わりで仕事の内容を交換しながら作業を行なう。

丸太班　屋根の骨組みを作る。中心の柱から周りの柱に真竹を渡し、軒を20㎝くらい出して切る。椅子に乗っての作業となる。

木舞班　土壁の骨組みになる木舞の材料を準備する。縦にして直接横溝に差しこんでいく篠竹（直径約１㎝）を170㎝の長さに切りそろえる。

荒木田班　荒木田土を使って曲線の壁にするために、その芯となる篠竹を曲げながら柱から柱に渡し、釘を打つ位置に印をつける。印付けが終わったら、ゆっくりと外し、やすりで印を削り、きりで穴を開ける。そして、先ほどの位置に篠竹を曲げ、柱に釘を打ち、これを上中下とそれぞれ一回りさせながら固定させていく。

5／24　ロープ縛り　篠竹切り　横溝掘り

当初の予定では、時計の文字盤に見立てた12本の柱を等間隔に立てるはずだったが、いざ立ててみると、柱と柱の間が最大で23㎝も違う。その分柱の間に渡す篠竹の長さも変えなければならない。10年生が４年生の時に作った家を解体して出た篠竹80㎝、120㎝、125㎝の長さを元に、57㎝70本、74㎝86本、67㎝35本の篠竹と、地面にじかに差していく縦の篠竹160本を新たに切り取っていく。幸い、保護者に篠竹や真竹を追加して運んでもらっていたので、材料は十分そろっている。班を交替させながら進めて行ったが、この篠竹切りの作業は、子どもたちにとってはとても大変だったようだ。

さらに、木舞の縦の竹を地面に差しこむための溝掘り作業が加わった。スコップやシャベルで、幅5㎝、深さ20㎝の溝になるよう、柱と柱の間を掘っては水を入れ、さらに掘り進めて行った。

5/25　雨のため教室でむしろ編み

運よく2～3日前からむしろ編みの準備を始めていた。手の仕事の先生に道具をお借りし、編み方を教わっていたのだ。教室にわらを運び入れ、6つの班で作業する。まず、子どもたちを周りに集め、編み方を示す。その後各班に分かれての作業となった。横長の脚立を小さくしたような「うま」の上にしゅろ縄を数カ所たらし、その上にわらを置いてたらしてあるしゅろ縄を交差させて再びわら束を置いていく。この繰り返しなので、特別難しいことはないが、わら束を「うま」の上に載せるたびに、わら束がバサッバサッとさばけるわけで、そのバサッバサッで、わらが顔にかかった、口に入ったと言っては口論になるのだ。また、完璧に編み上げたい子と、大雑把で良しとする子が運悪く同じ班になると、さらに大変なことになっていった。私は心の平安を保つため、唯一穏やかに作業をしている班のところに行き「平和グループ」と命名などしながら作業を見守っていた。ようやく各班それぞれのむしろが編みあがった。教室中わらだらけになった。

3週目

5/28　屋根の骨組み作り

中心の柱から柱へと傘骨のように竹を渡していく作業に加え、竹と竹の間に横竹を渡して行く作業が入る。こうすることで、後でわら束やむしろを載せた時、落ちにくくなるのだ。横竹は長さがまちまちで、実際に竹を当てながら、印を付けて切り、ロープで縛り固定していく。古い机を踏み台にして、その上に乗っての作業となる。少しぐらついて足元が不安定なので、押さえる物が必要である。横溝掘りと篠竹切りは先週に引き続き行なう。

5／29 安全第一

横溝が掘り終わったところから、170㎝の篠竹を４㎝くらいずつ等間隔に差して行く。高さがだいたい揃ったら、土を埋め戻し、上中下の３カ所を柱に固定しておいた横竹に、170㎝の篠竹を固定し、きつく縛る。作業中、突然一人の子が踏み台から落ちた。幸いけがはなかったが、ひやっとする。机と机をひもで縛って固定し、作業を続ける。

屋根をふき、木舞をかく　４年エポックノートより

5／30 注意多し

屋根の横竹組みができたので、上からむしろをかぶせてみる。なかなかいい具合である。日中の暑さを少しだけさえぎり、日陰ができる。むしろだけでは足りないので、後はわら束をいくつも作り、上から載せて行く。一方、170㎝の篠竹を地面に差し、土を埋め戻す作業も並行して続けて行く。今日は子どもたちは、だれ気味。鉄棒を始めたり、

追いかけっこをしたりして私に注意を受ける子が多かった。

5／31　注意少し減る

木舞を組み終え、暇そうにしていた2人を呼び、しゅろ縄で木舞かきのやり方を教える。交差の部分にどのようにしゅろ縄をかけていくかが難しいが、何度かやっていくうちに要領を得て、自分たちでできるようになった。「後でみんなに教えてあげてね」と言うと、がぜん張り切りだした。追いかけっこを始めてしまう子には、竹切り専門にして、長さと本数を次々に指示していく。それに追いつこうと、ようやくエンジンがかかってきた。

6／1　窓枠作り　木舞かき

直径7㎝くらいの木を使って、窓枠の部分を2カ所作る。屋根もずいぶんと出来上がり、わら束を運び、載せ、横竹に固定させるといった要領で、子どもたちは自分たちだけで作業できるようになった。昨日みんなより一足早く木舞のかき方を教わった2人は、他の子に教えられるまでになった。木舞かきには、しゅろ縄が何本も要るので、同じ長さに切る担当もできた。しゅろ縄切り専門の2人は地面に店らしきものを描き始め、看板まで作って店開きをしている。一方、根気力一の2人組は、わき目もふらず木舞かきをしている。プロ並みのいい仕事ぶりである。何をしたらよいのか分からずにうろうろしていた子は、さっきまで私と一緒に縄切りをしていたが、私が他の班の様子を見に行っている間に砂山を作って遊んでいて、また、私と一緒に縄切り担当にもどされた。

荒壁塗り　４年エポックノートより

木舞かきと屋根の仕上げ

４週目

６／４　木舞かき終了

明日は荒壁塗りをするとあって、みんなで木舞かきに集中する。もうほとんどの子が自分で木舞かきをしている。そのうちにみんなで歌い始めた。みな自信たっぷりで楽しそうである。

エポック後の休み時間をはさんで、再び木舞かきの続き。さすがに先ほどの歌は出ず、何人かは完全に飽き始めた。自分の場所が終わった子たちや飽き始めた子には、屋根にわら束をのせ上げる作業をしてもらった。細かい作業より力仕事の方が力を発揮する子たちは、脚立のてっぺんに乗ってわら束を受け取り、屋根の一番高い部分を仕上げていった。高いところで作業できるとあって、水を得た魚のように生き生きとしている。

６／５　いよいよ荒壁塗り

荒壁塗りは本当にお祭りのようなにぎやかさだ。皆、はだしになって、土を踏んだり、土を持って木舞に付けていったりと忙しく働いている。窓にする部分を残して土を付けていく。当日は市川さんも来てくれて、土の付け方を教えてくれた。４箱の土は、あっという間になくなり、全て使い切った。
作業を終え、家の近くにシートを敷いてお弁当を食べる。約束の鯛は、保護者に料理してもらい、こんがりと焼かれ、きれいに身をほぐして、再び元の鯛の姿で大皿にのせられている。競い合うようにして食べられ、最後には、きれいに骨と頭だけが残った。

6／6　完成と思ったら

「家の周りに溝を掘っておくと、雨が降った時に水はけがいいんです」市川さんと私の話を腕白っ子が聞いていた。すでにそのことを何人かの子どもたちは知っていた。改めて話すと、「じゃあ、やろう」ということになった。当初予定していた道具の片付けと横溝掘りとを交代しながら行なった。ジョーロに水を入れ、家の周りに流して、排水溝までどのように流れを一つにするか、夢中になって試している。明日で終わるだろう。いや、終わってほしい。

6／7　まだ続く横溝掘り

溝掘りが本格的になってしまい、こんなに深く掘ってしまって大丈夫だろうかと、内心冷や冷やする。時どき巨大なコンクリートのような石に当たったが、根気よく掘り進め、ようやく取り出すことができた。
そして、とうとう全ての作業が終わった。いよいよ明日は完成式だ。

6／8　完成式

今度は、鯛の代わりに昆布を置き、半紙も神様に失礼のないように折った。長かった家作りも今日で終わる。大きなけががなくてよかった。自分が抜け殻になっていくのが分かる。徳重さんにみんなでお礼を言って終わった。また、市川さんや竹を下さった佐々木さんなどどれだけ多くの人たちに支えられてここまで来ただろう。全てのことに感謝。

また、家作りの完成記念に保護者からブルーベリーの苗を贈られた。家の窓から見える庭の一角に子どもたちと植えた。

家の名前を考えることを宿題に出し、一人ずつ発表してもらう。その中で、暗やみの三日月（5）夜空の星（4）麦わら帽子（2）大地のひびき（11）ぴかいち（4）に絞り込んだ。

家の名前は子どもたちの投票（名前の後の数字がそれぞれの得票数）により「大地のひびき」に決定した。

「大地のひびき」完成

４年の子どもたちと家作り

３年生から４年生にかけてのこの時期は、子どもたちの内面が大きく変わっていく時期でもあります。就学期のあどけない表情は無くなり、大人への絶大な信頼が少しだけ揺らぎます。それは小さな反抗期のようでもあり、些細なことが引っ掛かりクラスの中でも小さなもめごとが起こり始めます。それまではけんかがあっても「ごめんね」「いいよ」ですんでいたことが、しばらくの間尾を引いていたこともありました。授業の中では、特に歌や身体を動かすリズム部分の中で、担任が動く通りに何の抵抗も無く動いていたところから、「いやだ」「やりたくない」と言い始めます。でも、そうは言っても身体はまだ生き生きと動き出し、いつの間にか集中しています。子どもたちは、いろいろなことに気付き、自分で試し始めます。これまでの守りの中から新たな一歩を踏み出そうとしているのです。この時期の子どもたちは、家作りを通して自分の内面にも中心となる柱を立て、一つのまとまった心の空間を作り上げていきます。

また、この土壁の家は、発酵したわらと粘土質の荒木田土を使うので、強烈な匂いと泥の感触を体験することができます。４年生の子どもたちは、この家作りに喜びをもって向かえるだろうか。この授業を計画するとき、一抹の不安はありました。しかし、柱の穴を掘り、柱を立てていくうちに、不安は消えていきました。みんなで家を建てようと、働くことに集中していったのです。これまで子どもたちは、遊び相手として慣れ親しんだ土から、３年生の米作りで作物を育てる土、そして住居の地盤や素材としての土へと、土に対する親しさを変化させながら学んできました。

５年生では古代史の授業のとき、家作りで残った土で古代メソポタミアの日干しレンガを作り、人間がどのように土とともに生きてきたかについて学んでいきました。日干しレンガは予定していた以上に大量に作ってしまったので、しばらくは用途が決まらずにいましたが、花壇の囲いに使っていただくことになりました。また、５年生から工芸の授業が始まり、粘土を素材とした彫塑が行なわれます。

長いようであっという間の１カ月間でした。子どもたちは土を踏み、柱を立て、屋根や壁を作ってきました。発酵したわらのにおいにむせ、素足で土を踏み、ほこりだらけになって穴を掘り、柱を立てました。家作りを終えて、子どもたちの表情は明らかに違ってきます。仕事を成し遂げたとてもいい顔です。

この体験が手足を通して考える力になり、やがて喜びをもって世界に働きかけていくことを願います。

第六章　5年・6年 社会　世界と日本の古代史

2010年度6年担任
石橋 美佐

大学卒業後、日本アントロポゾフィー協会主催第二期教員養成講座修了。ドイツに渡り、シュトゥットガルトでのユーゲントゼミナール寮生活を経て、ヴィッテンのヴァルドルフ教員養成ゼミナールに学ぶ。クラス担任課程を修了し、免許を取得した後、帰国。2005年よりクラス担任を受け持つ。

歴史授業をしてみて思うこと

クラス担任をしていてエポック授業をするたびに感じ入るのは、カリキュラムの内容がいかに子どもの成長段階にぴったりと合い、本質に即しているかということです。これは、多くのヴァルドルフ教師が揃って抱く感想です。いつもというわけにはいかないものの、授業がうまく展開し、子どもたちが全身で受け止めて驚きや喜びを表現する時には、震え上がるほどの空間がそこにできあがります。子どもの求めている学びの本質が、子どもの中に受肉していくような尊い瞬間です。それぞれのエポックでそのような体験をしてきましたが、中でも歴史の授業は、担任期間の各学年を通して考え抜かれた奥深い要素がつまったもので、子どもの姿を見るたびに、彼らの内的な成長を改めて認識させられる時間です。

歴史のエポックは、5年生で始まります。子どもたちの内面に、時間的空間的な流れが系統立って形成され得るからです。ヴァルドルフ教育における歴史の捉え方は独特で、しかしそこには深い洞察がひそんでいます。私自身、エポックの準備のための学びを進め、その秘密に触れるたびに、その歴史観の大きさに畏れ入るばかりでした。一言で言うと、「歴史が生きている」かのようなのです。遠い昔の遠い世界で起きたよそ事ではなくて、地球をひとつの生命体のように捉え、その成長過程を見ているように感じます。そして、その途上の現時点に自分がいて、過去の全ては自分とつながり、自分もまた未来への橋渡しとしての働きを担い、歴史を作っている……そのような気分に浸る時、そこに「歴史を学ぶ」意味を感じ、それを子どもたちと共有する楽しさを思わずにはいられませんでした。

そこで、私なりに解釈した「歴史を学ぶ」という意味と、それを貫くヴァルドルフ教育での歴史の捉え方について、ここで述べていきたいと思います。

低学年における「歴史」教育

歴史を学ぶ5年生以前の子どもたちは、メルヒェンや伝説、神話などの物語を、担任からたくさん聞いて育ちます。ちなみにドイツ語では、「歴史」も「物語」も同じ「GESCHICHTE（ゲシヒテ）」という単語で表わされるのですが、この年齢の子どもたちは、まさに物語を通して歴史の要素を学ぶ段階にあります。

物語の中で、子どもたちは昔の風景や人々の生活の様子を聞き、想像し、その世界に浸っていきます。それが、ある意味での歴史体験となるのです。彼らは、賢者や善き者がどんなふうに悪者に打ち勝っていくのかをわくわくしながら聞き、それは良心という道徳感情を伴って、子どもたちの心に刻まれていきます。

やがて9歳になると、子どもたちは物語に対して新たな要求を持つようになります。「その話は本当のことなの？」と尋ね、より意識的に世界や他人を自分と区別し始めるのです。このような性質は、物語を歴史から語ることができる可能性を示すもので、3年生の子どもたちは「旧約聖書」という壮大な歴史物語に触れることになります。しかし、ここで語られるものは、まだまだ出来事や絵姿を中心とした語りであり、文化的背景を持つ歴史的関連性の理解が目的ではありません。

そのようなテーマが内的に十分に理解され得るのは、12歳頃になって因果関係の感覚が目覚めてからです。しかし、それより前の、10、11歳の子どもたちにも、具体的、伝記的な描写によって、歴史の経過やその像をしっかりと理解させることができます。ここで、「物語」から脱した、いわゆる「歴史」の学習が始まるのです。

4年生の学習には、「郷土学」というエポックがあります。これは、地理と歴史の原点となる学習で、郷土の自然や地形や産業とその歴史について学ぶものです。地図をかき、方角を学ぶことで空間感覚を身に付けるとともに、自分たちの郷土の始まりや昔の生活に触れ、時間の感覚を意識化させていきます。時間と空間の意識が目覚めることは、「今、ここに私がいる」という自我意識を強めることを意味します。ここで初めて子どもたちは「歴史」的な学びに出合うわけですが、ただ年代を羅列するだけでは意味がありません。それでは子どもの中で「時間」の壮大な流れが感覚として掴めないからです。「時間」を具体的かつ可視的に感じ取らせるために、シュタイナーが提示した有名な導入があります。

私たちは皆、二人の親から生まれます。その両親は祖父母から、祖父母たちは曽祖父母から……というふうに、時間の流れを遡って捉えてみます。一世代で25年を表わすことにすると、自分たちの世代の代表の子と親世代代表の子が出てきて二人が手をつなぐと、二人で50年を表わすことになります(ちなみに、シュタイナーは一世代を「30年」として数えましたが、計算のしやすさ等を考慮し、私は「25年」で計算することにしました)。そして、次に祖父母の世代の子が出てきて三人で75年……、というふうに、順々に手をつなぎ続けていきます。

私は、クラスで一番誕生日の遅いAさんに、みんなの世代代表として前に出てきてもらいました。そして、その前の誕生日の子が親の世代、そのまた前の誕生日の子が祖父母の世代、というふうに手をつないでもらいました。Aさんのお母さんとしてBさんが出てきた時には、まだキョトンとしていた子たちもいましたが、次にAさんのおじいさんとなってC君が出てくると、ゲラゲラと笑い声が起こり始めました。次に出てきたのは、クラスでも元気のよいお調子者のD君です。彼はAさんのひいおじいさんとなって、杖をつきながら出てきました。しかも、C君に対しては父親の口調で話しかけるので、クラスの子たちは大笑いです。そうやって次々にクラス26名全員が手をつないでいきましたが、それでもまだ650年前までにしか遡れません。千年遡るためには40人、2千年遡るためには約3クラス分の80人が手をつなぐ必要がある、というわけです。子どもたちからは、「うわあ、これは大変だなあ」という声が聞こえてきました。空間の中に時間の経過を作り出すことで、自分たちのいる時代に至るまでにどれほど多くの時が存在したかが、目に見える形で子どもたちにも感じ取れるのです。

さらに、一世代遡るのに二人の親が必要ということは、倍、倍、倍……と繰り返すと、いかに多くの人数に達するかが分かります。自分が生まれるまでにどれだけたくさんの人々が存在したのか。もちろん、正確には単純にその数で示せるものではありませんが、そのような感覚を得ながら、子どもの中で他の人々や共同体とのつながりの意識が芽生えるならば、歴史を学ぶ基礎ができたことになります。それは、世界に対する子どもたちの態度を、大きく前進させることになります。子どもたちは、自分の身近な環境から少しずつ遠くへ、そしてより遠くの環境に至るまで、意識的な新しい見方で見つめるようになるのです。そしてその門を通って、ついに5年生での歴史学習へと至ります。

5年生、歴史エポックの始まり

私のクラスでは、歴史エポックの学習時間の始まりに、この詩を唱えることにしました。

永遠に続く天空に
神から使わされた天使たちが
星のように輝いている
育ちゆく地上に生きる
全ての人の魂に
その燃える光が見えますように

ルドルフ・シュタイナー

シュタイナーの作った祈りのようなこの詩から、私は「育ちゆく」人間たちに神が祝福を贈ってくれていることを感じます。そして、実はこの詩に秘められた祈りこそが、「歴史を学ぶ」意義なのではないか、と私は考えます。この理由から、私のクラスでは毎時間、シュタイナーのこの詩を唱えて歴史の授業を始めることにしました。

さて、5年生の歴史エポックは、古代史から入ります。ドイツのヴァルドルフ学校では、アトランティス時代、インド、ペルシア、バビロニア、エジプトを経て、ギリシアの学びで5年生の歴史を終えるのが一般的です。アトランティス時代を扱うかどうかは今でも論議があるようで、最終的には各担任の裁量によるのですが、それよりも、この流れで学ぶことが日本の子どもたちに合っているのかどうか、という問いに、私は当初行き当たりました。しかし、実はこの流れには意味があり、それこそが古代史を学ぶ大きな理由で、結局は私のクラスでもその流れをたどることにしました。

そして、ギリシアのアレクサンダー大王の東方遠征でアジアと結びつけ、時代は遡ることになるけれども、その後、黄河、そして日本史へとつなげて学んでいく形を取りました。もう少し研究を重ねていけば、日本の文化によりうまくつながる流れが見つかるかもしれません。それは今後に委ねることにして、古代史を学ぶ理由について、見ていくことにしましょう。

なぜ古代史か

シュタイナーは詩の中で、「育ちゆく地上に生きる全ての人の魂に……」と表現していますが、この「育ちゆく」という言葉は「地上」にかかるのでしょうか。それとも「人」にかかるのでしょうか。私は、その両方のように思っています。というのも、古代史を学ぶことを通して、当時その地域に生きた人々の集合的な意識が、次の時代を経るにしたがい成長していく、その様が見て取れるからです。まるで地球全体がひとつの生命体であるかのように、壮大な時間の流れの中で成長していく姿が見えます。

そしてそれは、一人の人間の成長過程で起こる魂の発達と対応しています。つまり、個々の人間のみならず、まさに地球の魂そのものが「育ちゆく」過程にあるのです。5年生で古代史を学び、ギリシア時代に着地点を置きますが、ギリシア時代こそは5年生の子どもたちの魂の成長段階に対応したものといえます。以後、6年生はローマ時代、7年生で大航海、ルネサンス時代、8年生では産業革命から現代に至る流れへ、というふうに関連させて学んでいきます。

話を戻しますが、古代史で学ぶ文化の質はすなわち、子どもが誕生してから5年生にとっての現在に至るまでの、人の魂の成長段階に通じるものがあります。それを古代史を通して追体験しているのです。一口に「古代インド」といっても、時間的な史実でいうと範囲は4千年ほどにもなり、非常に長いものです。しかし、私たちがここで問題にしているのは、「紀元前何年に何が起こった」「この文明では何が作られた」という情報ではなく、「そこに生きた人々がどういう意識で世界を見ていたのか」という点なのです。その観点でそれぞれの文明をたどると、実に興味深い人々の生き様が見えてきます。

古代史の流れ、その意味

さて、古代史の学習の始まりを、私はアトランティス時代に置くと述べました。先に述べたように、これは賛否両論で、扱いは各担任に委ねられています。私は物語を通して語ることで、伝説的なものとして扱うことにしました。

アトランティス時代の人々は、現代の人間が持っていない不思議な力を有していたといいます。しかし、その神的能力を次第に悪用し始めたため、やがて大洪水が起こり、アトランティスの人々は滅びてしまいます。

ところで不思議なことに、大洪水にまつわる神話や伝説は、世界各地に残っています。その背景や状況は様々ですが、おごり高ぶっていた人間たちが洪水によって滅んでしまったという大筋は共通しています。欧米諸国で知られているアトランティス大陸のことは、ギリシアの哲学者プラトンの書物に記述されているため、欧米のヴァルドルフ学校では、大洪水で滅んだとされる文明が栄えた時代を「アトランティス時代」と呼び習わしているのです。

インドにも、人類の始祖とされる「マヌ」が登場する有名な洪水伝説があります。神に対して忠実に誠実に生きたマヌという者が、魚の姿で現れた神の声に従って方舟を造り、洪水を逃れていく物語です。そして、彼はヒマラヤ山脈の頂上に漂着し、生き残った人々と次の世界を創っていくことになります。

この話は、旧約聖書の「ノアの方舟」の物語によく似ています。子どもたちもハッとした表情を見せ、そのことをすぐさま指摘しました。「神と人間の物語」だった旧約聖書の話が、歴史の授業でも登場しました。子どもたちは、「それって本当のこと？」「これ、歴史なの？」と尋ねてきましたが、私は「先生はそう思っているよ」と答えるにとどめておきました。

さて、神のような力を当然のように使い生きていたこの時代の人々の意識は、神的世界としっか

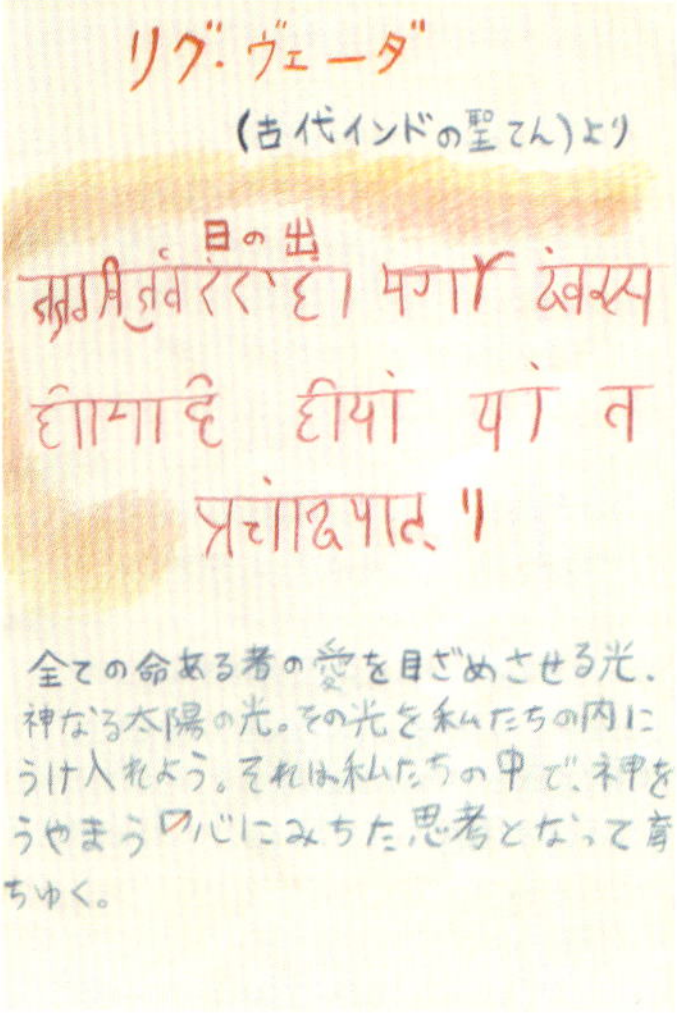

5年 歴史学のエポックノートより
古代インド「リグ・ヴェーダ」

りつながっている、しかしまだぼんやりとした赤ちゃんの魂と似た段階にあります。神的存在に近い世界が人類史の最初に登場したということ、それは、この世に生まれたばかりの人間が神的存在に近い存在であることと通じる点があるのではないでしょうか。この意味から、私はそのあり様を外すことはできないと考え、いわゆるアトランティス時代の物語から、古代史をスタートさせたのでした。

さて、ヒマラヤの頂上にたどり着いたマヌと7人の聖者たちは、インドで生活を始め、新たな時代が幕を開けます。古代インドです。古代インドの文化を、ヴァルドルフ教育では第一文化期と位置づけています。聖典『リグ・ヴェーダ』に収録された神々への賛歌からも分かる通り、古代インドの人々は、聖なる存在に対し、憧れを持って生活していました。世俗の富や喜び、日常に属する全ての物を捨て、神に祈りを捧げて生きる聖者たちに、人々は最大の敬意を払いました。神の言葉を聞くことができ、それを自分たちに伝えてくれる尊い人々だからです。

マヌの名を冠した「マヌ法典」が基盤となって、インドではカースト制度という身分制度ができますが、ここでは僧侶が最高位とされています。この世では自分たちに与えられた役割を担って生きる必要があり、来世にそれは引き継がれます。そして、肉体が滅んでも命は永遠に繰り返される……人々はそのような考えを持ち、神的世界に強い憧れを抱きながら、今生の地上生活を営んだのです。

私は、クリシュナと釈迦の二つの物語を語り、その時代の人々の生活や考え方の様を描いていきました。とりわけ釈迦の話を聞く時の子どもたちには、何か不思議な静けさがありました。私は、後に日本の文化に大きな影響を与えることになる釈迦の存在を、特に丁寧に扱いたかったのですが、その幾ばくかが伝わってくれたように思っています。「自分にはできないな」という素直な尊敬の眼差しと、そんな偉大な人物が自分たちに近い文化を持つインドに存在したという誇らしげな気持ちとが、垣間見えるようでした。しばらくの間、子どもたちの間で座禅がはやったことも、その表れかもしれません。

続くペルシアの時代になると、人々と神との距離は少しずつ離れていきます。古代ペルシアは、第二文化期と位置づけられます。ペルシアは気候の厳しい地方ですが、もともと遊牧民だった彼らは、土地に定住し、農耕を始め、家畜を持って生活していくことで、地上とより強く結びついていきました。「所有」の始まりです。冬の寒さの厳しい地方であるだけに、太陽の力はとても貴重でした。そして、光の神アフラ・マズダがザラスシュトラ（ゾロアスター）を通して善い導きをしてくれたおかげで、人々の生活は豊かになります。労働によって善がもたらされ、光の神の一員になれるという考えです。寒さや飢え、辛いことは闇の神アーリマンの所業ですが、その時は光の神アフラ・マズダの望む行ないを通して、悪と闘い打ち勝たなくてはなりません。人々は神の存在を確信し、光と善の神アフラ・マズダの意に沿うべ

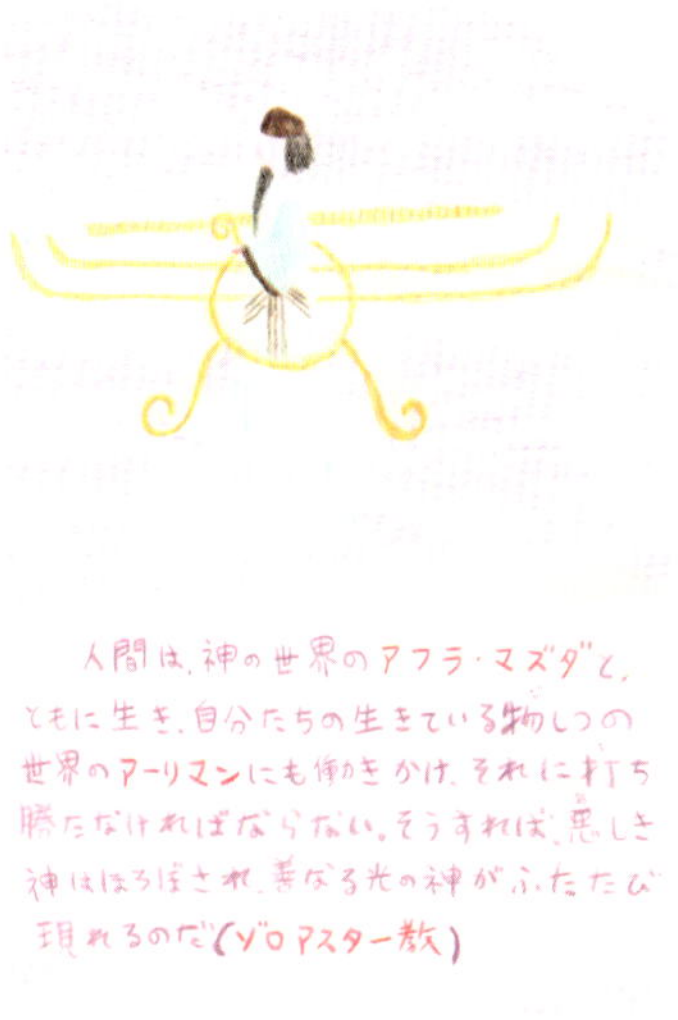
人間は、神の世界のアフラ・マズダと、
ともに生き、自分たちの生きている物しつの
世界のアーリマンにも働きかけ、それに打ち
勝たなければならない。そうすれば、悪しき
神はほろぼされ、善なる光の神がふたたび
現れるのだ（ゾロアスター教）

5年 歴史学のエポックノートより
古代ペルシア「光の神 アフラ・マズダ」

5年 歴史学のエポックノートより
古代バビロニア「イシュタル門の壁画」

く生きようとしました。

しかし、それは地上の物質生活をよりよく営むためのもので、インドの人々のように、物欲を捨てて神の祈りに全てを捧げる道を最上とするものではありませんでした。神の存在は自明ではあるけれども、地上的な物にも価値を置き、それに縛られ始めます。インドの人々に比べてペルシアの人々は、より地上的だったのです。

さらにバビロニアの時代になると、地上への結びつきはますます強くなっていきます。ここは、いわゆるメソポタミア文明としてはペルシアと同地域ではありますが、ヴァルドルフ教育では第三文化期として、次の段階として扱っています。

バビロニアの都市では、城壁を築き、所有欲が強まり、権力闘争が激しくなりました。近隣諸国との国をめぐる争いは増え、神的なものよりも地上の物欲が高まっていきます。同時に、楔形文字や日干しレンガ、暦などが生まれ、文化的には大きな発展をとげる時代でもありました。

楔形文字は、世界最古の文字といわれています。そこで、私たちも楔形文字を粘土に刻んでいきました。日本語とは違うものの、発音と文字とを対応させながら、自分たちの名前を表わしてみました。中には夢中になって楔形文字を刻み続ける子もいます。その姿は、文字によって様々な事柄を表わし残せることを発見した当時の人々の、喜びに満ちた気分を体現しているかのようでした。

また、この時代の雰囲気を味わうものとして、ギルガメシュ物語を語り聞かせました。ギルガメシュは半神半人の王ですが、物語の後半で、彼は永遠の命を探す旅に出かけます。永遠の命というものは、インド人にとっては当然に存在するものだったのですが、この時代の人々には謎のもの、疑問に思うものとなっていました。意識の進化の象徴といえるでしょう。

次に扱うのは古代エジプトですが、これはバビロニアと同じ第三文化期に当てはまります。「エジプト」という名を聞いた時、子どもたちは大いに喜び、目を輝かせました。エジプトには、人を魅了する不思議な力があるように思います。

まず、エジプト神話オシリスとイシス、そしてその子ホルスの物語を通して、彼らの生活を描いていきました。エジプトの民は、オシリスとイシスの英知を受け継いだファラオを、人の姿をした神のような存在だと考え、心から敬っていました。そして、現人神であるファラオのために、人々は全てを捧げました。人々や国そのものが、ファラオを通して神の力に導かれ、国が繁栄するのだと考えたからです。神との契約や秘儀に通じたファラオこそが、国の所有者、絶対的な存在でした。これは、両親や先生を権威として慕う子どもの魂と通ずるものがあるように思います。

また、エジプトの人々の持っていた死生観は、地上への執着の強いもので、神の子ファラオが再びこの世

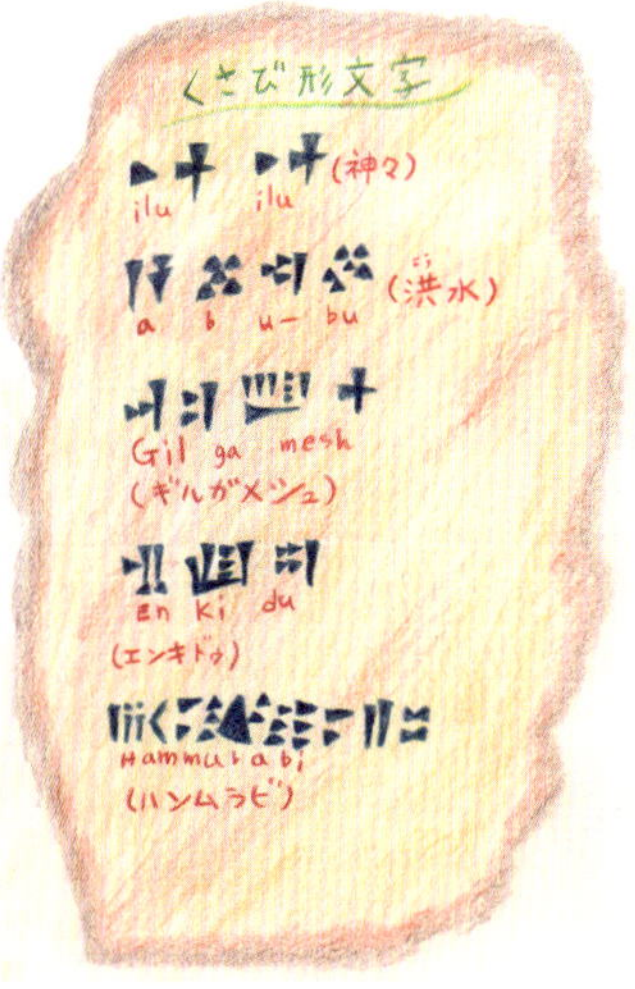

5年 歴史学のエポックノートより
古代バビロニア「楔形文字」

5年 歴史学のエポックノートより
古代エジプト「壁画とヒエログリフ」(左)、「エジプト神話 オシリスとイシス」(右)

にファラオとして戻ってこられるように、帰ってきた時の拠り所として、死んだ肉体をミイラにして保存しました。死んだ魂は死者の国で裁きを受け、悪者はそこで淘汰されますが、善い魂は再び復活し、永遠の命を得ることができるという考えです。ファラオがその際、死者の国で迷うことのないよう、墓には死者の書が副葬され、壁画が描かれました。そして、来世でも同じような生活が続けられるようにと祈ったのです。神殿やピラミッドの建設も、そのような死生観をもとに行なわれました。また、一年に一度氾濫するナイル川と共に生きることで、運河の建設や測量法、エジプト暦などが確立されていきます。

この時代の人々が私たちに残した文化的遺産は、大いなる英知と謎に満ち溢れています。どのようにピラミッドが建てられたのか、ナイルの氾濫をどうやって予測したのかなど、そのような話をすると、子どもたちは目をまん丸にして食い入るように聞き入りました。神話を聞く時とは違う、彼らの目覚めた感覚がこちらにも伝わってきます。5年生の子どもたちはすでに、神話的ではない、現実に即した話を欲していたのでしょう。「すごいな」「おもしろい！」「エジプトに行ってみたい！」という素直な驚きの気分で、教室の中はいっぱいでした。

エジプト文字であるヒエログリフをここでも書いていき、最後に蜜ろう粘土で作ったカルトゥーシュ型（ファラオの名を囲んだ曲線の形）の飾りに、それぞれの名前をヒエログリフで刻みました。子どもたちは楔形文字の時よりも、強い関心を持って臨んだようでした。象形文字であるヒエログリフのおもしろさにも、引き込まれていったのでしょう。それからしばらくの間、提出物に記名する時には、多くの子たちがヒエログリフで書いた自分の名を書き添えていました。

5年生、ギリシアの時代

5年生は、子ども時代の真ん中、調和の時代といわれます。彼らの成長段階は、幼い頃に活発に動いていた意志的な手足が少しずつ重くなり出し、やがて思春期には不活発に動かなくなる、その転換期に当たります。反対に、それまで眠っていた思考の力が目覚め、思春期以降は活発に働き出す、その転換点でもあります。そのような意味で、5年生の内面は、程よくバランスよく動く手足と頭の力で、子どもらしさを保ちながら、生き生きと活動しているのです。

その調和は、第四文化期に属する古代ギリシア時代を彷彿とさせます。ギリシア彫刻に代表される均整の取れた調和的な美が、この時代を貫いています。古代から現代までの流れの中で、このギリシアと次のローマ時代には、歴史上の大きな柱となるポイントが置かれているように見受けられます。

5年 歴史学のエポックノートより
古代ギリシア「サラミスの海戦」

ギリシアはそのひとつ目の結びとなるのですが、その理由は、ギリシア時代に生み出された数々の文化的産物が、現在に直結するものであるからです。つまり、私たちが日常ほぼ無意識に使用している思考体系の源泉が、この時代にあるということです。

アテネでは、歴史上初めての民主政治が行なわれ、経済も大きく発展しました。また、様々な学問、芸術、建築、スポーツなど、実に多くの精神文化が、この時代に花開くことになりました。例えば、幾何学や七つの曜日、または学校そのものの存在にしても、子どもたちの知っている身近なものの多くに、ギリシア由来のものを発見することができます。

そのような点に触れた子どもたちの中には、驚きと畏敬の念が生じます。このことは、歴史を学ぶ上で大きな意味を持っているといえます。過去と現在が決して無関係ではなく、私たちは先人の営みの恩恵を受け、課題を引き継いで担っている存在なのだという気持ちが、ここで初めて芽生え得るからです。そしてその事実に感謝の念を抱けることが、歴史に対する第一の真摯な姿勢のように思います。

さて、当時の人々の生活を身近なものに感じるために、授業では、ギリシアの人々の生活に照準を定めて話していきました。食事や衣服、建築物、町の様子、子どもたちの学習の様子など、自分を重ね合わせ比較しながら、ギリシア時代の空気を感じ取っていけるように配慮しました。

ギリシア人が築き上げた文化的功績は、政治、経済、学問、芸術など広範囲に渡るものですが、その中のひとつにオリンピックがあります。ギリシア人にとって、身体とは精神の宿る神聖な器、神殿のようなものでした。そして、健全な身体を育む体育は、非常に重要な教育の要素であり、その総合的な力を競う場がオリンピックだったのです。

古代ギリシアの都市国家ポリスでは、オリンポスの十二神を中心に、各都市で自治が行なわれていました。それぞれの都市がいずれかの神をその都市の守護神として祭っていたわけですが、彼らは4年に一度、オリンポスというポリスに集まって、神々を讃えるためのスポーツ競技を行ないました。言うまでもなく、これが現代のオリンピックの起源となった祭典です。

もともと神を讃えるための祝祭の場であったため、オリンピックが開催されている期間は、いかなる戦争も行なってはならない、という固い決まりがありました。そして、神々を讃え、誓いを立てる儀式を執り行なった後、何日かにわたり、スポーツ競技が繰り広げられました。その競技内容は、ペンタスロンと呼ばれる五種競技を基本としており、それは、競走、幅跳び、円盤投げ、レスリング、槍投げからなるものでした。そこでは、記録のみに重点が置かれるのではなく、調和的な美しさやフェアプレーも重要な要素とされました。そして、競技の勝者には月桂樹やオリーブの冠が授けられ、大いなる名声と栄誉を手に

5年 歴史学のエポックノートより
古代ギリシア「アテネの黄金時代」

教室の前に飾られた月桂樹の葉。

して、自分のポリスへと凱旋するのでした。
ギリシアの各都市で暮らす人々が、同じ目的のために集い、競い、最後には互いの健闘を讃え認め合う……その感情を追体験し、ギリシアの学びのまとめとする目的で、私たちもオリンピックの大会を催すことにしました。

オリンピック競技大祭

歴史エポックに先立って、私たちは地理のエポックで、自分たちの住む藤野地域から相模原地方、神奈川県全体へというふうに、より広い範囲への学びを進めてきました。そして、空間が広がっていくその過程で、横浜シュタイナー学園の5・6年生と出会っていました。そこに東京賢治の学校の5年生も加わって、3校合同のオリンピックを企画したのです。そしてこの大会を「オリンピック競技大祭」と呼ぶことにしました。

当日までに、それぞれの学校で準備を重ねていきました。体育では、ギリシア五種競技の練習をし、大会前には一度、3校合同の練習会を行ないました。手の仕事の時間には、古代ギリシアの人々が身にまとったキトンという貫頭衣を制作することにしました。また、全員がオリンピック精神を謳った詩を覚え、ギリシア音階からなる「セイキロスのスコリオン」という曲を笛で練習しました。これはセイキロスの墓碑銘で、紀元前2世紀から紀元後1世紀頃のものとされ、完全な形で楽譜が残っている世界最古の楽曲の一つといわれています。

さらに各校それぞれを4つのグループに分け、他校の各グループと組み合わせて、4つの大きなチームを編成しました。それを、アテネ、スパルタ、テーベ、デルフォイというポリス名で呼び、団体として競技を行なうことにしたのです。会場校となる藤野の私たちは、昼食をとる部屋を整えました。子どもたちが描いたギリシア風の連続模様を部屋の壁に貼り、月桂樹の葉を飾って雰囲気を作り出し、当日に備えたのでした。

開会式。火起こし器で起こした聖火を点火。

2010年4月30日。この日は、前日の雨模様から一転、程よい気温のすがすがしい晴天となりました。

まず、藤野のシュタイナー学園に集まった横浜と賢治の学校、そして藤野の子どもたちは、自ら作ったキトンに着替えて音楽室に集合しました。そしてそこで初めて、これから力を合わせて闘うこととなる同じポリスの仲間同士、顔合わせをしました。教師たちもキトンをまとい、頭には月桂樹の冠を乗せて準備をします。教師たちはオリンポスの神々に扮し、競技の審判をすることになっていました。競技の判定の基準は、記録の優劣だけではなく、試技の正確さや美しさなどもポイントとしました。

校庭に出て準備体操を済ませると、いよいよオリンピック競技大祭の始まりです。まずは開会式を行ない、それに合わせて賢治の学校の子どもたちが、古代に使われたのと同じ火起こし器で火種を起こし、オリンピックの聖火を灯してくれることになっていました。

ギリシア神話では、プロメテウスという神がゼウス神から火を盗み、人類に火と知恵を授けたといわれています。その逸話を記念して、古代オリンピックで聖火が灯されるようになったのです。

火を起こす作業は、しかし、簡単なことではありません。しかもこの時は風が吹いていて、なかなか火種が起こせませんでした。周囲で見守る子どもたちは、練習してきた笛の楽曲を吹きながら、聖火が自分たちのもとに届くようにと、思いをひとつにして祈りました。しばらくの時を経た後、無事に聖火が灯されると、喜びの声がわき起こりました。そしてその聖火を前に、みんなでオリンピックの詩を唱え、神への誓いを立てました。その後、体育の先生が扮するゼウス神からの開会宣言を受け、各競技へと入っていきました。

ギリシア五種競技が育むもの

行なう競技は、ギリシア五種競技です。最初の種目は立ち幅跳びでした。ここでは、一人が跳んだ着地点から次の人が跳び、距離を重ねていくというやり方で、各ポリス一直線上に跳んでいきました。跳躍においては、競技者が自分の呼吸とリズムの中で良いタイミングを見つけることで、動きに流れが生じます。集中してタイミングを図る競技者の呼吸に、見ている側も気持ちを合わせて応援しました。全身を使った大きなジャンプをする子がいると、周囲の子たちからは拍手が送られました。

次の種目は円盤投げです。円盤は太陽の象徴と考えられていましたが、美しく弧を描く円盤の軌跡は、まさに太陽が天に昇り、そして沈む様子になぞらえることができます。秩序立った太陽の動きのように、円盤投げの手法にも、ある秩序が必要でした。うまく投げるのは意外に難しく、回転の正しい飛ばし方がなされない限り、なかなか遠くへは飛ばないのです。二度ほど練習を重ねた後、各ポリスから一人ずつ、同時に投げていきました。遠くへ、というだけでなく、まっすぐ飛ばすことも必要なので、子どもたちは自分の投げ方を修正しながら、一回目よりも二回目の方がうまくいくように考え、競技に集中していきました。

円盤投げが終わると、今度は体育館に移動して、レスリングの競技を行ないました。全ポリスが対戦できるように組み合わせ、二つの場所で闘っていきました。いうまでもなく、レスリングは一対一のせめぎ合いです。お互いに相手の出方を探り合い、掴み、力をぶつけ合っていく競技です。普段物静かな女の子が力強い組み姿を見せたり、最後まで粘り強く持ちこ

円盤投げ。教師によるデモンストレーション。

レスリング。お互いの個性、自我を認識する行為。

たえたりする様子が見られ、観客も大いにわきました。テンポよく相手に攻めていく子もいます。また、ある男の子は、相手がぐらりと体勢を崩した際に、その隙を攻めることをしませんでした。少し待って相手が確かな体勢に立ち直ったのを見てから、改めて正々堂々と攻めていきました。

レスリングでは、お互いに全力をぶつけていくだけに、普段見られないような一面も多々見られ、興味深いものがありました。組み合うことによってお互いに触れ、それを通して相手の力、そして自分の強さを知ります。それは、お互いの個性、ひいては自我を認識する行為でもあるのです。その子らしさが一番よく表れた競技でした。

その後、子どもたちはポリスごとに集まって、昼食の休憩を取りました。ギリシア風の連続フォルメンで飾られた部屋の中で、おいしい料理をいただきました。昼食は、各自が一品ずつ持ち寄るポットラック形式にしましたが、中にはギリシア料理を持ってくる子もいたようです。様々な料理に舌鼓を打ちながら、子どもたちは学校間の垣根を越えて、自然に会話を弾ませていました。そこでは、続く競技の作戦会議も行なわれ、ポリスごとの団結は次第に強まっていったようでした。

昼食が終わると、五種競技からはひとまず離れ、お楽しみの競技を行ないました。四人一組で騎馬を作って走る騎馬競走です。古代オリンピックでは、馬車を走らせる戦車競走というものも行なわれていたそうですが、私たちはそれに代える形で、この種目を挟むことにしました。

御者の率いる馬車での競走は、導く力が求められます。この騎馬競走では、馬として組んだ三人の力で、上に乗った者が導かれていきます。下にいる三人のうち、前面に立つ子が前傾をしすぎると、上の子は前のめりになって落ちそうになります。反対に、前面にいる子が体を起こしすぎれば、上にいる子は反り返るように乗っていなければならず、姿勢を保つことが困難になるのです。導く者たちが適切なバランスを取らなければ、導かれる者は安定しません。その具合を図りつつ、それぞれの騎馬はリレーをしていきました。

途中、あるポリスの女の子同士の騎馬が、バランスを崩して転倒するハプニングがありました。かなり勢いづいていた中での落馬だったので、腕や足に怪我をした子もいました。しかし、それにも負けず、歯を食いしばってゴールを目指す姿に、周囲からは盛んなエールが送られました。

槍投げ。精神的、知的な能力と身体的能力が適切に働いて初めて、正しいあり方で自我の思いが遂行される。

その後再開した五種競技は、槍投げでした。槍投げは、的の真ん中に標的をしぼり、ねらいを定めて命中させるスポーツです。実はこの「標的に命中させる」という行為は、自我の特性なのだそうです。精神的、知的な能力と身体的能力が適切に働いて初めて、正しいあり方で自我の思いが遂行されるからです。ここでは、前方に置かれたフープの中心をめがけて槍を投げ込むやり方で、競技を行ないました。競技者の集中力は、どの競技よりも必要でした。手に持つ槍の角度やそれを投げる力を調整しながら、体を動かしていかなければなりません。的にずばり命中した時、そうでなくても前回よりは中心に近づいた時など、各ポリスの子たちはお互いに、投げた子の進歩を認め、良さを確かめ合っていました。

そして、最終競技、短距離走の時間が訪れました。リレー方式で

閉会式。健闘を讃える言葉とオリーブの冠が授けられた。

つないでいきますが、昼食時の作戦会議に従って、順番は子どもたちにより決められていきます。そして、スタートの合図とともに、走者が一斉に駆け抜けていきました。この時には完全に、ポリス内の連帯感は固まっており、全員が一人ひとりの健闘を願い、気持ちをひとつにしていました。勝ったポリス、負けたポリスと、結果を受け止める様は悲喜こもごもではありましたが、しかし一様に、全ての種目をやり遂げた達成感や満足感が、その場を包んでいました。

総合的な学びの場

短い休憩を取った後、続けて閉会式が行なわれました。ポリスごとに並んで集まり、全員で今日の祭典を振り返りました。そして、ゼウス神に扮した先生に呼ばれたポリスから、健闘を讃える言葉とオリーブの冠が、一人ひとりに授けられました。優勝したポリス、そうでないポリスと、団体としての勝敗は告げられたものの、そこに固執することなく、それぞれの子がお互いの良かった点を認め合い、共に競技に全力を尽くした達成感に浸っていました。子どもたちの表情は、誇らしさと満足感で、輝くばかりでした。それから、このオリンピック競技大祭の間中、私たちを見守り続けてくれた聖火の火を消し、歌を歌ってオリンピックの幕を閉じました。

その後、着替えや後片付けをして帰り支度を整えましたが、他校の児童との別れを惜しむ姿は印象的でした。時間の許す限り一緒に遊んだり、会話を弾ませたりする様子が、そこかしこで見られました。普段は別の地域で暮らす子どもたちが、このオリンピックの間、同じ目的のために力を合わせ、全力を尽くして闘い抜きました。それはまた、学校は違っても同じ学びを重ねる仲間がいるのだという感覚を伴い、オリンピックを通して、ある種の絆を生んだようです。大祭の後には、確かにお互いがより近い存在と感じられるようになっていました。「また会おうね」「元気でね」という声の中に、温かい心のつながりが感じ取れました。きっと遠い昔、オリンポスの町でも、競技の後には選手同士が健闘を讃え合い、再会を約束しながら別れを惜しんでいたことでしょう。

このオリンピック競技大祭は、ギリシアエポックのまとめとなるとともに、様々な教科間の連携を伴う総合的な学びとなりました。体育はもちろん、手の仕事や音楽、詩、フォルメンなど、より広い領域の教科にまで橋を架けています。子どもたちが日頃学んでいる各教科が有機的に織り成されることで、よりよい会を作り上げることができました。また、五種競技そのものには、シュタイナーが呈示した十二感覚の要素が内在していて、競技を行なう際には、全人的な総合力が求められるわけです。そして何より、子どもたちはこの機会を通して、他者との協力、助け合う心、また、いたわりや思いやりなどの感情を大いに動かしました。それはまさしく、オリンピックの精神が謳う「同朋への愛」そのものでした。子どもたちが、生き生きと育んだ友情から学んだことは、他の何物にも代え難いものとなったに違いありません。

頭と心と体のバランスをギリシア的理想と考えるならば、このオリンピック競技大祭は、まさにその調和の体現の場となったといえるでしょう。

ギリシアから中国、日本史へ

歴史エポックに話を戻しましょう。古代ギリシアの時代にも、数々の戦いが繰り返されてきました。その中でもトロイ戦争は、ギリシアを象徴するような戦いだったといってよいでしょう。この戦争の由来にはオリンポスの神々が登場し、伝説の域を越えない要素もありますが、戦争そのものは事実であったようです。ともあれ、この戦争で登場する有名な「トロイの木馬」の作戦において、戦ったギリシア人とトロイ人の考え方は、対照的なものでした。論理的、実際的な思考から策を企てたギリシア側に対し、「木馬は神のお告げによるもの」という神がかり的な領域の思考から抜け出せずにいたトロイ側の立場が、相対してはっきりと見てとれます。そして戦いの結末は、論理的思考を携えたギリシア人の勝利で終わるのです。

実際、５年生の子どもたちの成長段階を見ても、明らかにギリシア人側の思考を身につけ始めていることが分かります。すでに子どもたちは、こういう作戦によってこのような結果に至った、という事実関係に目が向くようになっていました。戦いにおける知恵や戦術、そのせめぎ合いの話に興味をそそられるのです。まさにギリシア人的な思考が、５年生の子どもたちの中に芽生えている証です。

そんな中、この時代の魂を象徴するかのように駆け抜けて生きた英雄が登場します。アレクサンダー大王です。子どもたちは、アレクサンダー大王に自分の心を投影しながら、彼の物語に聞き入りました。

アレクサンダー大王が、アリストテレスという大哲学者を家庭教師にして学び、育ったのは有名な話です。ところが、一面としてアリストテレスは、ギリシア的な価値観のみを絶対とするような保守的な考えを持ってもいました。東方の文化は粗野で取るに足りないと蔑んでいたのです。しかしながらアレクサンダー大王は、東方へ遠征していく過程で出合ったオリエントの文化を、尊重し、積極的に受け入れ、融合させていきます。そして、自分たちのギリシア文化にオリエント文化の風が吹き込まれたヘレニズム文化が生まれ、一大帝国を築くに至ったのでした。

個性を確立させつつある5年生にとって、自分とは違う様々な考え方や、そういうものを持つ人々の存在に触れることは、人格形成においてとても重要な学びです。地理の授業でより広い地域を学び、自分たちとは違う様々な地方の特色を知るのも、そのためです。彼らは、アレクサンダー大王の視点に立って、大王と共に東方遠征をしながら、オリエントの様々な文化と出合い、自分とは異なる新しい価値観を受け入れていく偉人に思いを馳せました。アレクサンダー大王の東方遠征は、アジアとの架け橋を作り、世界を広げてくれたのでした。

そこからさらに地域を東へと進め、文化の色合いが大きく異なる中国の学習へと移りました。時代としては後戻りすることにはなりますが、まずは中国にもある、世界の創造物語から語ることにしました。

混沌とした道(タオ)の世界に生じた卵の中に、巨人「盤古」が命を得ます。次第に大きく成長していく盤古は、やがて卵を割って出て生まれ、天と地を支えながら日に日に巨大化していきます。そして、ついには天地を支えきれなくなって倒れ、その命を終えるのです。しかし、盤古の死んだ体は、世界を構成する自然へと姿を変え、山や川や草花、空気などがそこから生まれていったのでした。

ギリシア人のような論理的思考の段階にさしかかった5年生後期の子どもたちにとって、神話のようなこの物語が、今や子どもだましのように聞こえたとしても不思議はないのかもしれません。しかし私には、一歩引いた現実的な視点で話を聞いているようにも思える子どもたちの中に、何か好意的な共感が流れているように感じられました。

実はこの創造物語には、陰陽五行の思想が根底に貫かれていて、それが中国、黄河文明の基盤となっています。それは私たち日本人の生活になじみの深いものでもあり、その点が子どもたちの興味を駆り立てたのかもしれません。東西南北の方角に神的動物を結びつけ、それぞれに色や季節、木・火・土・金・水という五つの自然要素との関わりを見出します。そして、万物はその五つの自然要素から成り立ち、そこには「気」の流れがある。自然と密接に結びついたこのような陰陽五行の話を、子どもたちは実に生き生きと目を輝かせて聞き入っていました。彼らのよく知る十二支も、実はこの考えから生まれたものです。自分たちの生活の源泉となる考え方を中国の原初に見出した後で、ついに私たちの国、日本の歴史に入っていきました。

『日本書紀』の冒頭のくだりには、中国の世界創造の物語がそのまま描かれています。日本が、いかに中国文化の影響を強く受けてきたかの現れです。中国のエポックを終えた後、6年生になった時点で私たちは日本史を始めたのですが、私のクラスでは、日本史エポックの始まりには、この『日本書紀』の冒頭文を唱えることにしました。

古(いにし)へ、天地未だわかれず、
陰陽(おんよう)の分れざりし時、
渾沌(まろかれ)たること
鶏子(とりのこ)、たまごの如く、
くぐもりてきざしをふふめりき。
そのすみあきらかなるもの、
たなびきて天となり、
重くにごれるもの、
とどこほりて地となるに及びて、
たへなるが合ひあふぐは易く、
にごれるがこりかたまるは難ければ、
天まず成りて、地、後に定まる。
然る後に、かみその中にあれましき。
かれ曰く、開びゃくの初に
くにのうきただよへるは、
たとへば
なほあそぶ魚の水の上にうかべる如し。
時に天地の中に一つの物生れり。

あしかびの如くにして、すなわち神なるを、
國の常立(とこたち)の尊とまをす。

6年生になった子どもたちは、すでに地に足のついた現実的、客観的な視点を持ち始めていました。そこで、ここでは人々の生活面に照準を当て、旧石器、縄文、弥生時代と時代を追いながら、現代の自分たちの生活様式と比較するような形で学びを進めていきました。また、その後は、時代を代表する卑弥呼や聖徳太子などの特定の人物を中心に、当時の人々の考え方や生活を思い描いていきました。

6年生を担任している今現在、扱った時代は奈良時代までなのですが、以後、世界史と並行して日本史の学習を進めていきます。日本史においてどの時代までを学ぶかは、世界史と対応させて考えます。細かな相違点はあるにせよ、両者には同じような時代精神の変遷が見られるのです。6年生では、法律が形となって成立する点に着目して、日本史は奈良、平安時代までを扱うことにしました。世界史でいうとローマ時代です。なぜ6年生がローマ時代なのか、ここにも大きな意味が見出されるので、その点について述べていきます。

6年生のテーマ、ローマ時代

ローマは、ギリシアと同じ第四文化期に属する時代ですが、ここには非常に大きな転換点が存在します。イエス・キリストの誕生という出来事です。

古代史からの学びにおいて、これまでの歴史の語り部は、いつもその時代の支配層に生きた人々でした。しかし、実際に社会を支えてきたのは、莫大な数の名もなき被支配層の人々だったのです。それまで光が当たることのなかった大多数の一般市民の苦しみや悩みに耳を傾け、その内実を世に知らしめたのが、他ならぬイエス・キリストだったのです。すなわちローマ時代とは、人間の尊厳にスポットが当てられ、上層と下層とが結びついたという意味で、大きな転換期であったといえます。

また、それまでは「神」という大きな倫理規範のもとに生きてきた人々が、「ローマ法」という現実生活に即した市民法を持ち、そこに行動規範を求めるようになります。それはまた、民衆が自分たちで人間の尊厳を訴え、愛のある法的生活を成し遂げようと闘い、少しずつ権利を勝ち得ていくことでもあります。イエス・キリストが説いた愛の規範にローマ法の規範が加わることで、より人間らしい調和の取れた生活が形作られていくのです。

多くのことが自分でできるようになり、より自由に行動するようになってきた6年生ですが、そこにルールがないことには共同体が成立しません。成熟してきた感情に英知の光が差して初めて、よりバランスの取れた人間へと育っていくのです。そのような意味で、6年生の魂は、ローマ時代の人々の意識に近いということができます。それまで権威として慕ってきた担任に対し、自分たちの思いや権利を主張し、時に反抗的な態度で不満を表し出す思春期の子どもたち。彼らは、ローマの一般市民が※カタコンベに集いながらローマ帝国の権力と闘い、人間の尊厳を得ようと努める姿に何を見るのでしょうか。

※カタコンベ…ローマやその付近の初期キリスト教徒の地下墓所。キリスト教迫害時代には避難所、礼拝所ともなった。

愛の心に英知の光が注がれることで、人が人となっていく……そこに私はとても重要な瞬間を感じます。私のクラスのある保護者の方は、「5・6年生の時に強い関心を抱いたことが、その先の人生においても中心的なものとなり続けるように思う」と語ってくださいました。そういえば私自身も、自分が小学校高学年の時に「小学校の先生になりたい」と考えていたことを思い出しました。12歳というこの時期は、個が確立されゆくとても大切な瞬間なのだと、歴史の流れから考え合わせてみても、しみじみ感じ入るところです。この原稿を書いている時点では、まだローマのエポックを行なっていないのですが、今後の学習の中で見せてくれるであろうクラスの子どもたちの反応を、今から楽しみに思っています。

7年生以降の学び

人間らしく生きるための人々の闘いの歴史に、驚きと衝撃を受けるであろう子どもたちは、ローマ時代の学習を通して、歴史に対する最初の概観をおぼろげながら掴むといいます。そして、ギリシア、ローマという二つの大きな柱を軸として、より因果関係のはっきりした切り口で、その後の歴史授業が語られることになります。

7年生の魂のあり様は、大航海時代とルネサンスの時代の意識に似ています。新しい世界の発見に冒険心を持って飛び出し、驚きの感情を伴いながら、意識の転換を遂げる時代です。新しい価値観との出合い、新しい時代の幕開けは、自身の目や耳を十分に働かせて新しい何かを発見していく要素につながるもので、それはすなわち新しい自己と出会う時代ともいえるでしょう。日本史においては、室町や戦国時代に通ずる部分があるでしょうか。

８年生の中心テーマは、支配階級からの抑圧に対し、自分たちの力で社会を動かす市民革命と、自らの力と創意工夫によって新たな動力を生み出す産業革命です。日本では、江戸、明治の活力が相応するように思います。そしてそこから現代までの流れをたどることで、子どもの中に、現代の世界を動かす力につながる見方が、徐々に育まれていきます。歴史における社会のあり様が、法則にかなった因果関係の中で展開していることを理解し始め、「物語」から始まった歴史が、今や歴史認識へと発展していきます。それは、細やかに成長し始めた知性の誕生の現れともいえるでしょう。

クラス担任時代以降は、歴史の授業は専科教師に引き継がれていくことになります。９年生から11年生にかけての歴史の学習は、時系列ではなく、テーマに沿って歴史の本質を読み取る思考的な学習へと発展していきます。ヴァルドルフ学校では、12年生に教育の到達点を置き、まとめとなる学びがなされることになりますが、歴史の分野では、歴史全体を通して得た、古代から現代への世界的な意識の変化の像が、現代の世界像と結びつくことで、未来の世界への眺望を抱けるように導いていきます。つまり、明日の世界に対するポジティブな像が、子どもの中で方向づけられることが望まれるのです。

まとめとして

中学年の子どもたちは、具体的な歴史の物語を聞き、生き生きと心を動かしながら、昔の人々の生活に触れていきます。彼らは高学年になると、歴史を思考的に認識するように育っていきます。年齢にふさわしい形で、歴史を共に体験するように学ぶことは、大人になった時に自分が歴史の担い手となって行動する、その前提条件を得たようなものです。自分の感情を動かしながら学んだことが、やがて判断力を伴った思考によって認識され、それが未来を担う動力としての意志の力に注がれる……それは、歴史の大きな輪を共に享受し、動かす者になることです。認識が行動の中に移行して混ざり、その結果、認識から行動できる人間になるということです。そのような人の中では、深いところから歴史の大きな輪に対する感謝の気持ちが生じることでしょう。そしてそのような人は、世界に対する、またひいては自分の人生に対する責任ある生き方ができるのではないかと考えます。そしてそのことこそが、歴史を学ぶ最大の理由であるように思うのです。

歴史は本の中にあるものではなく、生き生きと活動する成長の流れです。その中に浸ることで、自分の可能性を方向づけ、自分らしく生きるための助けとなるものなのだと、今、私は感じています。

5 年 歴史学の水彩画より
中国文明「天地を分けた巨人・盤古」

5 年 歴史学のエポックノートより
中国文明「人頭蛇身の姿で描かれた天帝」

5 年 歴史学の水彩画より
古代エジプト「ナイル川とピラミッド」

5 年 歴史学の水彩画より
古代インド「釈迦の悟り」

6年 歴史学のエポックノートより
ローマ時代「狼に育てられ、ローマを建国した双子の兄弟」
※ 右ページの文章は生徒自身の作文

6年 歴史学のエポックノートより
ローマ時代「ハンニバルのアルプス越え」

6 年 歴史学のエポックノートより
日本史「邪馬台国と女王卑弥呼」

6 年　歴史学の水彩画より
日本史「奈良の都」

第七章　7年 国語　古典と出合う『平家物語』

国語専科
不二 陽子

お茶の水女子大学卒業後、都立高校教師を経て、1983 年～ 86 年ドイツのシュタイナー教員養成学校でクラス担任コースと上級学年教師コースを専攻、修了。国内各地でシュタイナー教育の普及活動と執筆活動に携わり、2005 年よりシュタイナー学園中等部教員。著書『育ちゆく子に贈る詩』、翻訳書『ヴァルドルフ その名前の歴史』など。

はじめに

昨日は東関の麓にくつばみをならべて十万余騎、
今日は西海の浪に纜をといて七千余人、
雲海沈々として青天既に暮れなんとす。
（『平家物語』巻第七「福原落」）

——思えばつい昨日は、逢坂の関の麓に馬を並べて十万余騎の大軍が出陣したのであったが、今日は西海の波の上に船を浮かべて、乗る者は七千余人になってしまった。雲の垂れた海は静まり返り、青空はもう暮れようとしている。——

古典は味わうほどに奥が深くなり、魂の潤いとなるものですが、『平家物語』も日本人の魂をゆさぶり、また潤しつづける源泉の一つでしょう。「此一門にあらざらむ人は、皆人非人なるべし」（巻第一「禿髪」）と豪語する権勢を誇り、きらびやかな栄華を極めた平家一門のあっけない都落ちを語った右の一節は、古来、人々に愛誦されてきました。けれども、もっとも有名なのは冒頭の二文でしょう。

祇園精舎の鐘の声、諸行無常の響あり。
娑羅双樹の花の色、盛者必衰の理をあらはす。

『平家物語』が愛される最大の理由は、この凛とした対句の美と、ずっしりこたえる重みにあるといえるのかもしれません。では、どうして都落ちの一節を最初に引用したのか。その説明は、以下の項に譲ります。

シュタイナー学園では七年のエポック授業で、『平家物語』を三週間かけて学んでいます。その授業実践を取り上げるに当たって、第一に作品についての基本理解をかいつまんで述べます。第二に、この作品を取り上げる意図とねらいを、子どもの成長発達すなわち人間学的な観点と、カリキュラムの観点の両側面から考えます。第三に、実際の授業と子どもたちの取り組みを紹介します。第四に、発展的な授業つまり別の科目との連携による総合的な学びに触れて、まとめます。

一　『平家物語』について

一般に『平家物語』は、「軍記物語」と呼ばれるジャンルの最高傑作とされています。けれどもこの物語が描き出したものは、合戦だけではありません。たんなる戦記文学ではないのです。源平の争乱は、それまでに起きた地方的な反乱とは違い、国全体をゆるがす内乱でした。教養ある貴族と考えられる作者は、未曾有の争乱を歴史の記録として叙述しようとするとともに、渦中にいた人々の心のひだに分け入って、人間の生き様と運命を浮き彫りにし、事象を多角的に描こうとしたことが読み取れます。

物語の中心は、平清盛の全盛期から平家滅亡までの約二十年間ですが、中でも一一八〇年に出された以仁王（もちひとおう）による平家追討の令旨（りょうじ）から一一八五年の壇の浦における滅亡まで、五年という短期間の激動は、当時の人々が身をもって「諸行無常」を体験する出来事であったに違いありません。

冒頭に引用した一節が「昨日は……、今日は……」と並べて、平家一門の運命の転変を物語っているように、人間と世の中が移り変わるテンポの速さ、激しさを、「昨日・今日」あるいは「去年・今年」のような対比の句で表わすことが好まれています。これは『平家物語』以前の文学には見られない手法で、現実に起きた有為転変がこのような端的な表現を生み出し、同時代の人々の心を捉えたものと考えられます。

物語は三部に区分することができ、第一部の中心人物は、いうまでもなく平清盛、第二部は木曽義仲、第三部は源義経です。清盛は、自分自身や一族の運命などというものについては考えもしない、というよりも運命にあらがいつづけ、死ぬまで現世的な執念を燃やしつづけた人物でした。また荒夷（あらえびす）と嗤われる義仲の無骨、義経の卓越した軍事的才質、こういった武士（もののふ）のたたずまいは、前代つまり平安朝の物語には登場しませんでした。

面白いことに、清盛と長男の重盛は対照的な人間として描かれています。重盛は将来を予見する特異能力を生まれ持った「不思議の人」（巻第三「無文」）で、早くから平家一族の衰亡を予言し、粛々と運命を受容しました。この二人は、対照的ではあっても対立的な関係とはいえませんが、物語中には対立抗争する人間関係が数多く描かれます。

後白河法皇と清盛、清盛と頼朝、そして義仲の軍勢と義経の軍勢、また義経勢と平氏勢との抗争を経て、最後は義経と頼朝。こういった対立的な関係も、王朝文学には見られなかったテーマと言わなければなりません。さらに合戦記などで集団の行動を鮮やかに描き出し、人間群像を物語化する手法を発見したことは、『平家物語』の最大の功績とされています。

そのように『平家物語』は新しい文学的地平を拓く一方で、王朝の物語（ロマン）や説話的な世界も継承しており、新旧を統合する顔をもつ「語り物」文芸です。琵琶を伴奏にして物語を語り聞かせるという形式は、『平家物語』成立以前からあったようです。しかし、聴衆を物語世界にいざなう、簡潔でありつつ詩的な文体、すなわち漢語を組み込んで七五調を基調とする「和漢混交文」を編み出したこと、そして雅語の中に俗語・口語を交えて臨場感や親近感を持たせながら、作品を文学の域にまで高めたことで、文体史にも新しい時期を画したと言われます。

二　なぜ『平家物語』を取り上げるのか

(1) 七年生という年代

一年生から十二年生、七歳から十八歳という児童期から青年期までの人びとが、一堂にいる。それは十二年間という歳月がたえずそこにあること、目に見える成長過程と途切れなく出会いつづけることです。その十二年間の中で、いちじるしい変化に目を見張らされる年代が、私には二つあります。学年でいうと四年と七年です。

四年生は背が伸びるだけでなく、その歩き方によって、しっかりと大地に着地したことを教えてくれます。表情は、現実世界をしっかりと捉えていることを知らせてくれます。それまでは、どこか軽やかな、ふんわりした世界に包まれているようなたたずまいだったのですが。

九歳、十歳頃から子どもはだんだんと自分の周りの世界に目覚めていき、自分自身と他者との関係に気づくようになります。そして、目の前に実物がなくても想像して考える力が育っていきます。十二歳頃になると、自然界の物理的な因果関係を理解できるようになり、物事の意味や背景を知ろうとする意識が目覚めます。四年生以上の子どもたちを見ていると、一年ごとに背丈が伸びるだけでなく、肉体の芯が年ごとにしっかりしてくるのがわかります。しなやかに大地に立ち、表情はほのかに内面性をおびはじめます。

七年生は、どうでしょうか。七年生もまた、ぐんぐんと背が伸びます。ことに男子は手足が伸びて、力強さが目立ちはじめます。女子は背も伸びますが、柔らかい女性らしさが前面に出てきます。そして内面が充実して、男子、女子どちらにも「頼もしくなってきたね！」と、声をかけたくなることがあります。

それと同時に、少しずつ重みを感じ始めている様子が看てとれます。「重み」とは、骨格の成長による純然たる肉体の重みもあり、内面的な重みもあるでしょう。おおざっぱに分けると、自分の内面に関心が向かう子と、現実的・外的な事柄への関心が強くなる子との二極性、男女差の二極性が現われ、その上に個性が立ち現われてきます。どの子も、これまでとは違う何か新しいもの、新しい世界と出合いたいという望みが内心でうごめくのを感じており、その欲求を言葉や態度に表わす子もいれば、言葉にならないもどかしさを抱えている子もいます。

新しい何かを求める気持ちとは、言い換えると自分自身との出会いを求めていることになります。新しい世界の発見は、ひるがえると自分という人間の発見です。この年代は、慣れ親しんだ物事にそぞろ飽き足りなさを覚えだし、新しいことにチャレンジしたがりますが、それによって自分を知りたいと望んでいるのです。思春期を通じて、それどころか人によっては一生続くのかもしれない「自分探し」。七年生は、その胎動が始まりかけています。

(2) カリキュラムから考える

「成長段階に即した授業を組み立てる」というシュタイナー教育の原則に照らすと、新しい世界に踏み出そうとする意識がきざす時期には、どんな授業内容をどんなやり方で行なうことができるでしょうか。

シュタイナー学校の原カリキュラムを見ると、七年の「ドイツ語・ドイツ文学」の最初に挙げられているのが、「①願望・驚嘆・感嘆の用法」つまり文法規則の習得です。日本の「国語」と違って、ドイツで母国語の授業といえば第一に文法学習だからです。ついで、「②自然科学分野の作文、③手紙・商用文、④民族や人種、風土の話を聞く」とあります。②と④は、七年で学ぶ理科系科目や「地理」との連携を意図した内容であり、③は実生活に応用できる学びをねらいにしているのでしょう。

項目①を、どのように理解するとよいのでしょうか。やや専門的になりますが、これは主に、ドイツ語の「接続法第二式」と呼ばれる動詞の活用法を学ぶことです。この活用は、非現実の事柄についての仮定や願望などを表わすとき、または婉曲表現に使われます。これらの意味合いが、新しい世界を求めて現実から踏み出そうとしている心情に適うために、七年で取り上げられるのです。

「接続法第二式」に相当する非現実話法を日本語で探すと、文語文に登場する助動詞「まし」の「反実仮想」でしょう。「まし」は使われなくなり、現代日本語では文法的にぴったり合致する用語がありません。もちろん、ドイツ語に対応する日本語の用語や表現を学ぶことも意味はあるでしょう。けれども本質的なことは、この年代の子に共通する根源的な欲求を汲み取って素材を選ぶ、という明確な意識ではないかと思います。

カリキュラムから汲み取れる別の観点は、②と④から「他教科との連携に配慮した総合的な学び」、②と③から「目的に応じた文章を書けるようにする実践的な学び」に集約されるでしょう。一度のエポックで①〜④を網羅することは難しいので、他教科との連携を中心に考えたのが、古典エポックです。

その観点で探ると、「歴史」は「十五世紀初めから十七世紀初めの欧州と他の地域」「発見・発明・自然科学の発展」を扱うこととされています。わかりやすく言うと「近世の大航海時代とルネサンスの時代」で、教師の間ではこれが七年という年代を象徴する文言のように使われています。人類が新しい意識に目覚めて、発見や発明という行ないに乗り出した時代こそが、七年生の心情にぴったり合うといえるのでしょう。

「近世」という歴史区分を日本に平行移動すると江戸時代になりますが、シュタイナー学園で独自に編成した現行カリキュラムでは、七年の日本史は鎌倉・室町時代つまり「中世」の時代を中心的に学びます（クラス担任によっては、平安時代から始めることもあります）。

鎌倉時代は一般的に「近世」とはみなされませんが、見方によるとすでに近世的な意識が垣間見えるという説もあります。平安時代から鎌倉時代への移行は、政治的には貴族の世から武士の世への大転換です。それが近世的であるかどうかの判断はさておき、新しい意識や価値観が歴史の表面に立ち現われて、その反映は前述したように『平家物語』にも見られます。そこで、七年生が「歴史」エポックで平安時代から鎌倉時代への変遷を学んだ後に、それを受ける形で『平家物語』を読み味わうという連携を取っているのです。

（3）授業の方針と計画

『平家物語』は大河ロマンですが、どんな長編であっても作品の全体像がわかるように学び取ることが、シュタイナー教育の基本方針です。どこに焦点を当ててどのように読み味わえば、七年生の心情に寄り添いつつ、古典の導入としてふさわしい学びを有意義にすることができるかが、ポイントになります。

全体像を知るといっても全編を読み通すことは無理ですが、作品を貫くモチーフが収斂された巻頭「祇園精舎」の段には、かなり重点を置きます。そして、あらすじをたどりながら、義経とその軍勢の活躍を描いた後半の章段に進みます。「歴史」授業との兼ね合いも大切なので、絞り込みはクラス担任と相談して行ないます。過去の授業では、義仲勢と義経勢との激戦が始まる「宇治川の先陣」、義経の卓抜な指揮官ぶりが発揮される「一の谷」、那須与一の名場面「扇の的」のうちの一つが選ばれました。

その中では「扇の的」を取り上げたケースが、最多です。「扇の的」は、数多くの合戦風景の中でもっとも愛され、語り継がれてきました。なぜでしょうか。その理由は、次の授業実践の流れの中で述べていきたいと思います。

このエポック授業は、ただ文章を読解して終いではありません。作品の内容理解が、歴史エポックで学んできた事柄の復習になり、肉づけにもなることを目指します。そのためには出来事の時代背景と、物語の大筋の流れに目を向けることも忘れてはなりません。そして、この時代を生きた人々の喜びと悲しみ、愛と苦悩を知り、さらには中世という時代の特質が感じ取れる学びを織り込んでいきます。

たとえば、和歌をこよなく愛した武将・平忠度（ただのり）（清盛の末弟）は、背負った箙（えびら）に優美な自作和歌をしるした短冊を結びつけて戦い、一の谷で討たれました。それを知った敵も、味方も、しばし戦うことを忘れて文武両道に秀でた忠度の死を悼みます。冒頭に紹介した平家都落ちの段は、時間的制約から読解教材としては扱いませんが、この逸話とつなげて物語ることもあります。

また戦に臨む武士たちが、彼らの晴れ衣装すなわち甲冑や武具に、どれほどの美と贅を尽くしていたか。それは『平家物語絵巻』を見ると、一目瞭然です。死と背中合わせに生きているからこそ、いっそう輝きを放つ美というものがあるのです。そういう美の世界を、授業で見過ごすわけにはいきません。

三　授業の流れ

（1）古典の導入としての学び

授業の初日、七年生たちの顔には、五分の好奇心と五分の緊張感が浮かんでいます。クラス担任以外の教師からエポック授業を受けるのは、初めてだからです。むろんクラス担任は子どもたちの心を掴んでいて、無用の不安や迷いに陥らないよう、未知の授業に十分な備えをしてくれます。けれども生徒たちは、上級生からの情報を仕入れる年頃です。「古典の授業は宿題がものすごく多い」といったような。

実際、宿題の分量は少なくありません。学んだ古文の全文をエポックノートに書き写し、古文の隣に現代語訳を記します。教師の説明や物語のあらすじを聴き取って、自分で文章にまとめて清書します。加えて、古文の大部分を暗誦しなければなりません。「古典は宿題が多い」という事前情報を得た生徒たちが、覚悟をして臨んでくれるのは幸いです。実はクラス担任も相当量の宿題を出していますから、数日たつと、思ったほど宿題は多くないと、率直に発言する生徒も現われます。それはそれで幸いです。

このエポックを、私は本格的な古典（国語）授業の導入と位置づけています。九年以上の高等部の授業へと、一貫性をもって展開する学びの小窓を少しずつ開けていく心持ちで生徒と接し、話をします。そして、たんに古典を学ぶ基礎となる事柄を伝えるだけでなく、ノートの作成でも記述内容からレイアウトまで、まとめ方を細かく指示します（図1）。

卒業生たちの多くが、「古典や国語の宿題は面倒だと思ったけれど、今では助かっている。あのやり方を変えないで」と、ありがたい感想を聞かせてくれます。学び取った事柄を自分でまとめ上げ、外的にも内的にも一つの体系に形作っていくことが「学び」の本質であることを、生徒たちは理解していきます。

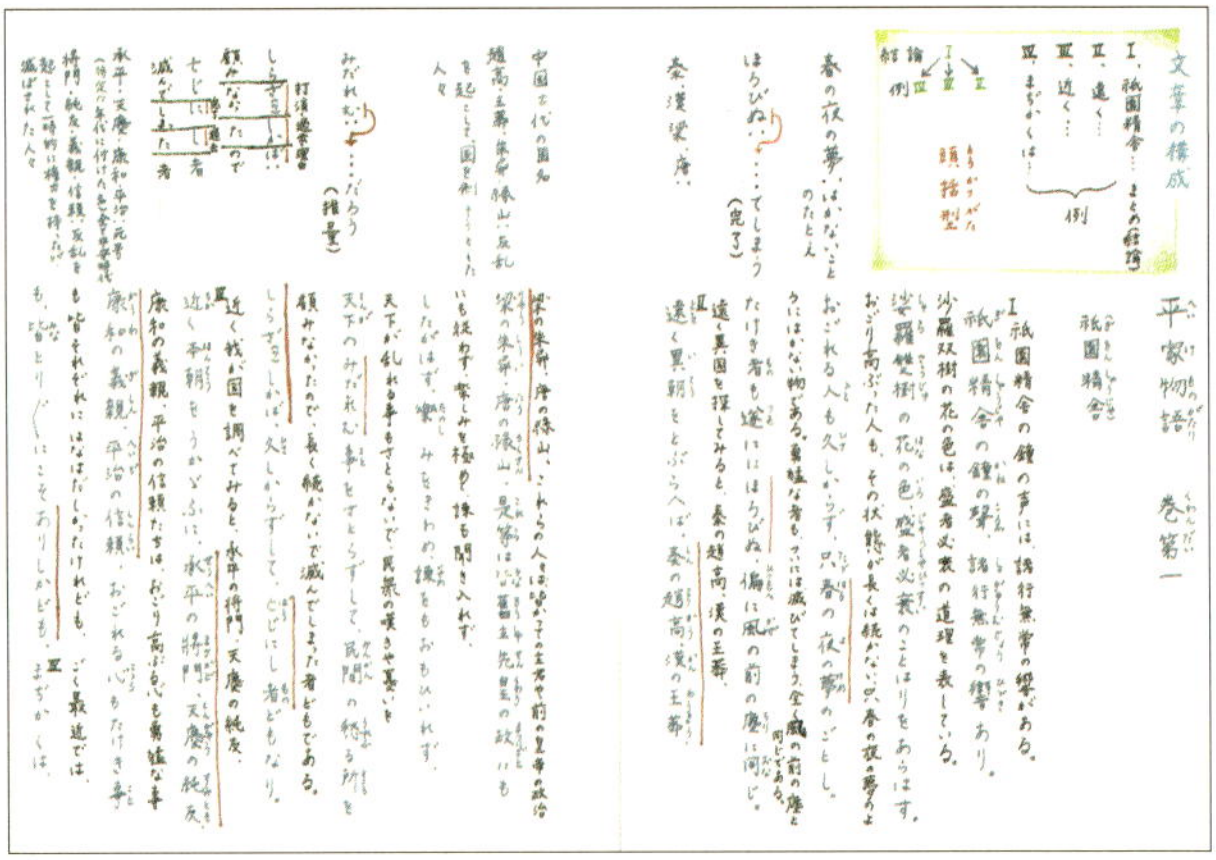

【図1】「祇園精舎」冒頭部のノート記述

（2）日本語の発音と表記の変遷をたどる

『平家物語』の本文を読む前に、「現代仮名遣い」と「歴史的仮名遣い」の違いを知って、古文の読み方に慣れるようにします。六年生の頃からクラスで小倉百人一首の歌かるたに親しんでいることが、この学びの大きな助けになります。歴史的仮名遣いの特徴がわかる和歌をいくつか板書して、「平仮名の文字と読み方にどんな関係がある？」と問いかけると、語中・語尾のハ行の文字がワ行音に変化する関係には、すぐに気づきます。ややあって、「あふ」「さふ」が「おー」「そー」(a+fu → ō)、「けふ」「てふ」が「きょー」「ちょー」(e+fu → yō) となる関係なども見つけ出します。

古文の音読が目的なら読み方の基本がわかれば事足りますが、ここでもう一歩踏み込んでいきたいものです。一体どうして、このように表記と発音との「ずれ」が生じたのか？　研究によると、平安時代は発音のままに記述されていたと言います。時とともに発音が変化したのに、表記法は伝統として踏襲されたのです。

余談ですが、音韻変化の歴史をひもとくと、面白い話があります。ハ行の「h」音は平安時代には「f」、奈良時代にさかのぼると「pf」を経て「p」に行き着くというのです。こんな理論を話しても生徒のあくびを誘うだけですが、沖縄にはなんと、これらの発音が全部残っているのです。那覇から沖縄本島を北上するにつれて、同じ言葉の発音が「h」→「f」→「pf」→「p」と変わっていくそうです。

これについては、私自身も体験があります。「あるときドライブの途中で〝ぱなりやー〟という食堂に入って、店名の意味を尋ねると〝はなれ（離れ）家〟のことだった。後で沖縄方言の研究者にその話をしたら、その人は見事に、この食堂がある地域を言い当てた。地域による発音の違いを示した『方言地図』が作られているためだ」。こんな経験談をいくつか交えながら、日本各地の方言の中に古い言葉が生きている実例を話すと、生徒の目が輝きだします。過去と今とはつながっているという感覚を呼び覚ますことは、物事の本質に迫る道ではないかと思います。

ところで、日本語の音韻に最大の変化が生じたのは、源平の争乱の前後だと言われます。人びとの大移動によって、東と西の言葉が入り乱れた結果です。このような話題から激動の時代のイメージを形作っておいて、そろそろ本題の『平家物語』に入っていきます。

（3）「巻第一　祇園精舎」の深み

この段の面白さは奥行にありますから、言葉の背後にあるものを少しずつ掘り起こしていきます。何回か音読をして、文章の響きと調べに慣れたところで、祇園精舎とは昔のインドに実際にあった僧院「サヘートマヘート」の漢訳語だと語ると、生徒たちは興味を示しはじめます。五年の歴史（古代史）で学んだ釈迦が教えを説いた場所だ、と話を進めると、関心は一気に高まります。生き生きとした歴史授業のおかげで、故事来歴の話題を楽しむ生徒が多いのです。

祇園精舎の写真があると伝えると、生徒たちの興味は沸点に近づきますが、それを見たとたんに漏れるのは、笑いと落胆の入り混じった声――彼らの目に入ったものは、建物の礎石だけがわずかに残る、草深い遺跡の風景だったのです。以前の歴史授業から、釈迦を身近に思い描いていたイメージとの落差が大きいのでしょう。けれども一枚の画像はまた、釈迦の時代との二五〇〇年という時の隔たりを、実感させたに違いありません。

ついで、「祇園精舎の鐘の声」という表現に注目します。なぜ、「鐘の音」としなかったのでしょうか。精舎内の一画には、病僧が暮らす無常堂という建物がありました。病僧が臨終を迎えると、無常堂の四隅にある鐘が自然に鳴りだし、僧の耳には「諸行無常／是生滅法／生滅滅已／寂滅為楽」という教えのように響きました。それを聞くと、僧は安らかな心地になって往生したという言い伝えがあります。鐘の音色が、真理を告げる経文の声に聞こえたという意味なのです。「無常偈（げ）」と呼ばれるこの四句も、生徒たちと暗誦します。

十三歳の子にとって、偈に込められた奥深い真理を納得して受容することは難しいでしょう。しかしシュタイナー教育は、子どもが現時点で理解できることだけを教えるような授業を目指していません。「いつか、わかるようになりますよ」と言えるような内容をも取り上げていきます。それをとおして、未来に向かって人間は成長していくのだということを、言外に知らせる教育姿勢が肝要と考えられています。もちろん現時点で理解すべき事柄は、しっかりと身につけなければなりません。それらと過去に学んだ事柄とを結びつけ、さらに未来を予感させる事柄を織り交ぜながら、授業が進んでいきます。

「娑羅双樹」の謂われも同様に語り聞かせて、釈迦入滅の地クシナガラに生える娑羅の樹の写真や、娑羅双樹の間に横たわる釈迦を描いた仏画「涅槃図」などを見せます。このような導入から、平清盛の名が登場する部分までを読了して一区切りです。歴史的仮名遣いの学びと「祇園精舎」冒頭部の読解に、約一週間を費やします。「歴史」で学んだ清盛と平氏の隆盛から衰勢までを簡単に復習して、第二週目からいよいよ「扇の的」に入ります。

話がそれますが、公立高校での授業経験から、二時間続きの集中授業は、五十分きざみの授業が週に何回か分散する時間割よりも、テーマを深めるのに適していることが実感されます。また、十二年間の教育課程を見通した計画によって配当時間の融通ができ、思い切った時間配分が可能になります。

（4）「巻第十一　扇の的」の人間臭さ

仏教的無常観という思想色に彩られた「祇園精舎」とは対照的に、「扇の的」とその前後は、まことに人間臭いドラマが展開します。人々の葛藤、怒り、恨み、陶酔、冷酷、非情といった陰影をおびた心理が、命と名誉を懸けた戦場の駆け引きと絡みあって熱を発し、くすぶりだす人間集団の雲間から、つかの間の光彩が放たれる。そのドラマティックな表現の妙味と美を読み味わいつつ、人間の運命について思いをめぐらすことができます。

「扇の的」は前段から始めるといっそう劇的なので、あらすじを語り聞かせます。屋島に集結した平氏討伐のため、摂津から出港しようとする義経は、逆櫓（さかろ）（前後に進める櫓）を提案した梶原景季（かげすえ）（一説に父、景時とも）と激論します。「戦はひたすら攻めるもの」との美学から逆櫓を一蹴する義経、義経を「イノシシ武者」と罵倒する景季。結局、義経は、折からの暴風に尻込みする船頭や水夫を、殺すと脅して船を出させ、たったの五艘で、阿波の勝浦まで通常三日かかる航路を、わずか六時間で突破します。義経の奇襲作戦は成功を収めますが、この時の梶原一族の恨みが、やがて義経と兄頼朝との仲たがいを生むという悲劇的運命を招くことになります。

義経という英雄が持つ果敢さと非情、そこに胚胎する悲劇性が、「逆櫓」に始まって「扇の的」を一つのピークとする数段に凝縮されています。この話を食い入るように聴いているのは、主に男子です。義経の英雄性や、もつれ合う人間関係とその顛末といった現実界の諸相への関心が芽生えはじめているのです。

本文の読解部分でも、義経の果断で非情な指揮ぶりが畳みかけるように語られます。屋島に向かう途中、大軍と見せかけるため民家に火を放つ。これは義経軍の常套手段だったようです。また、平氏の船上の扇を射るよう命じられた那須与一宗高が断ろうとすると、義経は激怒して許しません。与一にのしかかる重圧は、いかばかりだったでしょうか。「これを射損ずる物ならば、弓きり折り自害して……」と漏らす言葉に、与一の覚悟のほどが表われています。

義経の冷酷非情さが極まるのは、与一の矢が的に命中し、源氏も平氏もその快挙に酔いしれている最中です。与一の妙技に感動したのか、平氏の船中から一人の武者が長刀を持って現われ、扇が立っていたところで舞を舞い始めます。義経はすかさず、武者を射殺すよう与一に命じ、首を射られた武者は船底に倒されます。

与一が扇の的を射抜く場面まではよく知られており、その映像的な美しさに注目が集まりがちですが、授業では次の一節に進んでこそ、「扇の的」の段を読む意味があると考えています。この部分を読んでこそ、人間の生き様、人間集団のありよう、そして運命というテーマが、真に迫ってくるのではないでしょうか。

戦いの勝利しか念頭にない義経。自軍が仕掛けた計略を打ち破られて、戦いのさなか感動に浸りきった平氏。そして心中はどうあれ、命令にそむく余地なく、自分を賛美する敵武者に矢を放つ与一。武者が射倒される場面に来ると、どのクラスでも「わー、残酷！」と、悲鳴が上がります。

そのとおり、戦いは残酷なものです。与一が射た扇が夕日の空を舞い、波間に揺られる情景のあまりの美しさゆえに、暗転した場面のむごさが際立ちます。美の極致と、それを一瞬に打ち砕く怒涛の激しさ、明暗の振幅の大きさが、『平家物語』の世界です。

それを生徒たちは受け止めることができると、私は思います。柔らかな心は、残酷だから遠ざけるという配慮をしなくてもよいほどに育っています。人間は残酷でもあり、美しくもあり、崇高でもあります。そのような多面性と複雑さを知ることができる年齢です。義経も非情なだけではありません。勝つことしか眼中になかったのは、兄頼朝を喜ばせたい一心だったのに、義経の栄光が兄の意図するところとは食い違っていった、という悲劇性に光を当てることができます。

本文を読解・鑑賞して、ノートに文章や説明事項を書き取った後、最後に目次と扉絵を描くように促します(図2)。扉絵は、作品のイメージや印象深い事柄を自由に描きます。多くの女子は、扇をモチーフにした絵柄や情景を美しく描き出します。女子は、絵画的な美に強く惹かれる素地が育っています。

古典ノート扉絵

『平家物語』扉絵　騎馬の与一と扇の船

【図2】

男子は、弓矢や甲冑に興味をもって描く傾向があります。源平時代の武具は実用一辺倒ではなく、美しく装飾されています。その機能性と美との融合に、とくに男子が関心を示して知りたがります。『平家物語』は、男女の興味の違いに応えうる教材です。

授業についての感想を聞くと、授業中の書き取りや宿題は大変だったとしながらも、面白かったと記した生徒が多数います。一例を挙げると、

「『平家物語』を全部読んでみたかった。暗記するのも楽しかった」

「作品を初めて読んだ時と、説明を受けた後のイメージがガラリと変わった。『祇園精舎の鐘の声』も古くさいように初めは思ったが、たったこれだけの言葉で大きな意味を表わしていて、意味を知ってからまた読むと、たくさんの想像が広がってとても楽しかった」

「『扇の的』では、強い覚悟や兄に対する一途な思いや、その時代の、今とは違う感じ方があって、すごいと思いつつ、気の毒に思いつつ……」

「〝昔の人の気持ちになって考える〟ということが一番おもしろかった」

この時期に生徒たちの感受性と想像力を豊かに育てておくことが、その後の思考の成熟に寄与するでしょう。

四　総合的な取り組みとまとめ

『平家物語』の章段を朗誦することは、授業活動の重要な要素です。エポック期間中にほぼ暗記し

ておき、終了後に言語造形の教師による芸術的な朗誦の指導を受けて、月例祭（毎学期末に全学年が授業内容を発表する会）で発表するのが慣例となっています。

　また、琵琶演奏家による「平家語り」を鑑賞します。演奏を聴くだけでなく、希望者は琵琶を弾く体験をすることができ、節回しを教わって冒頭の一節を謡う練習も組み込まれています（図3）。現状では学園の音楽授業に邦楽が含まれていないので、これは貴重な時間です。生徒たちは、聴きなれた洋楽器とは異なる音色や節回し、伴奏と謡いとの掛け合いの面白さに気づきます。弾かせてもらった琵琶が気に入って、いつまでも手放そうとしない生徒がいて、級友たちからブーイングが出たりすることもあります。

【図3】琵琶の演奏を教わる

　「書道」の授業では、七年になって学び始めた行書で、物語の一節や句を書きます（図4）。中世に盛んになった水墨画を描く体験を盛り込むこともあります。図5は、「扇の的」の場

『平家物語』
より抜粋した対句

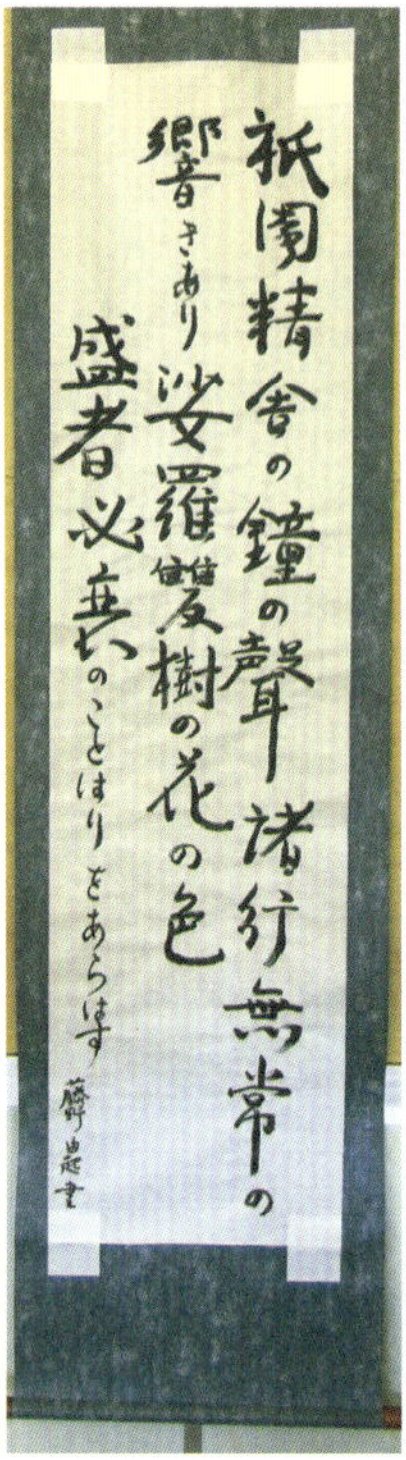

『平家物語』
冒頭の文章

【図4】

【図５】水墨画「扇の的」の情景をイメージして

【図６】篆刻 - 自作の印鑑と捺印

面を想像して、夕日が海に沈もうとする情景を描いた作品です。今年（２０１１年度）の七年生には、初めて篆刻（てんこく）を導入しました（図６）。全員が自分の印鑑を制作して作品に落款を押し、掛け軸に仕立てて一年間の総仕上げにしたのです。

このように『平家物語』の読解を軸として、時代の空気や文化芸術を多面的に味わう工夫をします。小倉百人一首もまた、時代的な関係があります。歌かるたは江戸時代に広まった遊びですが、原型は源平の時代を生きた歌人の筆頭、藤原定家の撰歌とされているからです。

その定家の父俊成が「第七代勅撰和歌集」撰集の宣旨を受けたのは、源平争乱の真只中でした。前述した平忠度は入集を願い、和歌の師である俊成に自作歌の巻物を託してから、都を落ちて行きました。そして争乱後に編まれた『千載和歌集』に、忠度の歌一首が「読人しらず」として入れられます。現実が苛酷だからこそ、和歌の世界に永遠の美を追い求めた人々がいたのです。そのような歴史の知識も含めた理論的な学びが、芸術分野の諸活動と結びついて総合的・体験的な学びになり、生徒の心がバランスよく耕されていくと考えています。

それでは十二年までの授業は、どのように展開させていけるでしょうか。国語の学びは、年齢に応じて、作品の受容と鑑賞から内容についての考察・批評へと進みます。生徒たちが感じ、考えた事柄を自分の言葉で表現することと、自由な創作も大切にしています。

たとえば、七年生は古文の調べと内容を愉しみ味わうことが主眼でしたが、八年生は『竹取物語』全編を通読して、クラス全体で物語を一つの紙芝居か絵巻に仕立てます。作品のテーマについては、七年の時より掘り下げて考えます。九年生は、『伊勢物語』などの読解と並行して、各自が白紙に自作の短歌と絵を描き、クラスの歌集を制作します。いずれも作品の理解、個人の創作、共同制作という三つの要素を組み合わせた活動です。

本稿は古典に的を絞りましたが、九年からは国語全般の教材ジャンルが広がって、学年ごとに分析・考察や批評の比重が大きくなり、豊かに味わうことから自立的に考える力を養うことへと重心が移っていきます。八年生まで無意識に受容してきた事柄を意識的に捉えなおし、物事を客観的に理解して自己の認識に結びつくように手助けをするのが、高等部の授業です。

【主要参考文献】

『平家物語1・2』（新編日本古典文学全集）小学館、1994年刊　※原文引用はこの二冊に拠る

『平家物語上・下』（日本古典文学大系）岩波書店、昭和34〜35年（1959〜1960年）刊

『平家物語上・中・下』（新潮日本古典集成）新潮社、昭和54〜56年（1979〜1981年）刊

『日本文学全史3中世』學燈社、昭和53年（1978年）刊

『平家物語』　石母田正著　岩波新書、１９５７年刊
『国語学研究事典』　明治書院、昭和52年（１９７７年）刊
『平家物語絵巻巻第一〜巻第十二』　中央公論社、１９９０〜１９９２年刊

第八章　8年 理科　人間学

2007年度8年担任
木村 義人

米国カリフォルニアのルドルフ・シュタイナー・カレッジで教員養成を修了。その後アメリカでシダー・スプリングス・ウォルドルフ・スクール、ウォルドルフ・スクール・オブ・オレンジ・カウンティ、ウェストサイド・ウォルドルフ・スクールの3校のシュタイナー学校で6年間教員として携わり、帰国。カナダに永住権を得て住んだ後、東京シュタイナーシューレの教員となり、現在のシュタイナー学園に至る。2008年に8年間の担任を終え、2012年度は4年生のクラス担任。鍼灸指圧マッサージ師免許を持つ。

「おお、この我々人間機械（肉体）の探求者よ、
〈中略〉我々の創造者がかかる優秀な道具（人体）に智慧を据え付けて下さった事を喜びたまえ」
——レオナルド・ダ・ヴィンチ

物理的な肉体を客観的に観る

「人間学」はシュタイナー学園では8年生に始まるエポック授業だ。「人間学」と言っても、ここではやがて人間全般を深く学んでいくまずその入り口として「人間の体」を最初に意識し、学ぶ。

話は私事で恐縮だが、私は本来無口である。故に、多弁の人は本質的に苦手である。社会においては一般的に、多弁の人の方が存在感があり、仕事ができる印象が強い。自分も弁が立たず、何度も悔しい想いを経験してそんな不利さを知っているが故に、無口の輩がコツコツと頑張っている姿を見るとつい応援に力が入ってしまう。そんな「働き者にもかかわらず無口で不平言わず」は、何も周りの人間だけに存在するわけではない。

たとえば、その代表例のひとつが我々の「肉体」だ。日々酷使しているのにもかかわらず、あまり文句を言わぬがため、我々は特別に意識することもなく、肉体に感謝する機会も少ない？　そして知らぬうちに肉体存在を抜きにした感情や思考中心の生活に陥っては、たまに無理をして徹夜、飲みすぎ、暴飲暴食！……結果、肉体に「痛み」、「不調」を感じて、初めて体の「存在と働き」に感謝する（そうです、そこの貴方！　身に覚えはありませんか？）。

「人間とは、肉体のみにあらず。そこに魂や精神の働きがあってこそ、人間を人間たらしめる」。シュタイナーは、その事実認識を根底に独自の教育論を展開している。故に、人間においての魂・精神への働きかけに重きを置いて考えており、「肉体」存在は軽視している……と、もし貴方が考えているとしたら、実はそれは大きな誤解だと言える。なぜなら、シュタイナーはまだ発展進化段階の「魂・精神」に比べると「肉体」こそが人間の中で最も完成している、と述べているからだ。

脱線した話を戻そう。後に詳しく触れるが、6年生の「理科」辺りからそれまでのファンタジーやイメージ中心の授業から観察を中心に据えた理論的なアプローチへと学びの中心がシフトしてきている子どもたちにとって、「人間」を理解する取っ掛かりとしては、抽象的な人間論を聞かされるよりは現存する物理的な肉体を客観的に観ていくことから始める方がはるかに身近で相応しいのは言うまでもない。

体の中に隠された不思議や驚き

さて、8年生に「人間学」を具体的に教えるにあたり最初にどのような授業導入をしようか迷ったが、思春期真っ只中の8年生に白紙の紙を配り、こう言った。

「みんなは朝、学校に来る前に鏡の前に立ち、髪を梳いたり、自分に何回も笑いかけたり、服装ははたから見て完璧か？ などと自分自身をチェックしてくるよね。外見にはものすごく気配りして自分がどう見えているか知り尽くしているだろうけれど、自身の体の内側、つまり中身はどうかな？

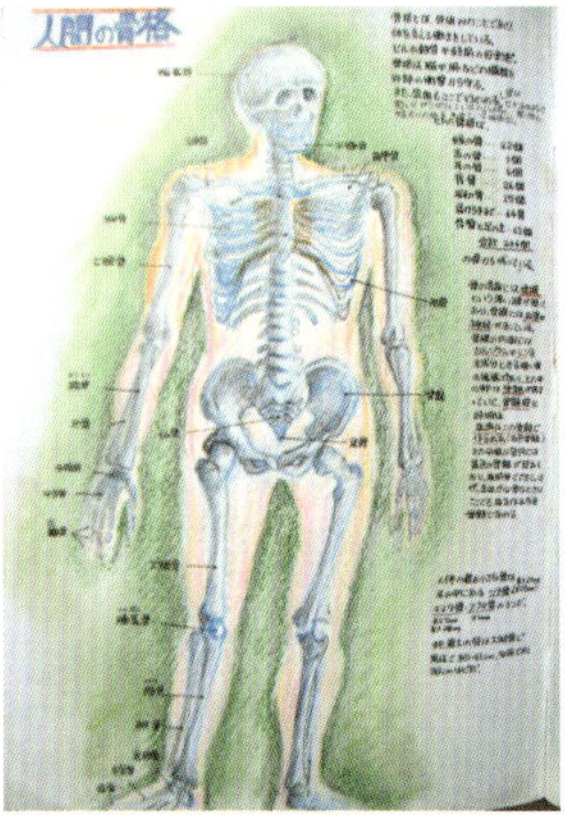

8年生「人間学」
エポックノート

体の中には何があってどう機能しているかきちんと知っている？ 何、肉がある？ そう、そうだね。えっ、骨？ それもそうだね。じゃあ、ちょっと骨にスポットを当ててみようか。自分の体の中の骨がどんな風になっているかを何も見ずに描けるよね」と。

なにせ自分が生まれてから毎日使ってきた体だ。しかし、7年生を修了したとして計算したら、生まれてから13年間で11万3952時間もの長時間、使い続けてきたその肉体にもかかわらず、自分の体を支えている骨を大まかであれ正確に描写できる生徒は皆無だ。腕や脚の骨の数が違ったり、骨盤がなかったり、肋骨がなかったり……。生徒だけではない。クラスの保護者会で大人にも同じことを頼んで描いてもらったが、結果は大きくは違わない。

どうだろう？ みなさんは自分の骨を正しく頭から足先まで自信を持って描けるだろうか？ なんとなくは描けるだろうが、きちんと正しく理解している人はそう多くはないのではないだろうか。

骨なんて気持ち悪い！ という声があがりそうだが、骨をじっくりと眺めたことはあるだろうか？ 多分、そのような人は少ないのではないかと思う。特にそれが人骨となれば皆無に等しいであろう（私は解剖学の授業で見たことがあるが、通常は葬式後のお骨拾いの時ぐらいしかチャンスはない？）。固定観念を捨てて骨をよお〜く観察すると、骨は実に美しい！ それでいて限りなく合理的で科学的。しかも、沢山の不思議や驚きが体の中には隠されている。

骨に刻まれた大宇宙と小宇宙

たとえば、肩から上腕、前腕、手首、手〜指と先に進むにつれ骨の数はほぼ規則的に1、2、〜5と増えていく。丸く自らを「閉じよう」とする力と、閉じようとしつつも反対側に「開かれていく」ふたつの力を併せ持つ骨。開かれたまま棒状に伸びていく骨。どの骨にも、それを形成する時の流れる力のフォルムを見てとることができる。

口を持たぬ骨は何も語らず、自己主張をしない……? いや、いや、とんでもない! じっくり見つめ、気付いてあげると、骨は美しい形と機能性を極めた独創的な芸術家存在だ! シュタイナー学校の教員養成学校時代、指導教師にいつも口を酸っぱく言われた。「自然はその存在自体で沢山のことを静かな声で雄弁に語っている。音としての言葉を発していなくても、心を開き、時間をかけてそのフォルムの有り様をじっくり見ると、私たちにあらゆる世界の秘密を語りかけている」と。

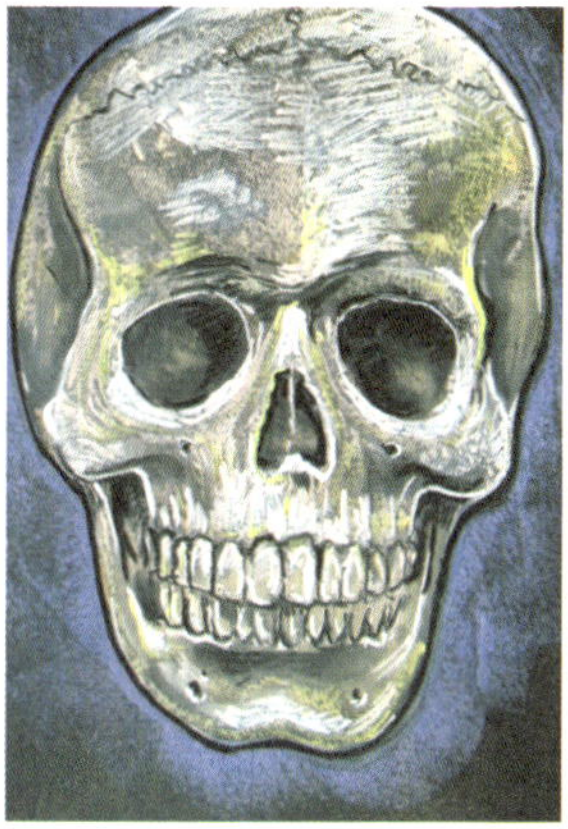

黒板絵
「人間の頭蓋骨正面図」

本当にそうなのだ。人間の全身の骨をじっくり観察するだけで、本来、人間がどういう存在なのかがわかる。頭部は丸く頭蓋骨が閉じていて、ひとつの空間が完結している。ここでは自己という存在が「思考」という点で他からシャット・アウトされて、ひとつの小宇宙として成立している。閉じら

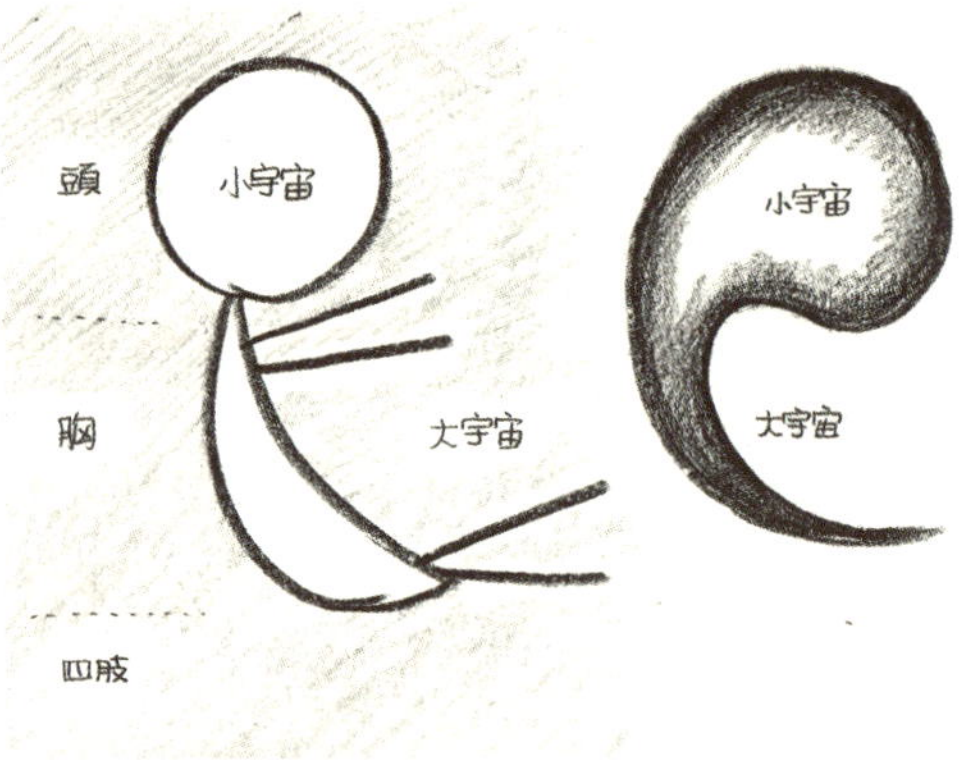

小宇宙と大宇宙

れた頭部で行なう「思考」という行為においては、釈迦の言葉「天上天下唯我独尊」は成立する。何者にも侵されない神聖な自己がそこに存在する。

一方、胸は上の閉じられた頭部を継続しつつ肋骨が上部で閉じ、下の腹の方に行くにつれ次第に開かれていく。閉ざされた空間から、開かれた空間へのゆっくりとした移行。つまり、上では「個」として閉じている「自己」が、下に行くに従って「外の宇宙・世界」に開かれている。外なる世界を見つめ、そこから大いなる刺激を受けて、自己と世界の接点である胸で「感情」として受け取り、さらに自己の内側の脳で「思考」として整理される。「開き→外の世界」と「閉じ→己としての独自の情報分析＝思考」のそのちょうど境目に「感情」の中心としての胸があるのだ。

「感情」は「外の世界」と「自己」の中心で、揺れつつバランスを取っている。これとは別に、四肢は体の中心から自己を飛び出して、ただただ外の宇宙へ向かい、そこで働く。脚は自己を乗せて歩き、世界の中を移動する。手は外の世界に存在し、他者や世界のために自らの意志を通して働く。人間は大宇宙と小宇宙の両方を、このような関わりの形で持つ。それは、シュタイナーが唱えた人間観をそのまま「骨」がその在り方で示している。

だがこれは必ずしもシュタイナーの専売特許ではない。ＴＡＯにおける立禅瞑想の型もまた、この骨の有り様のまま、人間と宇宙の基本的かつ理想的な在り方を全く同じ形で示している。そして、これら思考・感情・意志がハーモニックに個の中で調和すると、ひとりの人間が完成する。

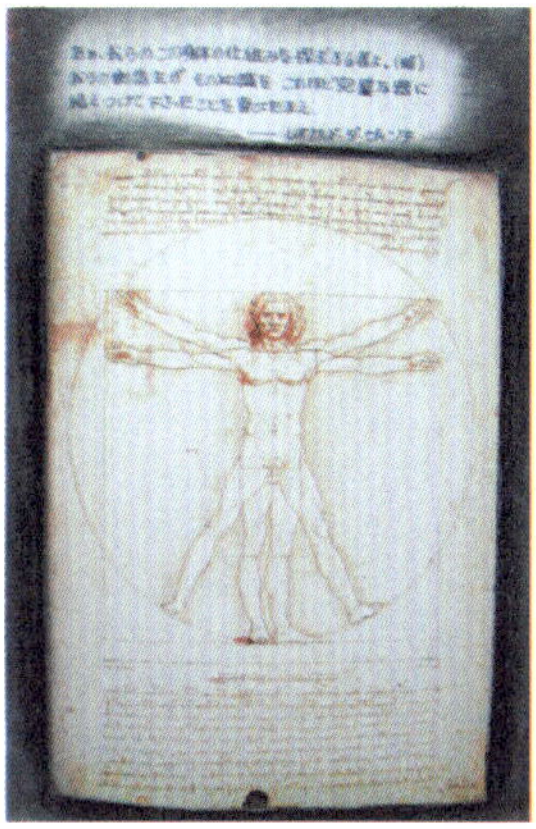

8年生 エポックノートより

授業中に粘土で作った人間の頭蓋骨

「気づき」を一つひとつ積み上げる

ほーらね、凄いでしょ！ え、これで終わっては原稿の字数が足りない？ 仕方がない。では、もう少し授業を紹介しよう。

授業の中では、色々とアプローチを変えて人体を学んでいく。水彩で体も描くし、粘土をこねながらああでもない、こうでもないと人間の頭蓋骨を作ったりもした。8年生では数学で「黄金率」も学ぶが、レオナルド・ダ・ヴィンチの有名な人間スケッチ「ヴィトルヴィウス的人体図」を基に体の中の黄金率を探す作業の時間にも、子どもたちからは驚嘆の声が漏れる。一人ひとりの人体設計図が描かれているわけでもないのに、自然界が作った自分の体の中に隠れていた黄金比があちこちから発見され、しかもそれがあまりに正確なことへの驚き！

それからふたり一組で組ませ、その内のひとりのクラスメイ

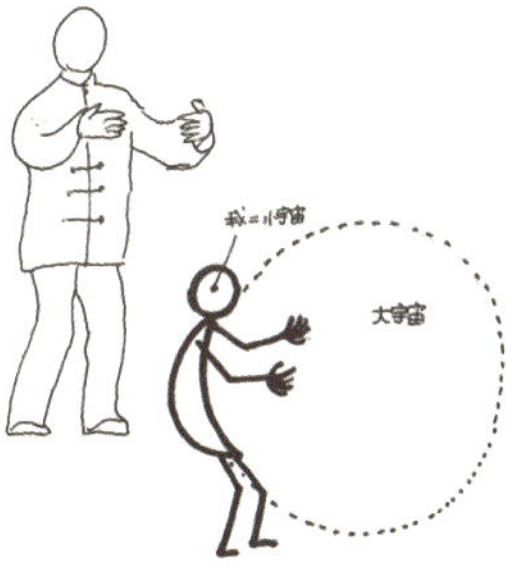

TAOの立禅瞑想

トにお人形役をしてもらって自分たちの体の可動範囲をも調べさせた。自分がどの程度の可動域を持っているかということも我々は意外と知らない。どうしてここまでは動けるのに、それ以上は動けないのか？　そこで関節の仕組みを教えると、合点がいく。そしてそこには筋肉の働きがある。

骨は体を支え、体の中心・動きの中心ではあっても筋肉なしには力を発揮しない。逆に筋肉も骨なしでは機能しない。言葉少なく無骨？でガチガチの硬派の骨は男性のよう、そしてしなやかで柔らかいが働き者の筋肉はまるで女性のよう。骨と筋肉はセットで初めて互いの力の本領を発揮できる。世の男性と女性も骨と筋肉を見習って協力せねばならない（本当はここで柔道の関節技を互いに掛け合うともっと関節の可動域を身をもって体験できるし、8年「力学」で学ぶテコの勉強にもなるのだが、他教員と保護者からの苦情・訴えが山のように届くことが容易に予想できたので、泣く泣く諦めた）。

次に簡易の指圧講座を開く（ちなみに私は鍼灸師免許をも持っている）。

「ほら、ここに触ると骨がこんな形をしているでしょ？　ここには凄く痛いポイントがあるよ、ほら」

「うわ！　痛〜い！」

「ね、痛いでしょ？　こっちの箇所をこう引っ張って、ここを押すと気持ちいいよ」

「あれ？　どうして？」

「それはね、この動きをすると、ここに負担がかかっていた筋肉が弛緩して、張りがなくなるからだよ。この筋肉は○○○って名前だよ」

「ホントだー。気持ちいい〜」

体を意識的に触っていく。意識的に触ると体の中に埋没しているはずの骨にも結構触れることができ、その形も触って確認することができる。普段は意識できずに使用している骨がより身近な存在に感じられてくる。

こんなことを繰り返しているうちに、最初は「脚が痛いです」としか言えなかった生徒が、「先生、脚のヒラメ筋が痛いです」と、具体的な部分名で痛い場所を指摘できるようになった。体への漠然とした意識が、より細かな部署として捉えることができるようになったことがわかる。普段は認識することもないが、実は酷使している体たち。お世話になっている体のパート、パートに一つひとつ改めて気づき、感謝する気持ちが湧いてくる。

「自分」と「世界」に光を当てる

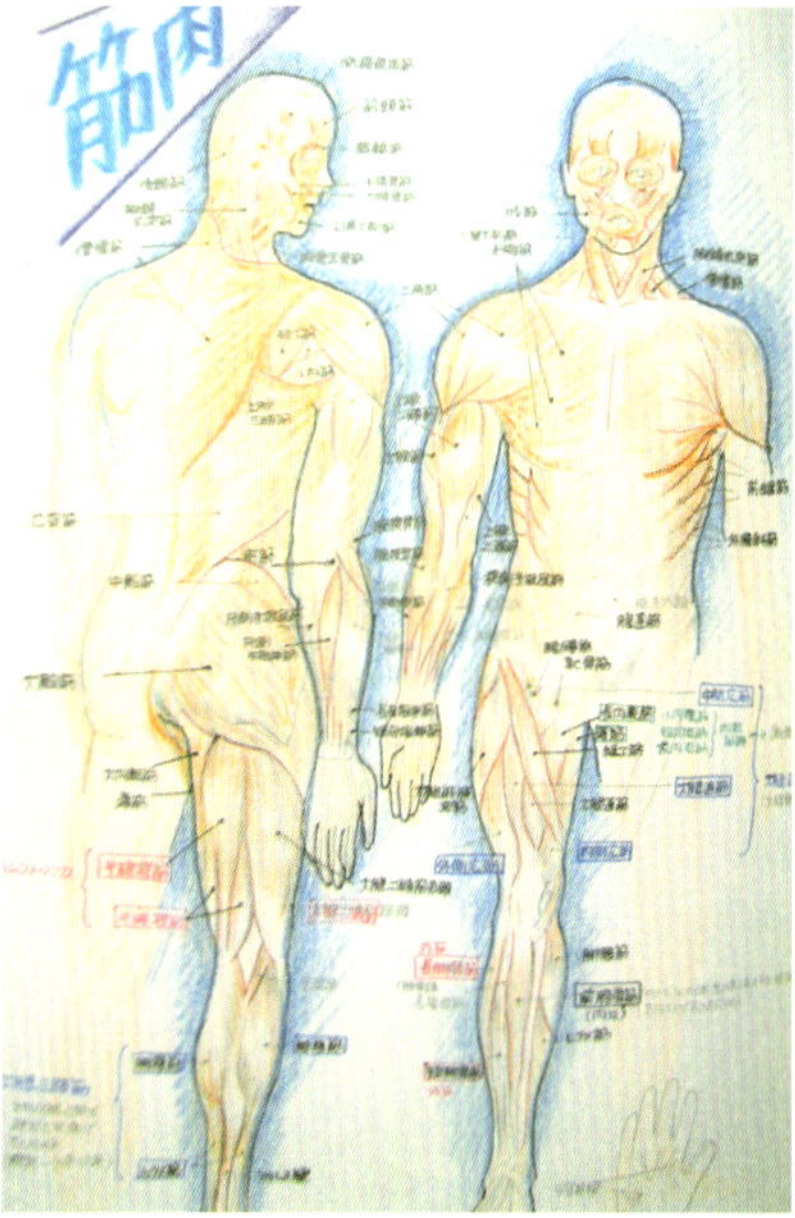

8年生 エポックノートより「筋肉」

だが、骨や筋肉の名前を覚えるのが最終的な授業の目的ではない。ではなぜ人間の体について8年生で学ぶのだろうか？ 実は、ここにいたるまでに子どもたちは段階を追って「人間学」の学びの準備をしてきているのだ。4年生で学ぶ「動物学」は動物を学ぶことにより「人間」と動物の肉体的違いを意識させ、「人間」を学び、認識していく作業でもあった。5年生の「植物

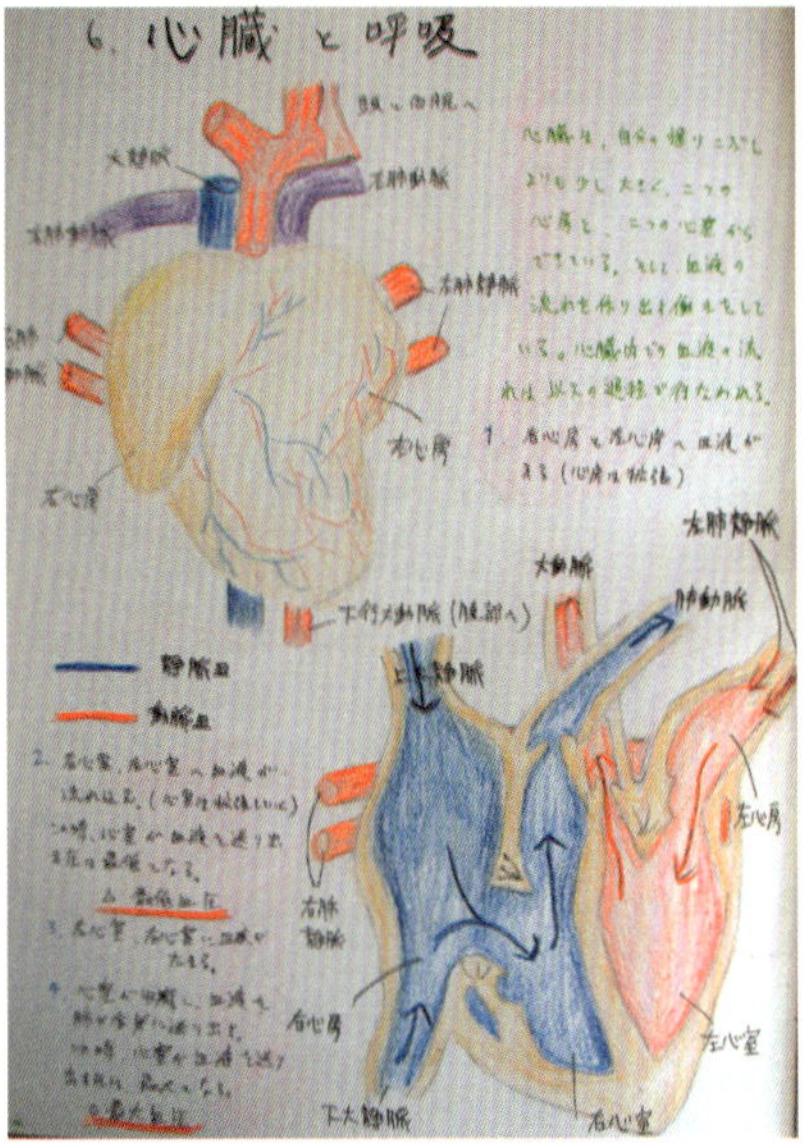

9年 エポックノートより「心臓と呼吸」

学」も植物を学びながら人間の魂の成長過程と植物の在り方を比較し追っていく。また、字数の関係でここでは詳細は省くが、物質的には人間が逆さになった状態が植物なのだとシュタイナーは言う。６年生で「鉱物」の授業を終えたなら、やっと人間の構成要素のひとつである物質としての肉体について学ぶ準備が終わったとも言える。７年生（もしくは８年生）では栄養学を学び、体内で起きている現象を化学と比較して学ぶ。

こうして８年生で「人間学」として骨・筋肉・目などをテーマに学ぶが、ここが辿り着くべき終着点ではない。９年生の「人間学」では人間の肺や心臓などの呼吸・心拍機能から内臓・交感神経も学び、同時に直立歩行をする人間と他の動物の頭骨・手などを比較していく。10年生では学びは「発生学」へと発展する。代謝と副交感神経の働きを取り上げ、受精から誕生、そして骨などの発生的変成を科学的な目で見ていくのもこの学年のテーマだ。11年生では「細胞・遺伝学」を学び、ＤＮＡの構造や生殖・メンデルの法則等に触れる。12年生では「生物史・進化論」で様々な進化諸説をみていく。

関連は肉体関係の授業だけではない。昨年は縁があって12年生の「光学」も教える機会があった。その時に教室の中を暗幕で囲み、窓から適当な距離に白いスクリーンを置いた。窓には黒紙を貼って小さなピンホールを開けると、そこから入り込む光が白いスクリーンの上に外の風景を逆さに映し出すのだ。何の機器も用いていないにもかかわらず、まるでちょっと程度の悪い映画を観てるが如くあまりに鮮明に外の風景や人が映し出されるので生徒からも驚きの声があがる。それから生徒たちに言う。

「実は、君たちは今、自分の眼の中にいて、その中で何が起きているのかを内側から見る実験なのだよ」、と。

そして、その後にダンボールで自分のピンホール・カメラを作る授業をした。つまり、眼の機能をある意味そのまま応用しているのがカメラの原理なのだ。生徒たちは、8年生で学んだ眼の機能や構造をこの時に思い出す。

8年生で孤立して「人間学」を学ぶというよりは、このようにテーマは連続して続いている。そして、1年生から12年生の学びではその他にも沢山の教科を学ぶが、実は「人間学」のみにあらず総合的にそして基本的に、学びの根本的問いはひとつだ。それは、「自分とは何者なのか？自分が住む世界はどうなっているのか？そして自分は世界とどう関わるべきなのか？」ということだ。全教科の学びは、「よい進学校に進むため」でも「将来自立して沢山お金を稼げるようになる知識と技術を与える」でもなし、「社会でより良い地

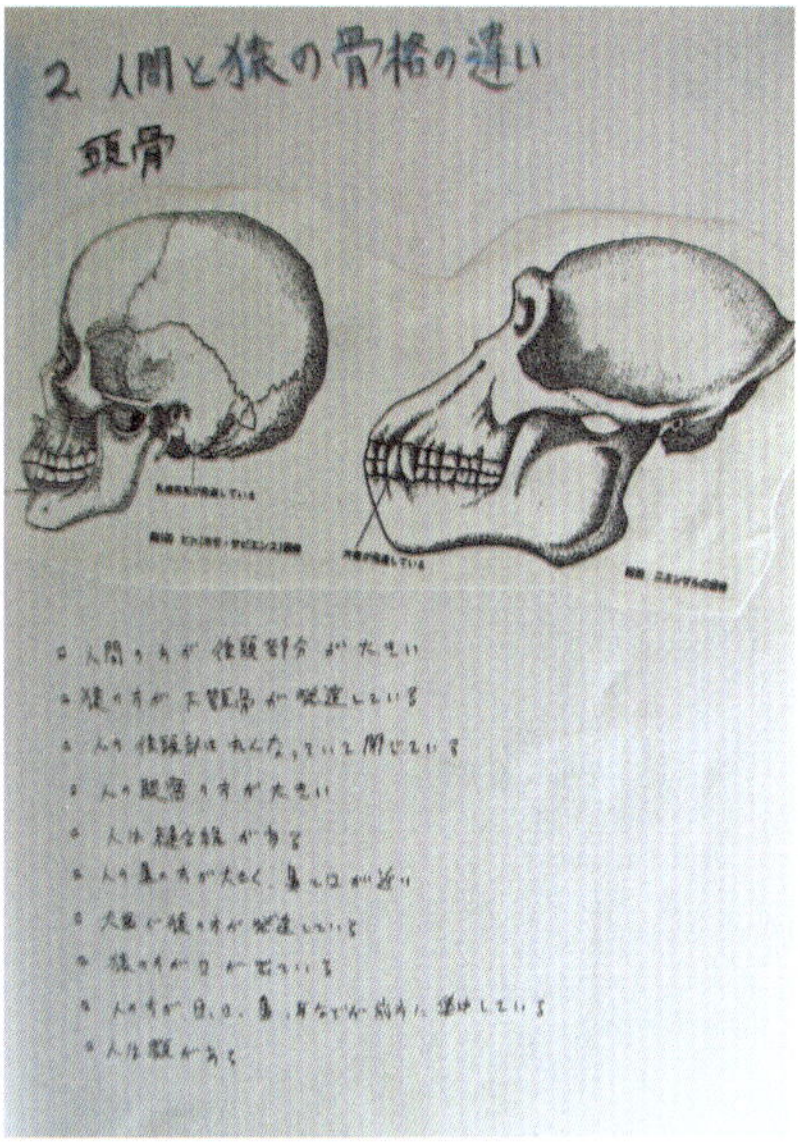

9年生 エポックノートより
「人間と猿の骨格の違い」

位と名誉」を求める為でもない。この永遠の問い「人間としての自分、そして今いる世界」を多面的な視点で知っていく過程でしかない。

理論的思考能力を成長させる

8年「人間学」では、主に自分の肉体である骨格・筋肉を中心に学びを進める。では、なぜ？何ゆえに8年生でそれを学ぶのか？それは、子どもたちの体が骨格を中心に成長し、急に身長を伸ばす時期だからでもある。事実、8年生のこの時期、数人の男子は急に脚が長くなり、背が高くなった。体も骨ばってきて、担任である私の身長を抜かし始める子が出てきた。それまでのまるで重力を無視したかのようないつもの跳びはねる機敏な動きから、体の重さを感じる「引きずるようなルーズな歩き方」が目立ち始める。それは、この時期、生徒たちの体が急成長する骨格中心の動きに自然とシフトするようになるからだ。

同時に、生徒たちはそれまでのイメージ中心だった学びに比べ、思考によって理論的内容を把握する力が養われた時期に突入している。事実、教師だから親だからと権威だけで何かを押し付けようとしても、もはや彼らは無条件では受け入れてはくれないし、屁理屈で言い負かされる。しかし、逆にこちら側がきちんと筋の通った理論だった話をすると喜んで話を聞いてくれるし、納得もしてくれる。だからこの時は、知能的にも自分の体の仕組みや働きの秘密を客観的に知る準備ができたことをも意味しているわけだ。

また、8年生では「力学」を学ぶ。これも「力学」を理解する理論的思考能力が付いたからでもあるが、「人間学」と関係あるからだ。そこではおもちゃで簡単な機械の運動の伝達方法を学んだり、テコの力について学ぶのだが、実はこれが我々の関節の構造や体の動きが基礎になっている。この肉体的成長の時は誰もが皆、骨を用いた力学的法則に従って自らの体を動かしているからだ。6年生以降の理科の授業では、音・光・電気・熱等の物理的性質を観て、「原因」と「結果」の二因性を考える思考癖を作る。それが力学を学ぶ根底になっている。

同じく「歴史」で学ぶ「革命」も8年生では大きなテーマだ。たとえば「産業革命」。産業革命は、それまで人間が行なってきた労働を機械に代わらせることを実現させて生じた。人間の動きそのものを機械に取って代わらせたのだ。この時代に人間は自分たちの動きを客観視することにより、本当に自分を知る一歩を踏み出す。現代の私たちの生活においても多くの機械や道具は人間の骨や体、その動きを模して作られていった。

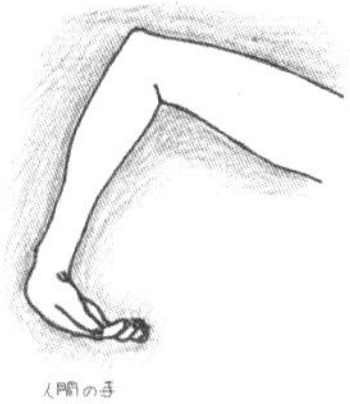

パワー・ショベルと人間の手

クレーンは脊柱を研究し、パワー・ショベルは人間の上腕・前腕と手首の伸展、屈曲、ひねりなどの動きを真似て作られている。机の上に固定させるデスク・ライトの複雑なヘッドの動きも同様だ。パリのエッフェル塔は人間の大腿骨を真似たそうだし、小さなところではドアの蝶番も関節を真似たものだ。どちらの方向にも自在に曲がる水道の蛇腹も蛇と同時に人間の背骨の構造を真似たものだろう。骨にある無数の繊維束や骨小腔

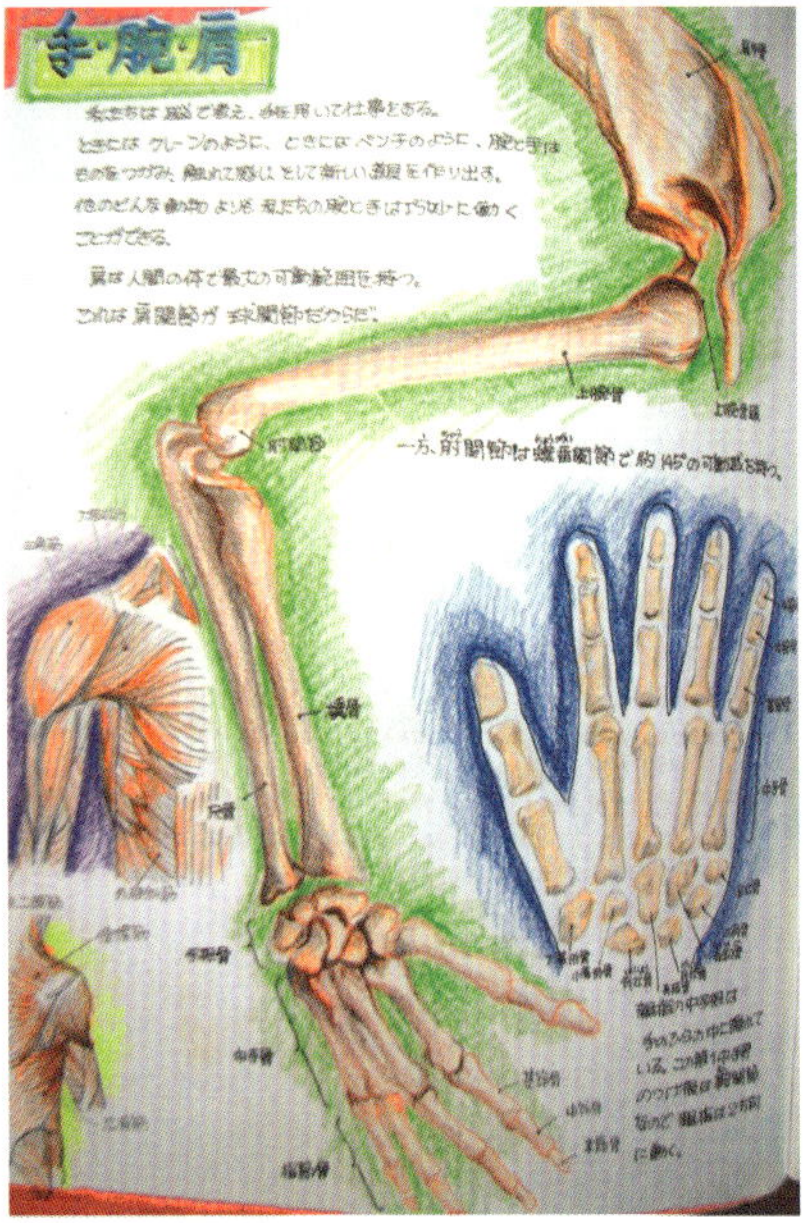

8年生 エポックノートより「手・腕・肩」

の支えの原理によって橋は作られているそうだ。

こうして「歴史」の「産業革命〜労働の機械化」の学びは「人間学」の学びと繋がる。我々の肉体の関節一つひとつが違う形と構造を持ち、目的に応じた可動域を持っていることを知ると感嘆の溜息が漏れる。誰がわれらの体を設計したのだろうか？ 現在の科学力・技術力をしても人間の体と全く同じものは作れない。二脚歩行の人間の動きに近いロボットを1体作ったらいったい幾らかかるのだろうか？ ただし、人間のように自由に思考し、笑ったり、泣いたりの感情は持ち得ようはずがないことを考えると、我々が当たり前のように持っている肉体は何と精巧で高価な神様からの奇跡のプレゼントであることか！

しかし、8年生の学びは「肉体」のみに留まらない。8年生で学ぶ歴史における「革命」は「思想革命」をも含む。モンテスキューやルソー、多くの思想家たちが「人間」のあるべき姿を追求し、その時代にあるべき人間の社会の在り方を示した。その結果、「イギリスの名誉革命」、「フランス革命」、そして「アメリカ独立戦争」が生じる。それは、8年生が既存の大人社会で満足できず、自分自身の本当の在り方と社会との関わりを探っていく葛藤にも重なっている。そして、このような困難な時代に生き、しかし常に新しい理想の社会を目指して勇気を失わなかった人々のその姿に彼らは希望の光を見るのだ。

そして、己自身を知る新たな入り口へ

さて、人間の体の学びは別の形でも8年生以降にさらに発展していく。こんな言い方を聞いたら驚くだろうか？　地球にも背骨がある。背骨とは各大陸の中を走る山脈であり、河川は血脈だ。こうして「人間学」の学びは地理にも繋がっていく。人間の体内の水分は約70％（普段我々は自分を固体として存在しているように思っているが、この事実を認識すると実は我々は「液体存在」と言えるかもしれない）でこれは地球上の海水が占める表面積とほぼ同じだ。我々の心臓は直立しておらず僅かに傾いているが、その傾きは地球の地軸の傾き23・4度にほぼ等しいそうだ。呼吸によって酸素を吸い、炭素を吐き出す行為は、地球上の植物の働きと関連して考える。この時期、化学で学ぶ物体の燃焼は、肉体におけるカロリー燃焼として実は体内でも起きている。アルカリ・酸も実は体の中で起きている現象と繋がっていく。

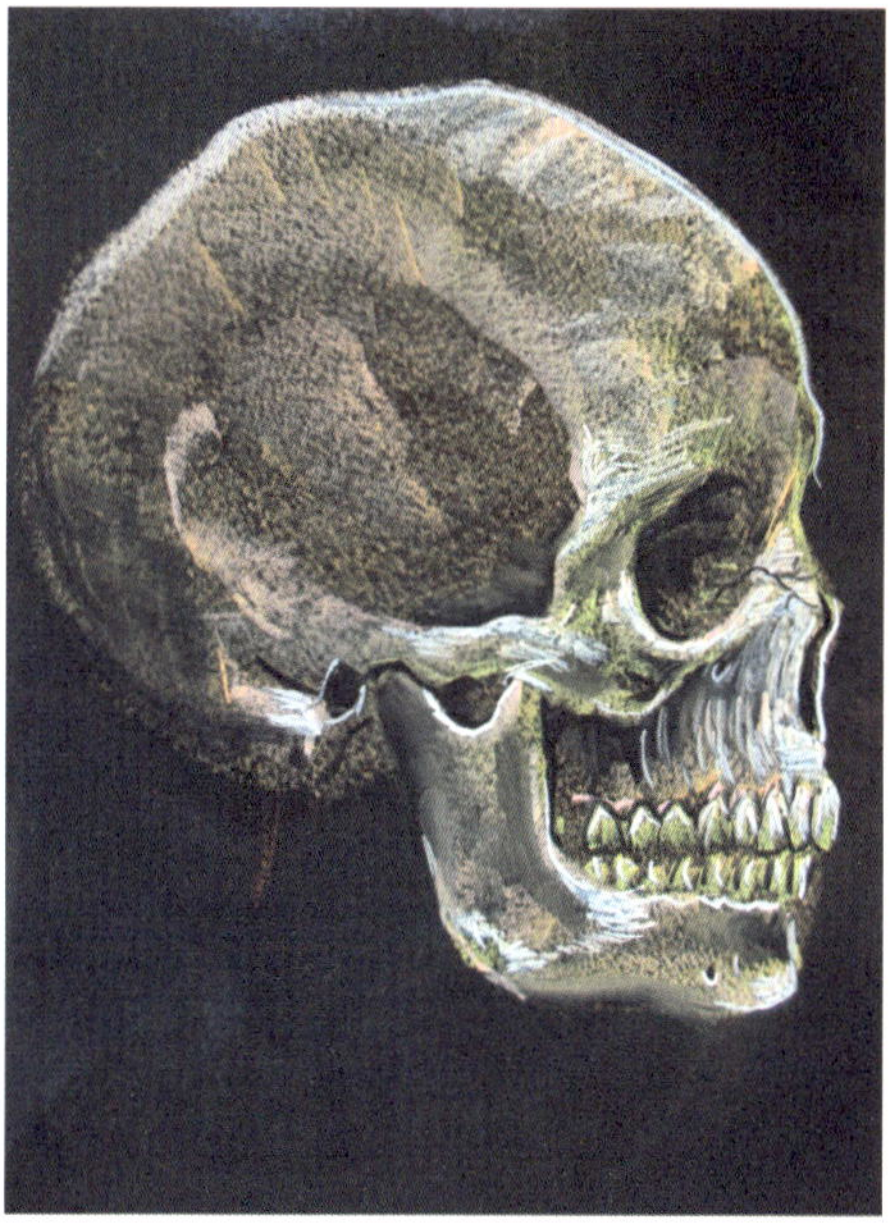

黒板絵「人間の頭蓋骨側面図」

8年生が「人間学」で人間について学ぶことは、人間の体について知識を持つことだけではない。それは、今までの学びを通して「人間」という「謎」の未知なるドアを開ける作業に他ならない。そして、そのドアは実は世界の全ての事柄と関連している。逆に言うと、世界中の様々な事をいろいろな方面から学ぶと、全てのベクトルが人間・己自身を向いていることに気付かされ、驚かされる。

つまり、「人間学」を学ぶこと、それは「自分の中にある小さな宇宙を知り、そこから繋がる世界について学び、そして自分の謎に目覚め、真の己自身を知っていく作業」であり、今までの学びを携えてその入り口へと一歩足を踏み入れることなのだ。

第九章　9年 社会　地理から地学へ

社会専科
山岸 寿子

日本アントロポゾフィー協会主催第三期教員養成講座修了。2005 年よりシュタイナー学園教員、2008 年より NPO 法人藤野シュタイナー高等学園教員。2012 年 4 月シュタイナー学園に復帰し、11 年クラスアドバイザー、および高等部の社会を担当。

8年生までの地理の役割

9年生の地理の授業を紹介する前に、シュタイナー学校では地理をどのように学んで9年生に到るかを簡単にご紹介しましょう。私が実際に教えたのは7年生以上ですので、4年生から6年生はこの学校で他の先生方が取り組んでいるカリキュラムになりますが。

地理の学びは4年生の郷土学から始まります。子どもたちにとっていちばん身近な外の世界は、毎日生活している学校のあるこの藤野の地域です。地理という空間の広がりと、歴史という過去から現在へ流れる時間軸の中から周囲の世界と、今、この場所にいる自分との出会いです。具体的には教室、校内、学校の周辺と、自分から少しずつ視点を広げていきます。日ごろ親しんだ環境をよく観察しながら歩いて、その道筋の様子を絵地図に描き、そこから誰もが地図を読むことのできる共通の約束「地図記号」が導入されます。

地図を描くためには上空から地域を見下ろすような想像力、客観的な視点も必要です。また、町の人々は自然の地形や環境とともにどのような生活を営み歴史を培ってきたのか、校外学習と教師の話を通して学んでいきます。ルビコンを越えて自分と世界の間に新しい関係が生まれる4年生にとって、自分の身近な世界を違った視点でとらえる学びはとても新鮮でしょう。

5年生以降になると、地理と歴史のエポックはそれぞれ独立した形で進んでいきます。地理では5年生は日本、6年生または7年生で東アジア、7年生でアジア、ヨーロッパ、8年生でアフリカ、アメリカ、極地帯、オセアニアを取り上げ、8年生までに地球上の全ての地域を学んでいきます。8年生までの地理は、子どもたちの関心を世界に向け、根付かせる助けをします。教師による語りの中で各地の気候風土や生活、文化、産業や経済生活と出会い、それぞれの地域の特色、人々のあり方が風土と密接に関わっていることを感じ取ります。各学年で扱う地域の順番は、歴史の学びと関わっています。

導入時に効果的な旅行記の紹介

歴史の中でも時代を追うごとに人々の交易圏、生活圏は広がっていきます。自分と異なる環境で生活を営む人々との出会いは、いつの時代のどこの人であっても驚きでした。いつの時代でもまだ見知らぬ国を旅し、時にはそこで生活した人はいるものです。そのような人々はそこにたどり着くまでのプロセスやそこで見たこと、感じたことを記録に残していることも多いのです。次にその地を訪れる人々の助けになるように、また、自分の出会った世界を多くの人々に知らせるために。時には異国の民を受け入れた側の人々の記録もあります。

そのような人々の書き残した旅行記を私は地理の導入で用いました。初めての世界に足を踏み入れる旅人の視点は、新鮮な驚きをもっていきいきと描かれ、その描写はやはりその土地と初めて出会う子どもたちの心の中にスッと入り込んでいくからです。この数十年で生活が大きく変わった地域もありますが、生活様式や文化は気候風土に大きく関わっています。そういうものに根差した土地の衣食住は現代にも通ずるところはたくさんありますし、現代は一体どのようになっているのか、何故そのように変化したのかを伝える題材にもなります。

例えば7年生で東アジアの地理を取り上げた時は、7世紀に唐（中国）から天竺（インド）に取経に出かけた玄奘三蔵（三蔵法師）とともに中国、西アジア、インドの旅を進めました。わずかな情報を手掛かりに、取経への情熱を胸に全く見も知らない世界を旅する玄奘の道程は、夜は氷点下にまで気温が下がり、太陽が昇れば灼熱のタクラマカンの砂漠地帯を進みます。持っていた水を落としてしまい、死を隣りに感じながら次のオアシスを目指して歩みます。末にたどり着いたオアシスの豊かさと人々の営みを見て感じたのは、環境によって生じる生活習慣の違いです。

次いで体験したのは極寒の崑崙山脈越えで、その後目にしたのは緑濃く色彩に溢れたインドの大地です。足を進めるごとに現れる環境の変化と過酷とも言える環境に生きる人々の生活を目の当たりにした玄奘の驚きは、そのまま生徒たちの驚きにもなりました。旅人として異文化と出会った後で、そこに根付いて生活している人々の現在の姿や生活を見ていきました。訪れては去ってゆく旅行者の視点だけでなく、私たちと同じように日常をその地で営んでいるという意識も、とても大切なものだからです。

7年生では他に13世紀イタリアから元（中国）に赴きフビライ=ハンのもとに仕え、中国各地を見聞したマルコポーロの東方見聞録、14世紀のアラブ人イブンバットゥータによるアフリカ、アラビア、ペルシア、インド、中国旅行記なども少し取り上げました。

余談になりますが、7、8年生の頃というのは自分の世界を広げていきたいという外に向かう気持ちと同様、自分が他者からどのように見えているのか？という意識も芽生えてきます。7年生の歴史で大航海時代を扱いますが、日本史としては大航海時代の一端として南蛮文化との出会いを取り上げます。１５６２年から35年間日本で布教に努め、長崎で生涯を終えたイエズス会の宣教師ルイス・フロイスは、自分が出会った当時の日本の社会を観察し、ヨーロッパ文化と比較して記録した『ヨーロッパ文化と日本文化』という本を残しています。衣食住や仕草などその記述は多岐にわたっていますが、歴史の授業の中で紹介しました。

ほんの一例を挙げると「われわれは全てのものを手を使って食べる。日本人は男も女も子どもの時から二本の棒を用いて食べる」「われわれはスープがなくとも結構食事をすることができる。日本人は汁がないと食事ができない」などです。子どもたちは「えー今はそんな風じゃないよ」「昔はそうだったの？」という時代の違いに対する驚きと、「それって他の国から見たら珍しいことなの？」「そんな風に書かれる程のことなの？」と日常あたりまえのこととして無意識にしていたことが、外国人から見れば特筆すべき奇異なことに映ることがあるという新たな視点を得て大いに盛り上がり、一部分の紹介のつもりが、休み時間に本の周りに人だかりができていたことを思い出しました。

授業を通して精神や魂の栄養を与える

さて、いよいよ9年生からは高等部、各教科専科の教員が授業を持つことになります。彼らはどのような姿をしているでしょうか。体は大きくなり、ほとんどの男子は私を見おろすほどに身長が伸び、女子も私と同じ位かそれより大きな生徒たちがほとんどです。８年劇という大きな共同作業を成し遂げた達成感と自信も助けになり、それ以前の周囲に対して感情に任せて反応したり、無意識の衝動で行動したりということはほとんどなくなってきます。

それでも気が散って苛立ったり、そのエネルギーを外にどのように出してよいかわからず、内にこもらせてしまったりすることがあります。まだ体は重く、一方でパワー、エネルギー、権力に魅了される年齢でもあります。地理でもこのパワー、エネルギーをテーマにした学びを進めていきます。また、より複雑な因果関係を明確に捉えることに目を向けていきます。

ここで扱うテーマとしてはプレートテクトニクス、火山、地震など大地の形成プロセスを取り上げ、世界の山脈分布と構造について見ていきます。この地球が今この瞬間も大きなエネルギーで形成され続けていることや大地の背骨である山脈を学ぶことは、理科の人間学で人間と様々な動物の骨格を学ぶのと同様、身体の重くなる思春期の生徒たちにとって重力克服の助けにもなるのです。地理というよりは地球の出来事を扱う地学というべきかもしれません。

私がこの地理の授業を受け持つようになって今年で５年目になります。山脈の構造について学ぶということは９年生のテーマとして示されていますが、どのようにして３週間の授業を組みたてていくかは教師の裁量に任されています。どんな授業もそうなのですが、最初は手探りで準備を始めるのですが、授業が始まって生徒たちとのやり取りが始まると、この年齢を生きる生徒たちにとって、知識としてだけでなく精神や魂の栄養を与えることが本当に必要なことなのだなあ、と実感します。

９年生の地理の授業はたいてい２学期前半に行なわれます。それは、この学びが９年生の大きなプロジェクトのひとつである農業実習とも大きく関わっているからです。農業実習は、毎年９月末から

11月前半の2週間、熊本県阿蘇山の南麓でシュタイナーが提唱したバイオダイナミック農法を実践しているぽっこわぱ耕文舎にお世話になっています。阿蘇山は現在も煙を上げ活動している活火山のひとつで、農場は外輪山と内輪山を望むカルデラの中に位置しており、実習の合間の休日を利用して火山の営みを目の当たりに感じる散策日を設けています。このため農業実習を控えた時期に授業を組んでいるのです。

私たちは日本に住んでいるので、地震が大地の活動の一端であるということは幼いころから体験を通して知っています。6年生の鉱物学の中でも鉱物がどのようにして大地の中で作られているのかということや、地理でも火山について触れられています。

ウェゲナーの大陸移動説

ドイツの気象学者アルフレッド・ウェゲナーは30歳のある日、大西洋の東西にある大陸の海岸線がよく似ていて、あたかもジグソーパズルのようにほぼぴったりとくっつくことに気づいたという話から9年生の地理の授業は始まります。気の早い生徒は早速地図帳に手を伸ばします。世界地図がパズルになる？ どの部分が重なっていたのだろうか？ 後で切り取って確かめるための白地図も渡しますが、地図を切り取る前に、どの部分が重なる可能性があるか想像して印をつけていきます。そして実際に切った地図を合わせていくのです。生徒たちにはすぐに地図を切り取って実際にあれこれと動かす前に、頭の中で地図を操作するという前段階を入れています。予測し確認するということを意識的にしていくためです。

ウェゲナーの最初の疑問には、「そうそう、自分もそう思ったことがある！」「考えたこともなかった」と反応が返ってきます。他にもあるだろうか？という投げかけをすると、世界地図を真剣に眺め「ペルシア湾のあたり」「紅海をなくしたらアフリカとアラビア半島がくっつく」「ニューギニア島の南の出っ張りと、オーストラリア大陸の北の引っ込んだところ」「タスマニア島はオーストラリアとくっついていたような気がする」などなど発見が加えられていきます。そのうちに「単純にではなく、回転もありですか？」となかなかひねりのきいたことを言ってくる生徒もいます。さて、実際に地図を切り取ってみると20近い可能性が見つけ出されていきます。

では、ウェゲナーはふとした思いつきをどのように実証していったのでしょうか。海岸線が似ているだけでは移動したことにはなりません。そこで、繋がりの証拠を探していった過程を紹介していきます。離れた南アメリカ、アフリカ両大陸から海を渡ることのできない恐竜「メソサウルス」の化石をはじめとする生物の痕跡、地質や古い気候、氷河の跡など、次々に繋がりを示す証拠を探していきます。一見繋がりの見えない別々のものを集めて積み上げることによって新たな世界像が浮かび上がってくる様子は、ワクワクするものです。その証拠のいくつかと3億年前の地球上の大陸の姿を、ウェゲナーの言葉とともにエポックノートに記していきます。

「今からおよそ3億年前の石炭紀の終わりころ、地球上には巨大なひとつの大陸〈パンゲア〉があった。パンゲアは北のユーラシア大陸との間にテーティス海という地中海をはさみ、南のゴンドワナ大陸とからなっていた。この巨大な大陸は約2億年前から引き裂かれ分裂していった。そして、ユーラシア、アフリカ、アメリカの大陸のみならずオーストラリア、インド、南極などに分かれていき、現在のような海陸分布になった」アルフレッド・ウェゲナー（1880〜1930）（図1）

しかし、動かないものの代表である大地が一体どのようにして動いたのかという原動力についての説明をウェゲナー自身が明確な根拠を持たなかったのと、専門外の地球物理学や地質学の分野に気象学者が介入したという感情的な反発によって、このウェゲナーの大陸移動説は受け入れられませんでした。

ウェゲナーを取り上げていつも改めて感じるのは、人間がその発見にどのように関わっているのかを伝えることの大切さです。全ての発見や発明は人間を通して行なわれています。その人があることを発見していくプロセスは、時に偶然であったかもしれませんが、それが確かなものになっていく段階には感動や心の躍動が必ずあったはずだからです。

どのようにしたらそういうものも一緒に伝えていくことができるか。これは高学年になっても授業を作っていく大切な要素のひとつだと思っています。ウェゲナーの大陸移動説はこの発想自体生徒たちを惹きつけますが、真摯に情熱を傾ける彼の人生もまた思春期の生徒、特に男子には魅力的に映るようで、毎回ウェゲナーのバイオグラフィーを聞いてきらりと瞳を輝かせる生徒に出会います。

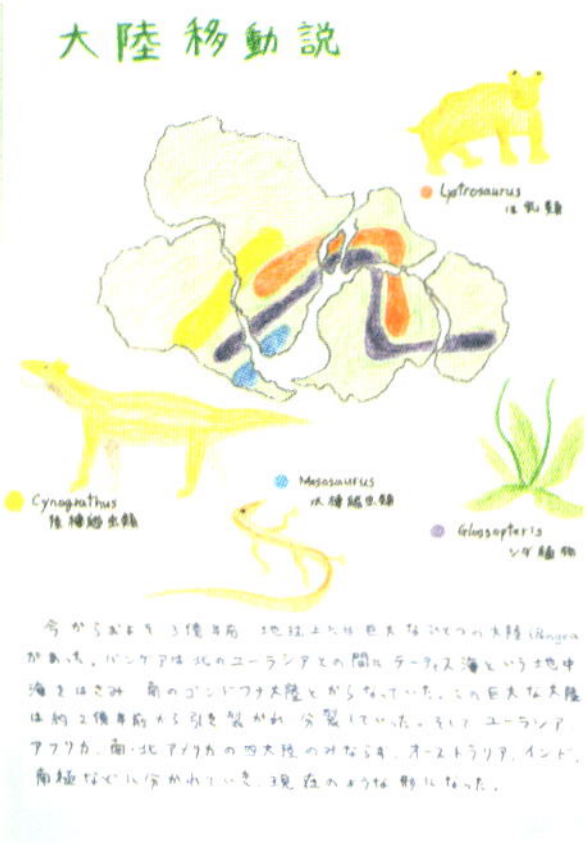

【図1】大陸移動説
～アルフレッド・ウェゲナー～

ウェゲナーは当初は天文学を志しましたが、机上でデータを計算する生活より、フィールドに出て自然と向き合う気象学に惹かれ、それを仕事にしていきます。そこから、気球による気流の計測や、グリーンランドの極地探検にも出かけて行きます。まさに自然の中に自らが分け入り検証していくという姿勢を生涯貫き通します。疑問を持ったら専門外であっても調べずにいられないウェゲナーの性格が、専門外の大陸移動説の研究にも向かっていきます。この研究に没入しながらも、ライフワークでもあったグリーンランド探検にも同様の情熱を傾けます。そして、50歳の誕生日、グリーンランドの探検中に心臓発作を起こしてこの世を去ります。

陸と海とプレートの考察

授業はこの後も大陸移動説がどのようにして社会で認められるようになったかの過程を追っていきます。それはそのまま、地球内部を解き明かす研究がどのように行なわれていったのかの歴史になるからです。

何億年もの昔に思いを馳せた後は、海の中の姿を捉えていきます。人が陸地のように海底にも様々な姿があるということに本格的に目を向け始めたのは、第2次世界大戦中から戦後の東西冷戦の時代からです。そして海底の様々な地形の発見は、大陸移動説の再認識につながっています。ここでは海水を取り除いてしまった場合の世界地図を一人ひとりに配布します。これは普段見ている世界地図とは全く異なる姿を見せてくれます。（図2）

この地図の中でひときわ目を引くのが、大洋の中央に延々と連なっている筋です。海底をぐるりと取り巻き、全長6万5000㎞にも及び、高さ3000mもある山が連なっている海嶺と呼ばれるものです。ここからは常に溶岩が流れ出て熱水が噴き出しています。実はこれが海底が新たに生まれている場所で、海嶺から遠くなる程海底の溶岩は古くなります。例えば大西洋の海底ではアメリカ大陸とアフリカ大陸に近い場所にある海底の地質が最も古く、2億年程前のものです。このようにしてアメリカ大陸とアフリカ大陸はもとはひとつにくっついていたものがある時から分かれ始め、その場所に海水が入り込んで海になっていったのでした。

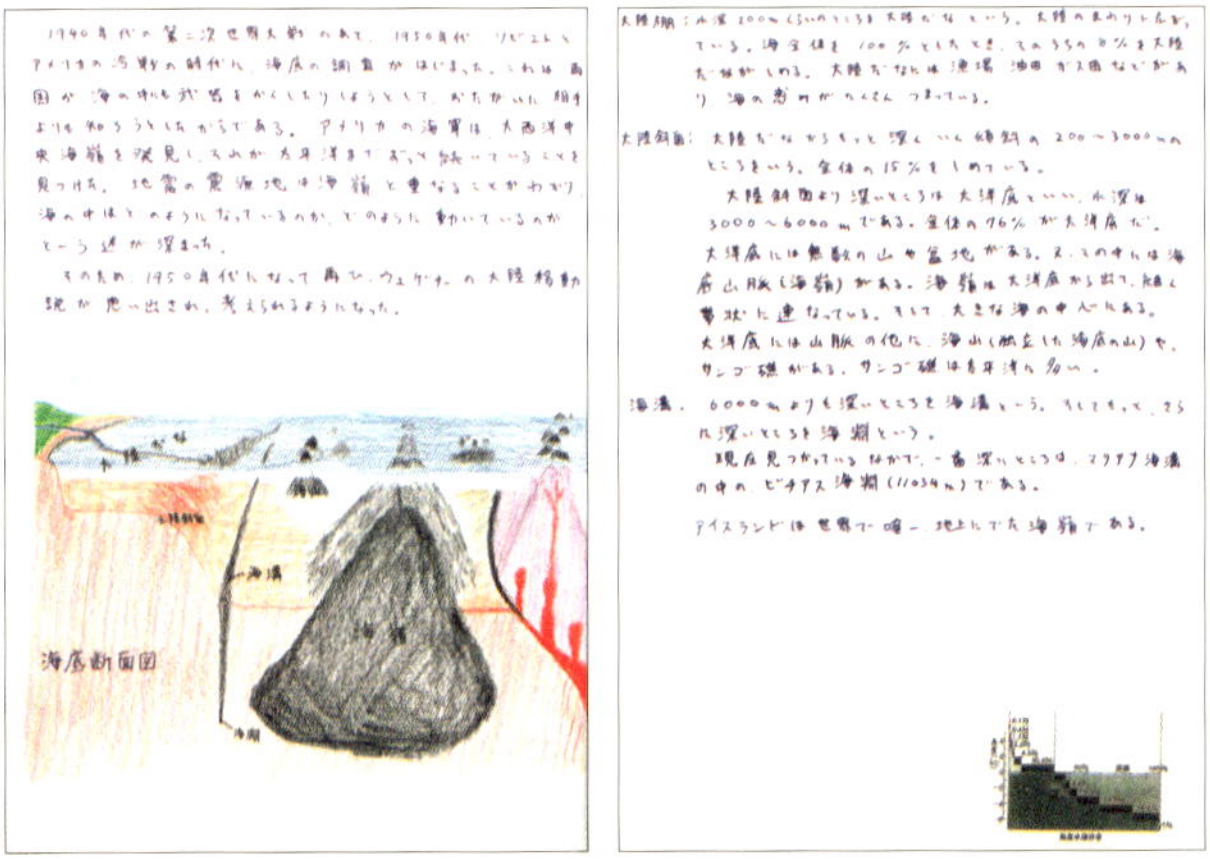
【図2】海底の姿

　海嶺の写真は光の届かない海底山脈の頂上で真赤な溶岩がじわじわと湧出している姿を写し出しています。それが一カ所ではなく連綿と続いている姿は神秘的としか言いようがありません。今この瞬間もその営みが行なわれていることにも思いを馳せるのでしょうか、しんと静けさが訪れ、実際に見てみたい……という声も聞こえます。

　地球の中で一カ所だけ、海嶺が地上に出ている場所があります、と言って写真を見せると、即座に「そこに行こう！」という反応も。しかしアイスランドというと遠いなぁ、でも見てみたいなぁと思いは彼方へ飛んでいきます。「でも先生、2億年より昔の海底はどこにいくの？」こんな質問は毎年出るわけで

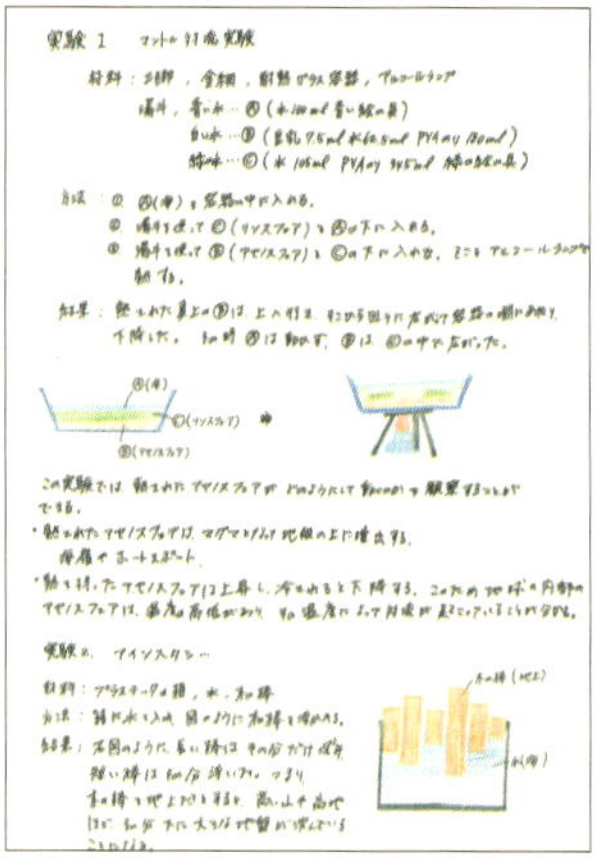

【図3】マントル対流・アイソスタシーモデル実験

はありませんが、時には疑問が出されます。

溶岩がどのように湧出し続けているのか。地球内部の姿を学び、マントル対流の仕組を示すモデル実験をここで行ないます。「対流」については7年生物理の「熱」のエポックで取り上げていますが、ここでは粘性のあるＰＶＡ糊の粘度を変え、それぞれの層を着色して角型の耐熱容器に入れ、アルコールランプで熱していきます。下部マントルが熱されて盛り上がって上部マントルおよび地殻を突き抜けて水面下で広がっていく様子と、拡がっていった下部マントルは陸地を模した木片プレートにあたると下に沈み込んでいく様子を観察していきます。この実験を通して、地球内部の対流によるプレートの生成とプレート同士がぶつかって消失していく様子を見ることができます。（図３）

続けて、陸のプレートと海のプレートの厚さが違うことを示す実験を行ないます。プラスチックの水槽に太さは同じだけれども長さの違う複数の角材を縦に浮かべて観察します。木片は地殻、水はマントルと見立てます。するとどうなるでしょう？

水の中に沈んでいる部分も上に出ている部分も凸凹になります。高い山岳地帯の下は地殻が厚く、大洋底のような場所は地殻が浅いことを示しています。ですから、プレート同士がぶつかった場合に、比較的薄い海洋プレートの方が大陸プレートの下に沈み込んでいくことになるのです。このふたつはとても単純な実験ですが、地殻の仕組と生成を示すわかりやすいものです。

海嶺から生み出されたばかりの溶岩は１３００度もの高温でドロドロとしていて、その中に含まれている磁鉄鉱などの鉱物はこの状態では磁気を帯びていません。しかしだんだんと冷やされ磁性を帯びる点をキュリー点と言いますが、鉄のそれは７７０度です。その時の鉱物の磁気の方向は地球の磁場の方向と一致します。これは一度冷やされると、再びキュリー点を越えることがなければそのままになります。残留地磁気と言いますが、この方向をたどっていくと、どのようにしてプレートが動いているかがわかるのです。さらに興味深いことに、地磁気は数十万年に1回の割合で逆転、つまり正逆が入れ替わっていることまでわかりました。

ここから地球の表面は十数枚のプレートが互いにくっつきあってできていることと、一方でプレートが生まれ一方で沈み込んでいくことを、今度は各プレートに分割された世界地図で紹介します。プレートの境がまだ未確定で推測の部分があるためあやふやな言い方なのですが、この授業の中では、「まだ確実にわかっておらず、今はこの考え方が有力です」「その場所をまだ実際に目にした人はいません」という言葉を繰り返します。

農業実習との相互連環

私たちは海の最も深い場所の深さを計測することができても、その場所に降りていってその場所の姿を見ることはできません。地球の内部についてもどのような姿になっているか様々なデータからかなり詳細に推測することはできるようになりましたが、人間が機械を使っても掘ることができるのは

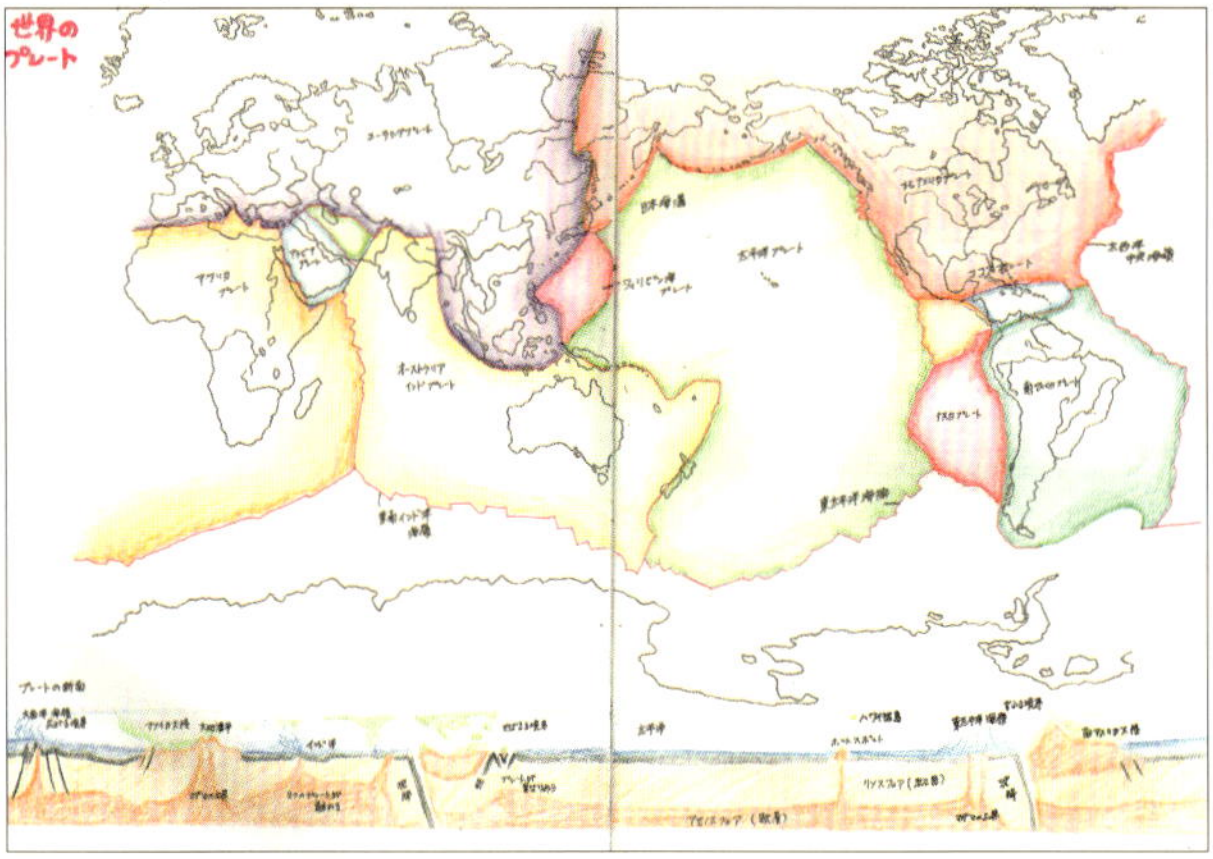

【図4】世界のプレート

十数kmが限界です。現代に生きる私たちは、宇宙にまで到達し、科学技術が発展した今、ともすれば地球上にあるものは見尽くされていると思いがちです。しかしまだまだそうでない世界があるということは、彼らにとって新鮮な発見であるようです。このことは自分がそれを明らかにすることのできる可能性や、知りたいという欲求を触発します。同時に、まだ触れることの許されない場所もあるのだとその場所を神聖視する生徒もいました。そのどちらの思いも、一人の人の中に持っていて欲しいものです。

次に3枚の地図を渡します。世界の地震（深発地震と浅発地震）と火山の分布図で、ここからそれぞれどの地域でこれが起きているかを探します。このプレート境界には浅発地震が多く、加えて沈み込みプレートの側には火山と深発地震が多いのも特徴です。日本は4枚のプレートの境目にあるので、3つの全てが当てはまります。ほとんど例外なく誰もがまず日本の周辺がどの地図も赤く染まっているのを確認してざわめきますが、「動き続けていればそれは当たり前だね」と冷静に受け止め、地震が起こる仕組と、何故沈みこみ帯に火山が多いのかについて話を進めていきます。これは、日本列島の生い立ちと骨格である山脈の生成を考えることにもつながります。（図4）

地震の仕組については先ほどの対流実験を振り返り、プレートの境界面でどのようなことが起きると地震が発生するのか、さらにはこの地震によって起こる揺れの伝わり方によって地球の内部構造が明らかになったことも紹介します。（図5）

沈み込み帯でどのようにマグマが発生して火山を作り出しているのか、噴火の仕方によってできる火山の形の違いについても話します。重曹、酢、水と片栗粉を使っての噴火の実験をし、食用油と食用油凝固剤と色砂を使用した成層火山を作製します。成層火山の作製は生徒たちも参加できるようにすることが今後の課題ですが、やけどをせずかつ油が固まらない温度を保っておくのが大変なため、もう少し試行錯誤が必要です。

この実験の後、農業実習で訪れる阿蘇山の成り立ちについて学んでいきます。幾度もの大規模噴火は九州のみならず、四国、中国地方の生成にも影響を与えていることや、大カルデラがどのようにできたのか、火山は温泉という恵みだけでなく阿蘇の豊かな湧水地帯を生み出し、それはカルデラ内だけでなく離れた熊本市内にまで澄んだ水を送っていることにも触れていきます。「世界最大級のカルデラ」と授業で伝えていても実際目にしてその中に入っていくまではなかなか実感できませんが、内輪山とカルデラを一望する外輪山の大観峰に立つと、過去の阿蘇山の噴火がどれほど大きなものだったのか誰もが驚きます。直径24㎞を吹き飛ばす程の噴火を見ることはできなくても、見えているカルデラ内がもとは全て山でそれが吹き

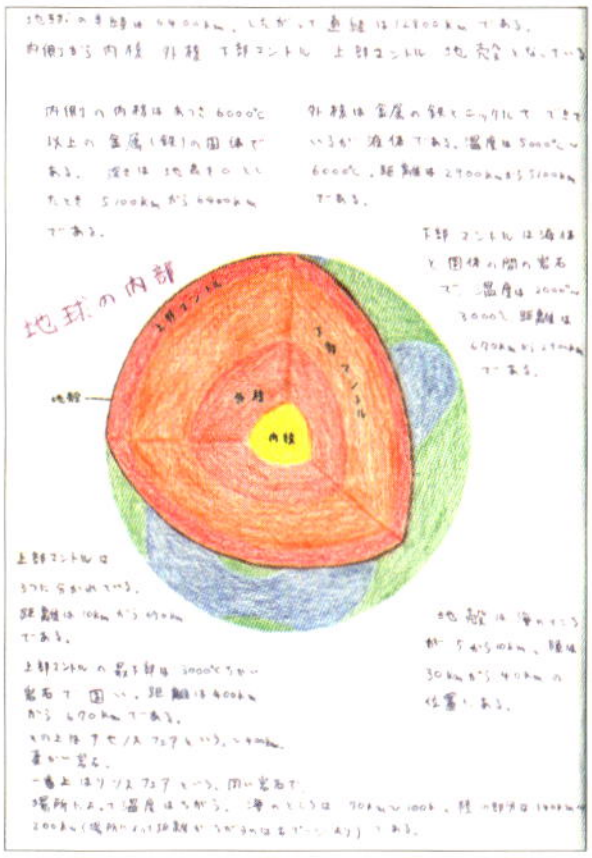

【図5】地球の内部構造

飛ぶ規模の噴火を想像するからです。

ほとんど毎回ここまでで3週間が過ぎてしまうのですが、「プレートの上に陸が乗っていた場合それはどうなるのだろう?」という問いが出されることがあります。そこでヒマラヤ山脈やアルプス山脈、アンデス山脈の生成について触れられたらと考えながら、一番最初の年にヒマラヤの形成について紹介できただけの状態です。

自ら考えを組み立てる力

ご紹介しましたように、9年生以降の授業では教師の語りだけでなく写真や図版などの資料もたくさん準備します。これまでのようにいきいきとした語りの中からその像を浮かび上がらせるだけでなく、資料を組み合わせて自分たちで考えを組み立てていくことや、資料から何を読み取っていくのかということにも目を向けていくからです。この授業では世界地図上に示された様々なデータを扱い読み解いていきます。そして3週間の授業が終わる頃には複数の資料を使って構築や分析をすることに慣れていき、楽しみを見出す生徒もいます。写真1枚からどれだけ多くの情報を読み取っていくかというのも練習です。ぱっと訴えかけてくるものだけでなく、資料として写真から何を読み取っていくかということも大切にしたいと思っています。

この授業を通して地球の内部で起きている活動が全て関わりを持っていることや、そこで起きている現象が目に見えない内部の世界を探る手がかりになっていることを感じている姿を見ると、彼らが自ら考えることの楽しみを知る入口に立ったのだなと感じます。

この続きは10年生の地球環境へと引き継がれ、岩石の組成や気流、海流の学びへと発展していきます。

第十章　12年までの算数・数学

数学専科
増渕 智

青森県十和田市出身。北海道教育大学卒業後、英国エマソンカレッジで教員養成基礎・教育コース修了。1995 年より東京シュタイナーシューレでクラス担任を務め、2005 年から 2011 年 3 月まで NPO 法人藤野シュタイナー高等学園の教員代表を務める。2012 年度 10 年クラスアドバイザー、および高等部の数学を担当。

私は東京シュタイナーシューレ時代にクラス担任をし、当時のシューレの事情もあって8年生ではなく、9年生までクラスを持ち上がりました。その後、シュタイナー学園と藤野シュタイナー高等学園では数学と物理を担当するようになりました。

ここでは、シュタイナー学校におけるカリキュラムを土台としつつ、私が行なった算数、数学の授業がどのような流れを持っているのかをご紹介させていただきます。ただし、全体の一部の紹介であることをご了承下さい。

1〜3年生の授業

1年生の最初の授業はフォルメン線描から始まります。体を使った動きを導入として体験した後に、実際にエポックノートに描きます。しかし時には、たとえば渦巻を、クラス全体で動いたり、一人ひとり足で床になぞったり、鼻の先で空中に描いたり、と様々に渦巻の動き（図1）を体験してからノートに描いたりもします。何も知らない人が、鼻で渦巻を描いている子どもたちを見たら、きっとトンボがくるくると頭を動かしているように見えるでしょう。このように低学年で体験したフォルメン線描は、12年生で扱う曲線の授業に再び登場しますが、詳しくは後でご紹介します。

さて、1年生の算数では四則演算を導入しますが、特徴的なのは式を

$4 + 2 = 6$

と部分からではなく

6＝4＋2

と全体から表すことでしょう。このようにすると、

6＝1＋5

6＝2＋4

6＝3＋3

6＝2＋2＋2

……

というように、いくつもの可能性が広がっていきます。たった一つの答えを見つける、という発想ではなく、「あ、こんな答えもある」「あ、こんな式でも書ける」と宝探しでもするように、見つける喜びと共に学んでいくことができます。もちろん、この表記の仕方がずっと続くわけではなく、ある段階からは

4＋2＝6

という表記の仕方も学んでいきます。ここで大切なのは、方法論そのものよりも、その背景にある視点のように思われます。部分からではなく全体から始まる、というとらえ方は5、6年生から学ぶ幾何学にも見られますし、そもそもどの教科においてもシュタイナー教育ではキーワードのように度々登場します。

2年生になると、演算をさらに進めます。たとえばかけ算の学びでは九九を覚える、ということもしますが、それ以前にかけ算の持つ不思議さ、あるいは数の世界の持つ美しさに触れさせます。たと

【図1】フォルメン「渦巻」
1年生エポックノートより

えば川の向こう岸に渡ろうとしたリスとウサギがそれぞれ石を渡っていく、とします。石は全部で30個あります。リスは石を2つごと、ウサギは石を3つごとに渡っていきました。すると、リスの渡った石は

2、4、6、8、…番目

となり、ウサギの渡った石は

3、6、9、12、…番目

となります。

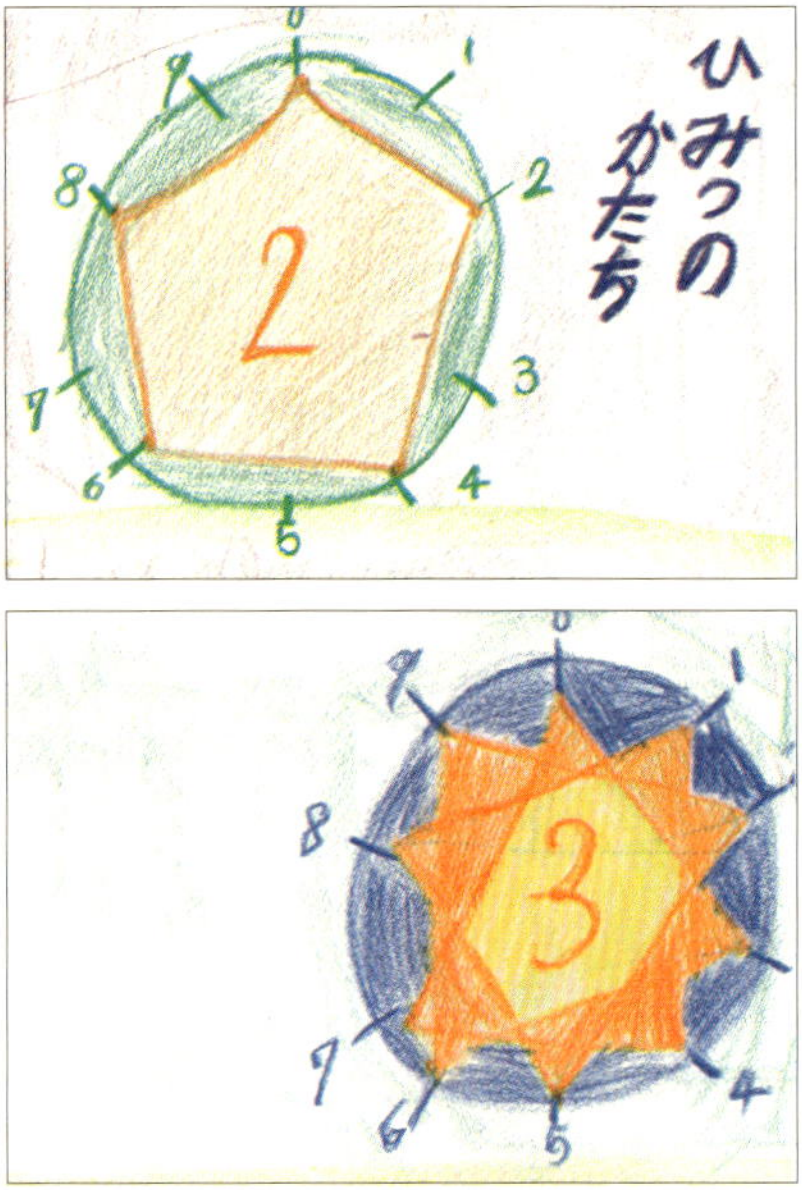

【図2】かけ算の九九の星
2年生エポックノートより

このような話をした日には、実際に子どもたちに紙で作った石の上を飛ばせたり、絵に描くところでとどめておきます。

翌日は、0番から9番まで10個の石を円の上に並べかえて、その上を移動することにします。スタートを「0」番とし、1、2、3、……9まで来たら、10番目はまた「0」を使います。同様に11は「1」を、12は「2」を使う、という具合です。すると、リスの場合とウサギの場合、この円内にできる図形が異なります（図2）。そして、これが2つごと、3つごと、と同じように、4つごと、5つごと……と飛んだとしたら、どのような形が現れるのかを1日に1つずつ進んでいきます。すると、日が進むにつれて子どもたちは、「2つごとは同じ場所にしか行かないね」「3つごとは星みたいだよ」というように色々な発見をし、興奮して話してくれます。

【図3】位取り「ねずみの宿屋」
3年生エポックノートより

このようにかけ算の九九を図形を通して見ていくと、九九を覚えるだけでは気づかないような数の美しさや不思議さに触れることになります。そして、子どもたちはそれを求めています。「世界って美しいな」「不思議なことがいっぱいあるんだな」「発見するのって楽しいな」ということを体験を通して感じていきます。

2年生の後半から3年生の前半にかけては、位取りや筆算を学びます。位取りの導入として私はねずみのすもう大会の話をしました。すもう大会のために全国から集まったねずみたちが宿屋へやってきます。一屋さんには9部屋あり、1部屋には1匹泊まれますから9匹までは大丈夫です。しかし、10匹目が来ると泊まれません。そこで隣の十屋さんを紹介されます。十屋さんにもやはり9部屋あるのですが、1部屋に10匹泊まれるのです。そこで、10匹そろって十屋さんに泊まることにしました（図3）。どんどん全国から集まったねずみは一屋さんと十屋さんを合わせて99匹までは泊まれますが、100匹目がやってくると泊まれません。そこで今度は……、そう、百屋さんを紹介されます。このようにして話が千屋さん、万屋さんまで来ると想像力豊かな子どもたちは「ギャー！」とねずみの大群を思い浮かべてしまったのです。

このように位取りの仕組みを具体的に宿屋を例にして、一屋（1の位）、十屋（10の位）、百屋（100の位）で満室になっている部屋数を表記させる、という抽象化へと向かわせます。そして、位取りをおさえた後には加減乗除の筆算へと移行します。一度、イメージを伴った具体的な導入をしておくと、後になってわからない、と悩んでいる子に対し、「あの時、ねずみさんの話をしたよね。それで宿屋さんに……」と思い出させることができます。つまり、位取りの意味を再確認させるための手助けとなり得ます。

4〜6年生の授業

4年生では分数や小数を中心に学びます。分数の学びでは全体としての「1」を部分に分ける、ということからスタートします。古代エジプトにおいては単位分数を主に扱っていました。単位分数とは$\frac{1}{2}$、$\frac{1}{3}$、$\frac{1}{4}$のように、全体としての1を2、3、4の部分に分けてできる分数です（ただし、例外的に$\frac{2}{3}$は使われていたようです）。ですから古代エジプトでは、たとえば2個のパンを5人で分けるという場合、まず1個のパンを3等分しました。これで6片のパンができますので、それを5人に分けます。1人あたり$\frac{1}{3}$個のパンがもらえます。しかし、まだあと1片（$\frac{1}{3}$個）のパンが余っています。これをさらに5等分すると、1つは$\frac{1}{15}$個分のパンとなります。結果として1人あたりもらえるパンの量は

$$1/3 + 1/15$$

ということになります（図4）。

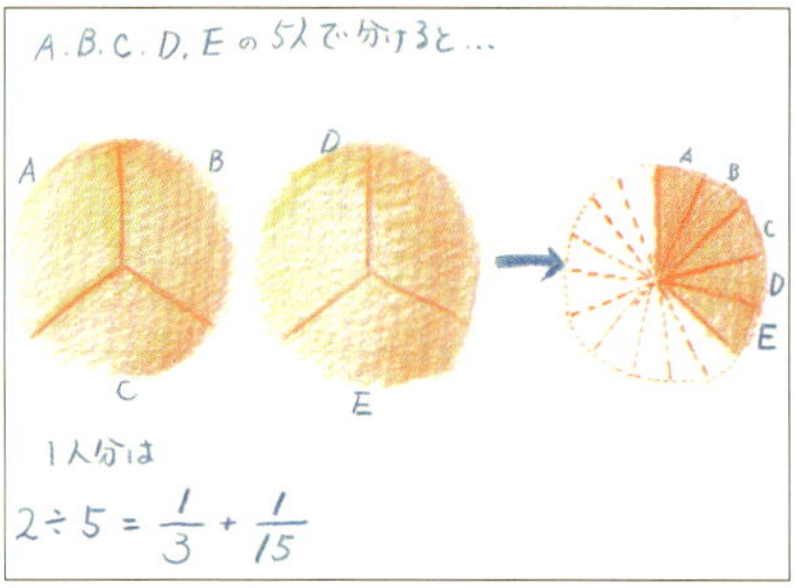

【図4】エジプトの単位分数

この分数のとらえ方が象徴的に語られているのが「ホルスの目」の話で

す。それはこんな話です。

エジプトの農業神オシリスは、その弟セトにだまされて殺されてしまった。オシリスの息子でハヤブサの頭を持つホルスは父の敵を討つためにセトに戦いを挑むが、返り討ちにあい、目を奪われバラバラにされた。しかし、知恵の神トトがホルスの目を$\frac{1}{2}$、$\frac{1}{4}$、$\frac{1}{8}$……と拾い集め、最後には元通りになった。

このお話では「全体を部分に分ける」ことと「部分を集めると全体になる」という分数の持つ基本的な意味が、鮮やかなイメージを伴って語られています。実際に、この「ホルスの目分数」の図は当時紙の代わりに使われたパピルスにも描かれているそうです（図5）。

【図5】ホルスの目

このようなお話を語って分数の導入とした後は、実際に何かを分ける作業に入っていきました。私のクラスには、その週にお誕生日の子がいましたので、お祝いのための丸いケーキを用意し、それを12等分に分ける、ということをしました。そしてその翌日には、「もし1つのケーキを2等分や3等分……にしたら、1人あたりのケーキの大きさはどのように変わるだろうか」と問いつつ、実際に数枚の丸い紙に色をぬって2等分、3等分、4等分、6等分、8等分、12等分のケーキのピースを作りました。それぞれに別の色をぬって区別し、ケーキのパズルにしたのです。

さらにその翌日、今度は作ったケーキのパズルを組み合わせて元の「1」つの大きさのケーキを作る、ということに取り組みました。すると、

$1 = 1/2 + 1/2$

$1 = 1/2 + 1/3 + 1/6$

$1 = 1/2 + 1/4 + 1/4$

……

というように、その組み合わせはいくつも出てきます。子どもたちは本当にこの時は集中し、約1時間の間シーンとしてパズルの組み合わせに熱中しました。中には26通りもの組み合わせを見つけた子もいました。

このように、まず体験を通して学ぶと、そこから通分や約分という概念に移行していく際にも比較的容易となります。なぜなら彼らはこのパズル遊びを通して

$1/4 + 1/8 + 1/8 = 1/2$

$1/6 + 1/6 = 1/3$

というようなことが成り立つことを経験則として気づいているからです。

5年生ではフリーハンドによる幾何を学びます。たとえば円を出発点とし、その中に直径を基準として長方形を描きます。それを変容させることにより正方形やひし形、平行四辺形を作図します。様々な四角形の概念を学びつつ、それらの相異点や共通点にも注目させます。また、角や辺、点、あるいは円における弦と弧など、幾何を学ぶうえでの基本となる用語とその概念についても学びます。

一方、計算練習としては、4年生で学んだ分数や小数の四則演算をある程度自由にできるようになることが、この時期望まれます。これは6年生までかけてさらに進められます。

６年生になると、フリーハンドではなく定規とコンパスを使っての幾何学に取り組みます。この時期になると、子どもたちは体育の授業で走り幅跳びや50メートル走をする際、記録をとりたがります。自分の力を客観的にとらえたい、という欲求が出てきます。その様子と呼応するように、図形の学びにおいても客観性と正確さを大切にしつつ、作図をさせます。はじめは定規を使って直線を描く練習から入りますが、ある規則性を持って直線をずらしていくと、それらの重なりは曲線を描きます（図６）。

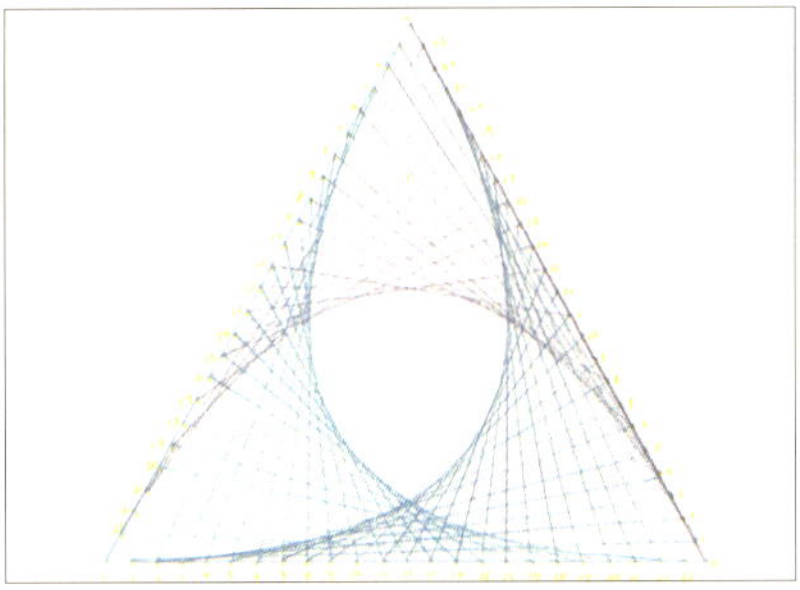

【図６】幾何図形 ６年生エポックノートより

１年生のフォルメンのはじまりは直線と曲線を描くことだったのですが、６年生で再びそれらと出合うことになります。ただし、ここでは作図を体験しつつ、直線と曲線の質を感じることが主です。さらに、これらを定義も含め初等幾何学として意識的にとらえるのは、11年生以降の課題となります。そこでは点、直線、平面の定義やそれぞれの双対性※についても学びます。

※双対性：２点があると、それらを通る直線がただ１つ存在する。２直線があると、それらの交点はただ１つ存在する。点と直線を入れ替えても成り立つ性質のことを「点と線の双対性」という。

さて話を６年生の幾何学に戻しましょう。直線によって曲線を描く練習の後は、コンパスを使って円を描く練習になります。ここでは円をその半径で分割することにより、正六角形や正三角形を作図することができます。また垂直二等分線を作図することにより、正十二角形、正二十四角形……を作図することもできます。これらの幾何図形を様々に彩色して美しく仕上げたり、場合によっては板に釘を打って糸をかけ、一つの作品にすることもできます（図７）。ここには２年生の時に行なったかけ算の九九の星が、

【図7】糸かけ作品による幾何図形

ある変容を遂げた形で現れています。

このように、5、6年生で学ぶ幾何では、円を描くことから始まり、そこに内在している様々な図形を変容の中の一つととらえて作図します。そこには多くの可能性を含んだ全体としての「円」という視点が見てとれるかと思います。

6年生で学ぶ特徴的な内容としては、他に利息計算が挙げられます。これは百分率や比率の勉強の発展的な内容として扱います。ここでは銀行が担っている社会的な役割に簡単に触れながら、単利計算の仕方を学びます。元金（G）と利率のパーセント（P）、そして期間（K）を使えば、利息（R）は

$$R = G \times P/100 \times K$$

で表すことができます。今までは具体的な数値やことばで表記していた式を、アルファベットを使って一般化して式で表すことができます。これは代数の学びのスタートとなります。7年生以降に扱う方程式を学ぶ前に、その基本となる考え方をここでおさえておきます。

6年生でこの利息計算を扱うことの別の意味は、子どもたちの内的な育ちに合わせていることがあります。この時期の子どもたちは、世の中のことをもっと理解したい、なんとなくではなく、はっきりとした客観性を持って知りたい、という欲求が出てきますが、これは前述した体育における彼らの様子とも重なります。銀行の仕組みや、利息とは何か、ということを理解することは彼らの内的な欲求に答える一つの手立てでもあります。

しかし、シュタイナーも述べているように、利息の学びは、思春期に入ってしまうと自分中心の利己主義を刺激しかねません。そうなる前に、彼らの持っている興味、関心を健全なあり方で学びにつなげる必要があるのです。

7、8年生の授業

7年生では正負の数や1次方程式などを学びます。トランプの黒札をプラス、赤札をマイナスとしてゲームをしたりします。たとえばババぬきをする際には、赤札（マイナス点）をもらう（加える）と、持ち札の合計点は減り、赤札（マイナス点）を取られる（引く）と合計点は増えます。もし持ち点が20点で−5点の札を取られた場合

$$20-(-5)=25$$

という式が成り立ちます。

数をプラスとマイナスに分けるためには、基準としての「0」が必要になります。ダムであれば水位の基準である「0」を設定し、そこから増えれば+3メートル、減ったら−2メートルと記録することができます。プラス、マイナスという概念を実感を持ってとらえるためには、全体を見渡し、「ここを基準ととらえよう」という目覚めた意識が必要となります。前述したように、思春期の彼らはとかく自己中心的になりがちですが、狭い視点ではなく、広い視野に立って物事を見ることへのうながしになって欲しい、と思いながらこの授業をした覚えがあります。

【図8】ナスカの地上絵

7年生から8年生にかけては、図形の合同と相似、黄金比や立体といった幾何の学びも大切です。7年生では歴史の授業でルネッサンスを扱いますが、それと関連して遠近画法も練習します。そこには合同と相似が登場します。たとえば白黒交互に並んだタイルの床を真上から見るとそれらは全て同じ形、つまり合同の図形でしょう。しかし、遠近法では消失点に向かい、これらの図形は同じ形をとりつつも大きさが変化していきます。つまり相似図形がいたるところに見られます。

相似図形に関しては昨年9年生のクラスでナスカの地上絵に挑戦しました。まずA3の紙に原画であるシャチを描き、基準となる点Pと絵の要所に1～147番の点を打ちます。そして、点Pから各点までの距離を記録します。これをもとに、次には模造紙4枚分に原画を拡大します。さらに、模造紙をもとにして、校庭に147本の竹の割ばし（杭のかわり）を打ち、それらを溝で結ぶと巨大な地上絵（といっても30メートル×50メートルくらいですが）ができます（図8）。この授業は7、8年時の授業の復習と応用のために行なったものですが、普段は「数学いやだー」とブツブツ言っていた子でも、この時ばかりは嬉々として校庭で作業を行なっていました。

先に挙げた内容の中には、他に黄金比と立体がありました。これらをこの時期に扱う意図には思春期の子どもの体の成長と関連があります。体のあちこちに現れる変化について、彼らは必ずしも居心地が良いとは感じていない場合もあるでしょう。そんな時期に黄金比の授業はぴったりです。

1：1.6181という黄金比は植物や美しい貝殻、また素晴らしい芸術作品の中に見られます。実は、この黄金比は人体のあらゆる部分に見ることができます。レオナルド・ダ・ヴィンチはこのことに注目し、人体図の中に黄金比が現れる部分に区切り目の線をつけています（図9）。それを見ると、たとえば肩幅：腕の長さや、左腕の長さ：左肩から右手の先などが1：1.6181となっていることがわかります。

これらのことを調べるために、黄金比定規と呼ばれるものを生徒と一緒に作りました。ハサミのような形をしたこの定規を使うと、簡単にどことどこが黄金比になっているのかを調べることができます。彼らは2人一組になって片方の人をモデルにし、もう片方の人が遠目から画家が鉛筆で風景画の比を確かめるように、定規を使ってモデルの体の中に黄金比があるかどうかを調べました。すると「あ、本当に黄金比になっている」と驚きの表情を見せたり「ちょっと足りないんじゃない？」と言って笑ったりしながら、自分たちの変化しつつある身体に今までとは違った目を向け始めます。

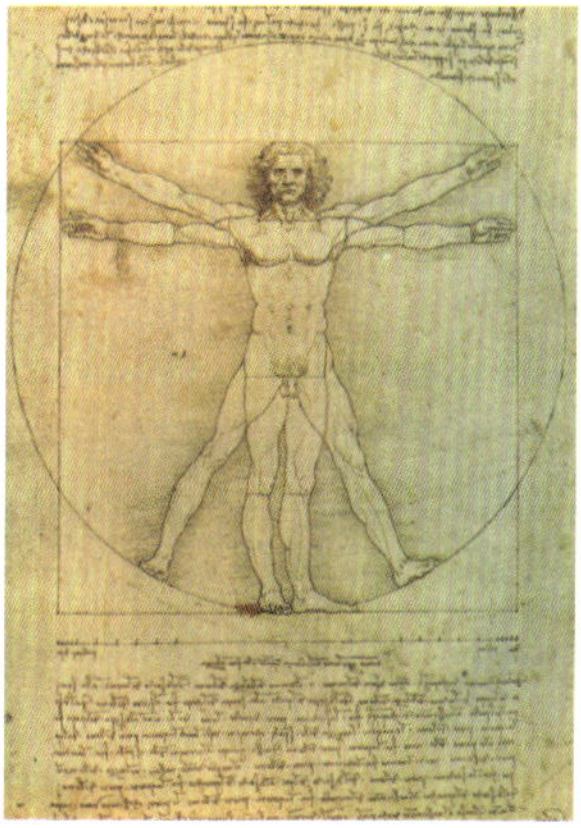
【図9】ダ・ヴィンチの人体図

私がこの時期に黄金比の授業を行なったのは、成長し変化しつつある身体は恒常的に不快や不安をもたらすものではなく、美しさへと向かう途上にあり、変容の最中であるということに気づいて欲しい、という願いがあったからです。黄金比の授業は海外の実践例にもあるのですが、そこでは9年生での例でした。私はあえて人体の学びやルネッサンスでのダ・ヴィンチの業績とつなげる意味あいを含め8年で行ないました。

一方、立体も同じような時期に扱います。この頃の男子の中には、毎日家で腕立て伏せをしたり腹筋運動をしたりして、体を鍛えることに熱中しだす子が出てきます。実際彼らの体つきは徐々に逞しくなり、体に厚みが出てき始めます。力こぶを自慢げに見せたりする子さえいます。物理ではてこの原理や浮力の原理といった力学を学びますが、力と物体、というものに目が向いてくるこの時期に、数学では立体を扱うのです。

立体の授業では粘土で正多面体を作ったり、それらの展開図を作り、組み立てる、というように、なるべく体験を通して学習を進めていきます。それは2次元ではなく3次元のものをイメージする、ということがなかなか容易ではない、ということが理由の一つとして挙げられます。実際立体の断面などは、本当に切ってみた方がわかりやすいので、私はよく大根を包丁で切って立方体を作らせ、断面の学びに入っていきます。そして、立体が切断されると、残った立体の頂点（C）、面（M）、辺（H）の数はそれぞれ変化していきますが、それらにどんな関係があるのか、気づいたことを小さなことでもいいので挙げさせていきます。すると、次のような発見にたどりつくことがあります。

（面の数）＋（頂点の数）－２＝（辺の数）

M＋C－2＝H

これはオイラーの多面体の公式と呼ばれるものですが、生徒自らその発見にたどりつく時、彼らの目はキラキラと輝きます。

9〜12年生の授業

９年生では因数分解や確率、２次関数などを学びますが、他の中学ではあまり扱わないであろう円錐曲線も取り上げます。円錐曲線とは円錐の切断面として現れる曲線のことで、切断面と円錐の中心軸とが成す角度によって円、楕円、放物線、双曲線の４種類に分けられます（図10）。

この授業を９年生で行なう意味は、他の教科との関連において見られます。この学年では理科で人間と動物について学びます。４年生でも人間学と動物学を学びますが、９年生の授業は、そこからさらに発展したものとなります。ここでは主に骨格を観察し、それぞれの生態の特徴を客観的に理解することが求められます。

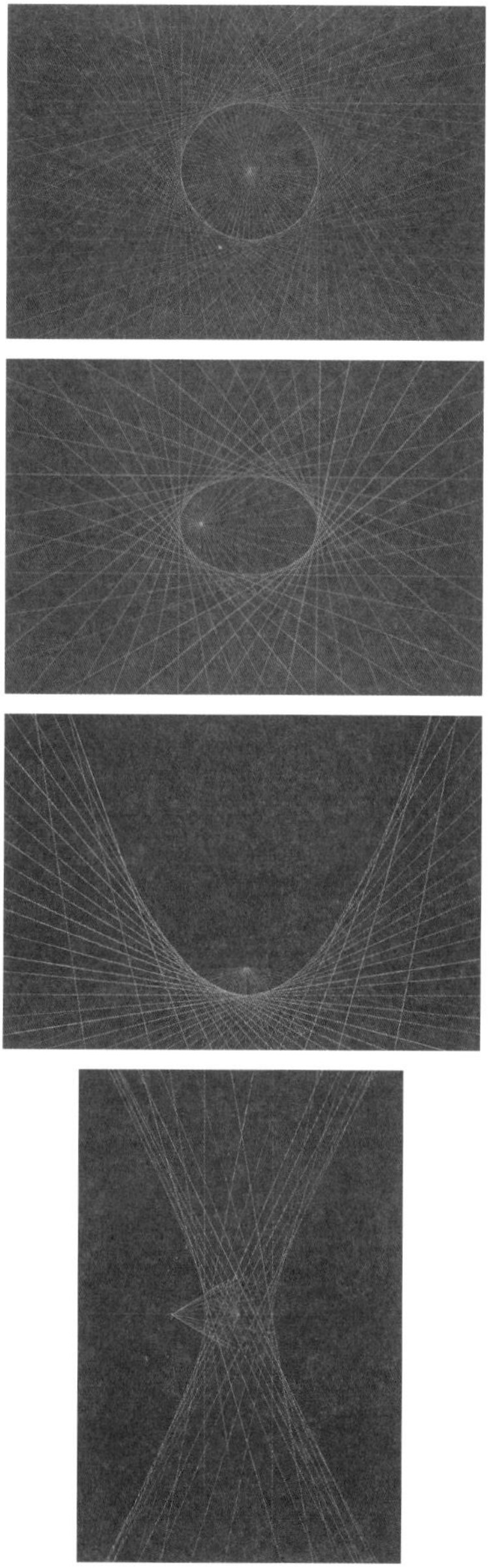

円 - 頭部

楕円 - 胸部

放物線 - 骨盤

双曲線 - 大腿骨

【図 10】円錐曲線

人間の骨格に目を向けてみましょう。頭部から胸部、骨盤、四肢と上から下にいくに従って、その形状は内に閉じたものから徐々に外に開かれた状態になっていることに気が付きます。それらの形状は上述した円錐曲線の形とも重なります。頭部と円、胸部と楕円、骨盤と放物線、そして大腿骨と双曲線という具合にです。

しかし、四肢（たとえば大腿骨）がどうして外に開かれたもの、ととらえられるのでしょうか。それはこれら曲線と焦点との位置関係に注目することにより、明らかになります。円や楕円はその焦点を内側に持っています。しかし、放物線では、楕円の場合には2つあった焦点のうちの1つは内側に持ちつつ、もう1つは無限の彼方に持つことになります。そして双曲線に到っては、2つの焦点は双曲線の外側に登場します。内側にあったものが外側に姿を現す、という変容をたどるのです。

このような関連性について、この時点では事細かに生徒には説明しません。あくまでも教師として立つ私が、そのような意識を持って授業をしているということです。しかし、その意識を持つことはとても重要です。

一見つながりを持たないような二つの事柄が、ある共通項によって一つにつながった場合、いったい何が起きるでしょうか。それはひと言でいえば「感動」ではないかと、私は思います。何かを発見した時に湧き上がる感情です。生き生きとした血の通った思考は、この感動から生まれます。

9年生以降の数学の授業において私が目指しているテーマの一つは、いかにこの感動を生徒が味わい、そこから生きた思考につなげるか、ということにあります。その経験は、卒業後の人生において も何かを決断し、行動する際の助けとなると、私は信じています。心を動かして感じ、頭を使って考えることが一つにつながったうえで決断し行為する、つまり意志、感情、思考の調和がもたらされるのです。

さて、シュタイナー教育は12年一貫のカリキュラムを土台としてその実践が各学校で行なわれています。10年生ではどんな学びをするのでしょう。

10年生での特徴的な学びに三角比があります。サイン、コサイン、タンジェントという用語が出てくるので抽象的に感じられますが、内容としては8年生で学ぶピタゴラスの定理や相似図形の応用です。エポックの前半では教室内での学びが中心ですが、後半は定理を応用して実践に生かすため測量実習をします。

昨年は学園の校庭でこの実習をしたのですが、まず校庭周辺の10カ所に、ポイントとなる半径約1センチの赤い円盤を杭で打ちつけます。そして校庭の真ん中あたりに基準となるポイントを打ち、その真上に測量機材をおいて周辺のポイント間と基準点の成す角度を測定していきます。この機材の扱い方は専門の方にお願いしてご指導していただきました。

その後測量したデータを表にし、余弦定理を使って未測量部分の距離を算出し、図面に起こします。この図面はトレーシングペーパーに製図するのですが、あらかじめ用意しておいた校庭の縮尺図に重ねるとデータと製図が正確であれば、ポイントを打った場所はぴったりと重なります。

測量は三角比の応用として扱いはしますが、しかし他教科とのつながりもあります。それは社会科で、10年のテーマの一つである古代史です。古代エジプトではナイル川の氾濫により、しばしば土地の区画があいまいになりました。そのため土地を測りなおすために測量技術が発達しました。幾何学

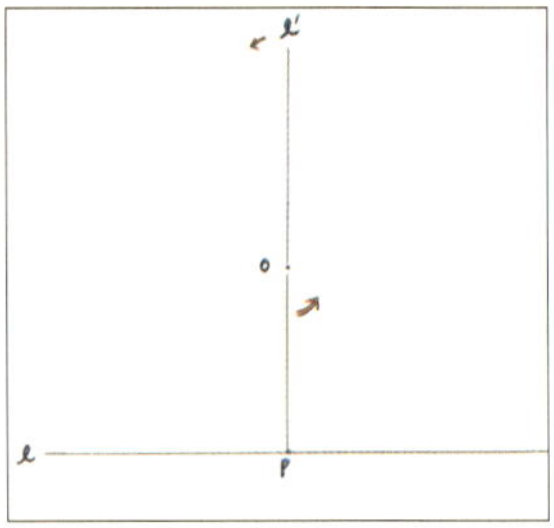

【図11】

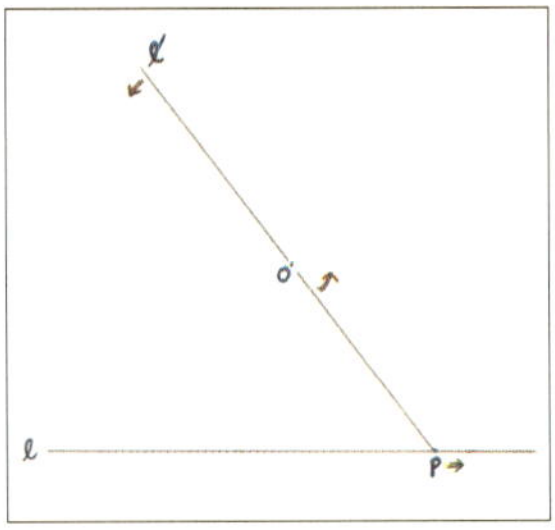

【図12】

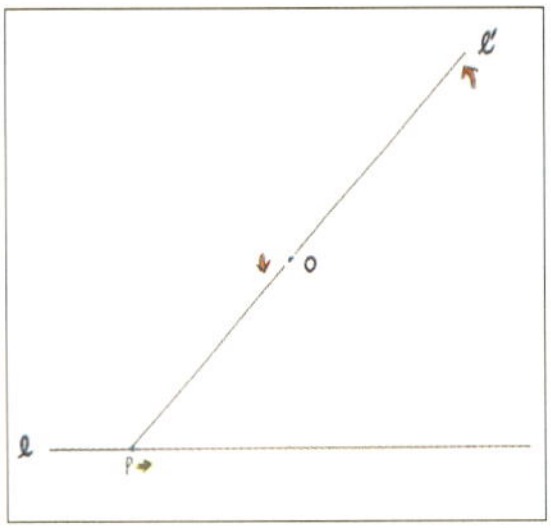

【図13】

は英語でGeometryと言いますが、geo-とは「大地」、metryとは「測ること」つまり「測量」が語源です。４年生での分数の導入としてエジプトの話をし、５年生でも古代史のエポックがありますが、10年生ではより歴史的な観点から再び取り上げます。数学においても、現代的な方法ではありますが、測量の学びを通して数学と歴史の学びがつながりを持っていることを知るでしょう。

さて11年生です。11年生の特徴的な内容の一つとしては射影幾何学が挙げられます。ここでは今まで習ってきた幾何学の概念とは異なる新しい概念が登場します。それは「無限遠点」です。一般にはあまりなじみのない用語だと思われますので、少し説明をさせていただきます。

図11のように直線ℓとその上方にある点をo、そして点oを通る直線ℓ'がℓと交わる点をpとします。点oは固定されていて、直線ℓ'は点oの周りを反時計回りに回転するとしましょう。するとℓとℓ'の交点pはℓ上を右方向に移動していきます（図12）。そしてℓとℓ'が平行に近づけば近づくほどpははるか彼方へと移動し、ℓとℓ'が平行になると一旦は姿を消します。しかし、ℓ'がさらに点oの周りを回転し続けると、再び交点pは左方向からこちらへ近づいてきます（図13）。今まで学んできた幾何学では「平行な２直線は交点を持たない」ので、これでいいのです。

しかし、絵画における遠近画法を考えると、平行な2直線であっても無限の彼方には消失点という「交点が存在する」ように感じられます。もちろん、これは物理空間には存在しません。しかし、もしもそれが存在する、ととらえたとしたらどうでしょう。「同一平面上にある2つの異なる直線にはただ1つ交点が存在する」という公理に例外がなくなるのです。

射影幾何学では、平行な2直線でも無限遠点、という交点を持つ、と考えます。すなわち絵画における消失点です。数学者というのは、どうも例外をなくしたい、という欲求があるようです。どんな場合でも例外なく成り立つ完全な状態を美しい、ととらえているようなのです。

くり返しになりますが、無限遠点は、どこまで行っても物理空間には存在し得ません。ではどこに存在する、と言えるのでしょう。この質問を11年生にすると、いつも教室にしばしの沈黙が訪れます。しかし、つぶやくように言う生徒が、1人か2人はいるものです。「ここ?」そして頭を指すのです。つまり私たちの考え、あるいはそれをとらえようとする意識の中に存在する、と言うのです。

このようなとらえ方に、はじめはなかなか慣れず、実感として得るのは簡単ではありません。しかし物理空間には存在しないものについて考える、ということは純粋な思考へと導く第一歩となります。考えるための練習は9年生以降様々な教科において、より積極的に行なわれます。しかし本当の意味で深い思考ができるようになるのは、11年生以降であると私は感じています。この頃から、目に見えるものや具体的なものから離れ、目に見えないもの、抽象的なもの、あるいは自分の内面にしっかりと目を向けることができるようになっていきます。

11年生では哲学の特別授業もここ数年行なわれていますが、時に活発な討論となり、時に濃密な時

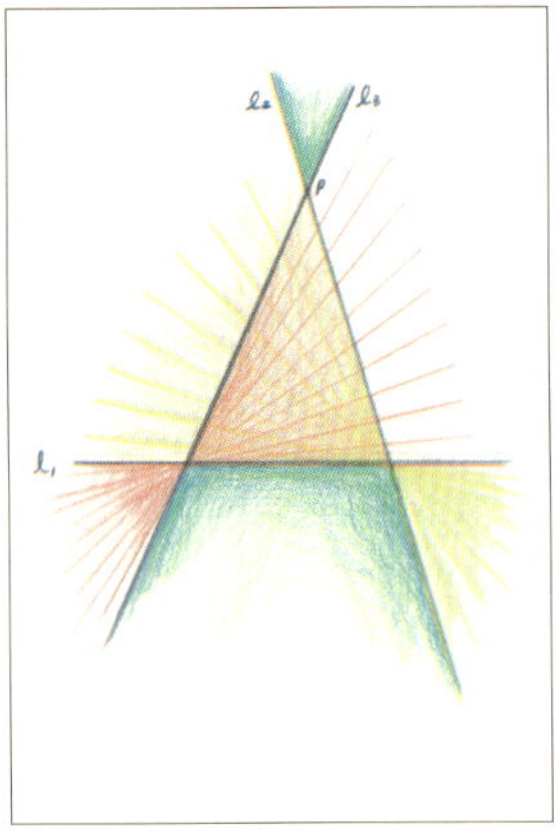

【図14】

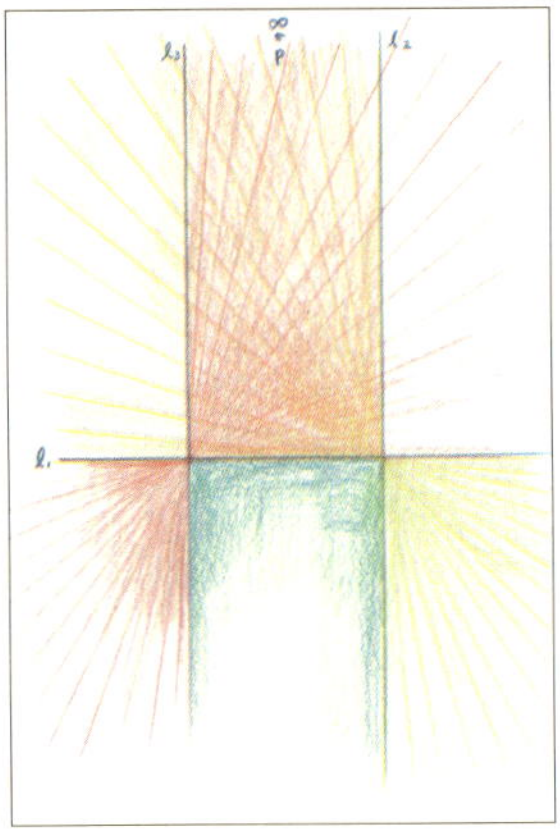

【図15】

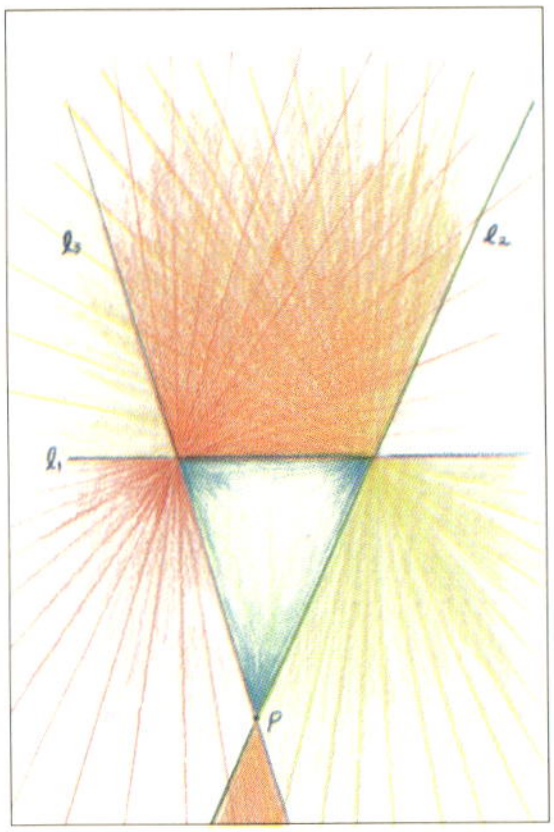

【図16】

間となっているようです。それは彼らが深く考えることへの欲求を、この時期に持ち始めるからではないかと思います。

さて、再び平行な2直線の交点に目を向けてみましょう。「平行な2直線でも無限遠点において交点を持つ」と定義すると、図形の概念が変わってきます。図14のように直線ℓ1、ℓ2、ℓ3で囲まれた斜線の領域を三角形と呼びます。しかし、ℓ2、ℓ3がだんだん平行に近づくとそれらの交点pはどんどんℓ1から遠ざかり上方へと移動します。そしてℓ2とℓ3が平行になっても無限遠点で交点pは存在しますので、三角形は存在することになるのです（図15）。

さらにℓ2とℓ3の角度が変化し、上方が開くと、今度はそれらの交点pは直線ℓ1の下方から現れます。しかし、この時もとのℓ1、ℓ2、ℓ3で囲まれた領域である三角形は、図16ではℓ1の上方のオレンジの領域と、点pの下方のオレンジの領域のようになります。しかし、連続した変容においては、これもまた三角形ととらえられるのです。ただし始めと終わりでは、グリーンの領域とオレンジの領域が入れ替わっています。それは外側が内側へ、内側が外側へと入れ替わり、靴下をひっくり返したかの

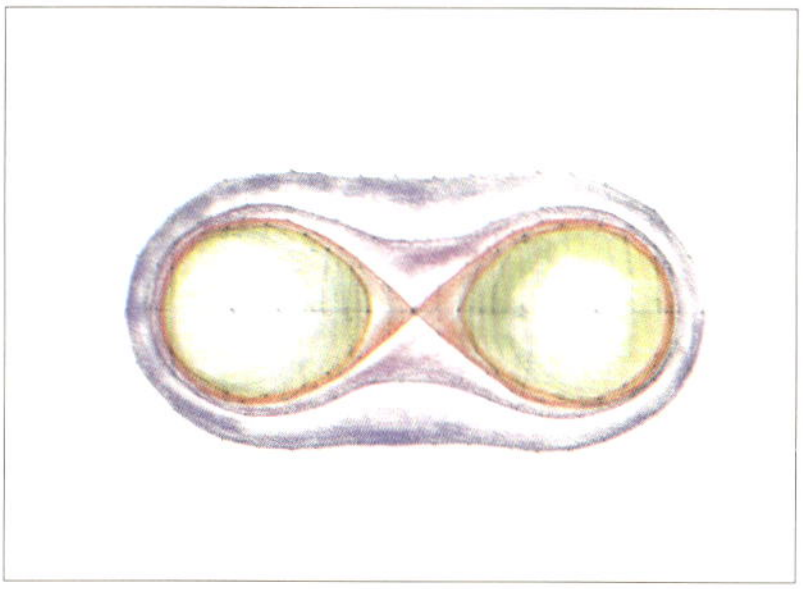

【図18】曲線 - カッシーニ曲線

【図17】曲線 - 渦巻

ようです。

このように無限遠点の概念をとり入れると、これまで彼らが習ってきた図形の概念を大きく変えることになります。

さて、最終学年である12年生ではどんなことを学ぶのでしょうか。12年生では、どの科目においても「統合」が一つの大きなテーマとなります。今まで断片的に、あるいは部分的に深めてきたことを概観し、それらのつながりを意識的に見つけることが大切になります。12年間の学びを振り返り、新たな統合的な視点で世界をとらえ直すわけです。それによって、未来へとまなざしが向けられることになるでしょう。

12年生の数学で私が扱ってきたテーマに、「曲線」があります。これはこの紹介文の冒頭でも触れた、低学年におけるフォルメン線描と結びつく内容です。この授業では、かつてフリーハンドで体験した線描をコンパスや定規、分度器などを使って幾何学としてとらえ直します。

たとえば、円を24分割したものの中に相似形の直角三角形を等比数列的に大きさを変えて作図していくと、そこには螺旋、つまり渦巻が現れます(図17)。これは対数螺旋と呼ばれるもので、貝殻の渦巻はまさにこの螺旋です。

この他にもカッシーニ曲線（レムニスカートもこの仲間です）(図18)

【図 19】曲線 - コンコイド曲線

やコンコイド曲線（図19）などを扱います。そこには植物の形態との類似性が見てとれます。

　そして、9年時の円錐曲線のように、ただ作図を経験するだけではなく、12年生はこれらの曲線をxy平面において方程式で表すことも学びます。

　このように低学年で体験したフォルメン線描の渦巻やレムニスカートが、数学的にどのような性質を持ち、それらが植物や貝殻、あるいは天体の運動といったものとどのような関係を持っているのか、ということにまで目を向けていきます。

　低学年ではまず体験を通して学ぶことが大切でしたが、12年生ではそれが意識的な学びへと変容し、昇華していきます。

　就学前の子どもの教育が土壌を耕すことであるとすれば、それ以降の教育はそこから芽が出、葉を広げ、花を咲かせて果実を実らせる、という植物の変容にも重なります。高等部の教育とは、その最終段階にあるといえるでしょう。

　このことを考えた時、私には一つの詩が浮かんできました。それは、私が16年前にハワイのホノルル・ワルドルフスクールで実習した時に、6年生が日本語の授業で毎回唱えていたものです。ハワイの子どもたちが、しっかりと力強く日本語で詩を唱える姿に感動したことを今でもよく覚えています。

その詩を紹介して、この文を終わりとさせていただきます。

暗い土の中から
種が芽を出します
風の力を受けて
葉を広げます
そして日の光を受けて
豊かな実を結びます
そのように心の種は
体の中で芽生え
そのように魂は
世の中に向けて広がり
そのように私たちは
精神の光の中で
豊かな実を結びます

ルドルフ・シュタイナー

第十一章　ほめること、しかること

2009 年度 8 年担任
早川　理恵子

大学で治療教育を学び、公立学校に勤務。ドイツのヴァルドルフ教員養成所で学ぶ。三鷹の東京シュタイナーシューレより勤務し、2010 年 3 月に 8 年クラスを送り出す。

子どもをじっくりと観察したうえで「言葉かけ」によって「共感を寄せて」いく

8年近く過ごしてきた子ども（生徒）たちとの日々を考えると、一番根底にあったのは「言葉かけ」だったように思います。

私が今回のクラスと出会ったのは彼らが学校生活を開始して半年程が過ぎた頃、10月のことでした。私が初めて教室に入った日、そこは混沌としており、「夢見る1年生」のクラスとは少し異なる雰囲気でした。何人かのとても元気な子と、その他の不安げな表情の子。一般に、クラスがひとつあれば、その中には「目には見えないけれど感じることのできるひとつの流れ」があります。このクラスはまだそれが見えにくい状態でした。そこで、それを作り出していくことから始めました。

個人ではなく、集団での子どもを導いたことのある人はよく知っていると思いますが、何か好ましくない行動をやめさせたい時には、「行動を注意する」以外の別の方法もあります（ヴァルドルフ学校で時々使われる「ふさわしいメルヘンを語る」とも異なる方法です）。それは、「その好ましくない行動をしていない子（＝きちんとしている子）をほめる（＝共感を寄せる）」というものです。

この方法は学年が低ければ低いほど有効です。たとえ、20人のクラスで19人がざわついていても、そうでないひとりをほめることでクラスはしん、と静まりかえりました。そうなった時が次のほめどきでした。

「大切なお話をする時にそれを聞く準備ができたみなさんは立派ですね」。

人間とは不思議なもので、大声での注意を繰り返していると、最初は効果があっても徐々に効きめは薄れていきます。注意する方の声はかすれ、注意を受ける方はその声に対して無頓着になっていきます。そして、怒鳴っている本人は冷静に物事を考えるのが難しくなっていきます。けれど前述の方法をとれば最初にほめられた本人はうれしく、また他の子たちもいつの間にか授業に集中して向き合えるようになっています。そして後で全員がほめられたことにより、なによりも「うれしさ」を感じることができるのです。

ほめられた時、彼らの表情は喜びに満ち溢れていました。その後は、ほめることを繰り返す日々でした。数日も続けると子どもたちの中にリズムが生まれてきます。ある程度の落ち着きの空間を得て、一人ひとりの表情が穏やかになっていきました。混沌としていたクラスの中に一筋の「流れ」が見え始め、それを多くの子たちが快く感じていく姿に変わっていきました。

もちろん、私も最初からほめることが得意であったわけではありません。ずいぶん前のことになりますが、別の学校で教師になりたての頃は、ほめることはおろか、日々子どもをしかることの連続でした。毎朝、職員室で「今日はしからない！」と誓いをたてていくのですが、一日が終わり職員室に戻ってくる時には「あぁ、また今日もたくさんしかってしまった……」の繰り返しでした。しかもそれは「しかる」というより、自分が怒っている、というものでした。

たくさんほめるようになった契機は劇的に訪れたわけではありませんでした。時が経過し、仕事に徐々に慣れるうち、気がつけばいつの間にか身につけていたのです。ある時、何気なくほめたのかもしれません。そしてその時に、きっと、しかった後以上の大きな変化が子どもたちの上にあったのだと思います。模索を続けていた私にとり、それは大きな発見でした。そうして意識的に「どこかをほめよう」と、その機会をさがす日々になったのでしょう。

それからあとは上述の通りでした。もちろんほめるだけではありません。寒い冬の日に厚い氷を拾って登校してきた子には「大きいねぇ」、髪を切って恥ずかしそうに教室に入ってきた子には「素敵な髪型になったね」などの言葉かけをしました。これらは、「ほめる」というよりも、「共感を寄せる」と言うべきものでしょう。いずれにせよ、それらは子どもをじっくりと観察しなければできないことでした。そのせいか、思春期の今ではこちらから挨拶をしても返事が返ってこないことの多い彼らも、この頃は登校するなり、「先生、あのね……」と通学途中での体験を語ることから一日が始まっていました。

しかる際に気をつけたいのは「短くわかりやすく」「はっきりと」しかること

子どもの年齢に応じて変化をつけることはもちろん必要です。成長していけば、ほめられて嬉しさを顔や全身いっぱいに表現する時期は終わりを告げます。けれどもその時も内的には彼らはほめられることを嫌ってはいません。ただそれに対し素直に反応するのが恥ずかしくなったり、あるいはほめられたことを「本当にそうだろうか」と自分自身で確認したりする時期になっているのです。そんな時には「ほめる」より「共感する」ほう（しかも彼らが行動したこと）に重きを置きました。

たとえば、歴史の授業中、とある人名をひとりが何気なくつぶやいた時に、「さっき○○が言っていた人物に関してだけど……」と、発言した生徒の名を（嫌味にならない程度に）みんなの前で繰返してから次の発問をしたこともあります。また、ある生徒が授業でスピーチをした日、帰りの握手の際に「今日の発表、よかったね」と、短く言って送り出しました。そんなささいなことでも、生徒によっては心で喜んでいる様子がうかがえました。家庭で行なう場合は、仮に彼らがノートを作成している場面を見かけたら、「ノート、がんばっているね」と言うくらいの言葉かけでも充分だと思います。

「ほめる」ことの一方で同じくらい意識していたことは、「しかる」ことでした。子どもは自分のまわりの世界を模倣することが仕事のひとつです。時には好まざることも行ないます。その時ははっきりと「しかる」ことも必要です。

時々残念なうわさが耳に入ってくることがありました。「あー、シュタイナー教育って子どものことをしからない教育ですよね」。これを聞いたのは一度や二度ではなく、たびたびでした。もちろん、肯定的な意見としてのものもありましたし、否定的な観点から伝えてくださった方もいました。肯定的な方の意見としては「必要以上にしかりすぎたり、大人が我を忘れる程しかったりしてはいけない」という意味やそれに近い意見から発されたものでした。その一方で否定的な意見としては「シュタイナー学校に通わせている家庭は『子どもをしかってはいけない』と教えられているので、子どもが実際にだれかに迷惑をかけていても大人はしからない」というものでした。特に後者は、それがその方のシュタイナー教育への印象を示していることが多く、残念な思いもしました。

それは本当に間違いです。成長の途中でしからなくて済む子どもはほとんどいません。私がクラスをお預かりして混沌としていた頃、ほめることの一方で、しかるべき時には、はっきりとしかりました。このふたつを明確にすることで、子どもたちは無意識に「自分と外の世界をつなぐこと」の基礎を身につけたように思います。

ただ、しかる際、気をつけたことがありました。それは子どもが「発した言葉や行動」に対して「短くわかりやすく」しかることでした。よく聞くのは、お母さんが子どもをしかっている時に「だいたいあなたは……」と続けてしまうことです。こうなってはいけません。長くなれば、しかられている方の緊張がなくなってしまいます。また、家庭で親のひとりがしかっている時にもうひとりが子どもを「受け止める（しかし自分も、しかっているほうと同じ意見なのだ、と表明しておくことも忘れてはいけません）」等の細かい気遣いも重要です。「しかりかた」のむずかしさは現代社会で多くの本が出版されていることから考えても、現代の大人が持つ課題のひとつであるかもしれません。

すべての子どもに必要なのは「ほめられること」「しかられること」のバランスのよい実体験

以前、海外のいくつかのヴァルドルフ学校で勤務したり見学したりする機会がありました。どの学校でも子どもたちはキラキラ輝く目をしていました。そして時には注意されるべきこともしていました。そんな時、教師、親を含む大人たちは、実に毅然と子どもや生徒をしかっていました。口調は日本人よりも厳しいものがほとんどでした。そしてそれを受けた子どもや生徒の表情からは「自分がいけないことをした」という反省が見てとれました。

「子どもが傷つきます」という言葉のもとに、注意されるべき時を逃してしまうことは実に残念なことです。「しかられる」体験を通して、子どもは何をしたらよくないかを学んでいきます。そのタイミングを与えられないことは、学ぶべき（=成長する）機会に面している子どもにとって逆に失礼なことではないかと思います。「傷つく」ことを回避する人生ではなく、「傷ついた」経験を糧にしていかにそこを克服していくかが重要な気がします。

要は、「ほめられること」「しかられること」をバランスよく体験すること。そのどちらも、すべての子どもに必要です。このふたつは対極に見えて、実はひとつのものです。なぜならば、それはどちらも子どもをきちんと見、向き合っていなければ行なうことができないものだからです。

この両者をいかに行なっていくかが、私が心がけてきたことのひとつでもありましたし、今後もこれは子どもの教育に欠かせない普遍的なことのひとつでもあり続けるような気がします。

刊行に寄せて――小さな解題とお祝いの言葉

吉田　敦彦

大阪府立大学・教育福祉学類・教授
京田辺シュタイナー学校・顧問
シュタイナー学園高等部「哲学」講師

自分が子どもに与えようとしている授業（その題材や体験）が、その子どもの今の成長段階にとってどんな意味をもつか。それを絶えず意識して、できるかぎり意味あるものになるようデザインしていくこと。この本で感銘を受けるのは、言うは易く行うは難いであろうこの工夫を、日々実際に重ねている先生たちの格闘の姿。おそらく、うまくいくときばかりではないだろう。でも、うまくいったときには、渇いた喉に水がしみ込むように、子どもたちが生き生きと学びのなかに浸りこみ、それを心に刻み、身につけていく。その姿に、先生たち自身が感銘を受け、その喜びで大変な授業づくりの苦労もむくわれ、この教育に確信を深めていく。その様子が、この本の全体を通して、よく伝わってくる。

この教育、と言ったのは、さしあたりシュタイナー教育（ヴァルドルフ・カリキュラム）のこと。けれども、どんな学校の授業でも、もし「適切なときに、適切なことを」用意することができたら、生き生きとした授業ができるだろう。ただ、そのためには、まず「適切なとき」を理解して見定める手がかりが必要になる。そこで、シュタイナー学校（自由ヴァルドルフ学校）九〇年以上の実績のなかで洗練された各学年の子どもの成長段階についての理論が助けとなる。「適切なこと」についても、世界中のシュタイナー学校で共有されている各学年の模範的な題材や活動があって、頼りになるヒントを与えてくれる。しかも、それがその時期の子どもの成長に、どのような意味で適切なのか、しっかりと意味づけされているため、その範例を手がかりにして、文化の違いを踏まえた工夫ができる。

本書では、模範となるカリキュラムを（いわば芸道における「型」のように）謙虚に参照しつつ、そのドグマでなくエッセンスを理解したうえで、この列島の文化を生きる子どもたちの、そのつどの反応を確かめながら、自らの経験と知見に基づいて適切な題材を選び抜いていくチャレンジ（いわば「型に入って型から出る」）が、とてもリアルに、スリリングなまでに読み取れる（――「芸術としての教育」の面目躍如）。

ここに、シュタイナー教育の、教育学一般に対する本質的な意義、ひとりシュタイナー学校の教育原理としてではなく、公教育全体に対しても貢献できる意義があるのではないか。もう少し、立ち入ってみたい。

シュタイナー教育の真骨頂は、「子ども中心の教育」と「教師主導の教育」とを、対立させずに一つにできる原理を見出したことにある。本書を読んで、この命題が思い浮かび、そう言い切ってみたくなった。二〇世紀の教育は、「児童中心」と「教師中心（教科中心・社会中心）」、「子どもの自発性（自由）」と「教師の指導性（強制）」といった二つが背反的にとらえられ――これは「教育学的基本矛盾」

とさえ呼ばれる——、その一方の極から他方の極へと絶えず振り子がゆれてきた。第一次大戦後、自由ヴァルドルフ学校と同時期に誕生した世界各地の「新教育」の学校は、「児童中心」や「自由」といった理念を強調しつつも、教師がつくる授業の体系的なカリキュラムを持ちえないまま、そのほとんどが立ち消えになった。近年の日本でも、断片的な知識の詰め込み教育を反省して、子どもの体験を重視するゆとり教育や総合学習が唱えられたものの、逆方向から学力低下論の批判を浴びると、それに対抗できるだけの系統性をもったカリキュラムや授業デザインの代案を出せないまま、いま揺り戻しにあっている。

こういった右往左往の繰り返しに対して、シュタイナー教育のエポック授業は、第三の道の可能性を示唆するものだ。社会への適応を急ぐのではなく、あくまで子どもを中心に据えながらも、何をどのように学ぶかを子どもの自由や場当たり的な体験に委ねるのではない。そうではなくてシュタイナー教育は、その時期の子どもの成長にとって最も相応しいものは何か、という問いを中心に据え、それを見極めて、子どもが豊かに出会う授業を作る仕事を、大人に求める。その仕事ができるのは、子どもが好きなら誰にでも、というわけでなく、それだけの洞察力とセンスをもった専門職としての教師でなければならない。真に子ども中心の教育を行うためには、普通の教育以上に、教師の側の高度なイニシアティブが求められるのである。だから、他の自由学校と違って、早くからシュタイナー学校は、そのための鍛錬を行う教員養成プログラムを開発してきた。

教科書がなく、テストがない。美しい黒板絵があり、色彩豊かなエポックノートがある。リズムのある一〇〇分の周期集中授業。オイリュトミーやフォルメン。芸術に浸された授業。点数評価でない詩や散文の通信簿。十二年間一貫教育。等々。どれもユニークなシュタイナー教育の特徴だ。ただ、これらを個々に強調すれば、ユニークに過ぎる別世界の教育だと見做されがちにもなる。それに対して本書は、教師が子どもの成長段階に応じて授業をデザインするという事実、そのシンプルであるが本質的な特徴を、見事に浮かび上がらせた。

それは、必ずしも独自性の高いユニークな特徴ではない。むしろ高い普遍性をもつとさえ言えるものだろう。一般の学校の教師たちのなかにも、ただ与えられた教科書だけを教えるのではなく、子どもが生き生きするような教材を自分で開発して教えたいと、できるかぎりの努力を重ねている人がたくさんいる。「カリキュラム自主編成」や「発達に応じた学習」など、日本の戦後の教育界には、近しい志向をもつ先駆的な運動があった。にもかかわらず、それが定着せずに今日に至っているとすれば、その弱点をカバーするために、二十一世紀にまで生き延びて発展してきたシュタイナー学校の理論が注目されてよい。実践のなかで練磨された児童発達論とカリキュラム論と授業方法論とが三位一体となった教育原理から、一般教育学はもっと学ぶべきであるし、逆にシュタイナー教育には、この点をもっと自覚的に検証して、広く教育界に貢献していく使命があると思う。

そして本書が、その嚆矢となる。日本でシュタイナー教育に関する本は数多あれども、この点においてこれほど説得力のある本は、これまでなかった。それは不思議ではない。創設二十五周年のシュタイナー学園の、ここまでの実績を待たねばならなかったのだから。欧米の直輸入でなく、日本の学校で、自らがデザインしたエポック授業について、それを実践したときの子どもの反応も含めて、それぞれの学年を担当する十一名の教師が、一人称で語りながらリレーしていくオムニバス。やっと日本のシュタイナー学校は、ここまで到達したのだという、これは貴重なマイル・ストーンである。

＊　＊　＊

編者のご依頼あって、まことに僭越ながら、あえて教育学研究者の観点から拙い解題を試みました。シュタイナー学校コミュニティの内向きの自賛に陥らぬよう自戒しつつ、本書には日本の教育界全体に対して持ちうる意義を強く感じたので、そのポイントに絞りました。実際にこの本は、いまシュタイナー学校で授業をしている人、これから実践してみようと思っている人に役立つだけでなく、シュタイナー教育について訝しく遠ざけてきた人にも、しっかり言葉が届く本になっていると思います。学校法人となったシュタイナー学園が、学習指導要領や教科書を無視・拒絶してしまうのではなく、丁寧にそれと切り結んでいく難題に取り組んでいるご苦労の賜物でもあるのでしょう。そして何より、どこかの理想の教育を美談風に紹介するのではなく、目の前の子どもたちと格闘しつつ、その喜怒哀楽の中の「日常工夫」を、等身大で語ってくれた本だからでしょう。

それにしても、デリケートなナマモノであるエポック授業について、それを実践しているご本人が書き言葉にするのは大変なこと。躊躇もあったのではないかと察します。自ら子どもたちと浸りこんだ日々の授業を、このように私たちが共有できる形にしてくださったことに、感謝の気持ちでいっぱいです。一読して、その余分な力の抜けた文体に、ある種の爽やかさというか、成熟を感じました。変に気負わず、事実そのものに語らせることができているのは、積み上げてきた実践の手ごたえがあるからこそでしょう。これを大事な端緒として、今後、クラスや学校を超えた授業研究などのコラボレーションが、更に活発になればと願うところです。

二〇一二年の春。幾重もの意味でエポック・メーキングな年になるとの予感のなか、『シュタイナー学園のエポック授業』が世に出ます。それがこの時機に早まるのでも遅れるのでもなく、今であったことに、この時代のインパルスと歴史の必然を感じつつ、刊行に寄せるお祝いの言葉に代えさせていただきます。

二〇一二年、春爛漫の京都にて

281　　刊行に寄せて

●ヴァルドルフ学校・ヴァルドルフ教育

日本で「シュタイナー学校」「シュタイナー教育」と通称されている学校ならびに教育の国際的な名称。ルドルフ・シュタイナーが提唱した人間観と教育方法とにもとづいて、一九一九年にドイツのシュツットガルトに創設された学校は、経営母体であったヴァルドルフ・アストリア・タバコ会社の名称を冠して「自由ヴァルドルフ学校」と名づけられた。そこから、この学校で行なわれる教育の理念と方法をひっくるめて「ヴァルドルフ教育」と呼び、ヴァルドルフ教育をほどこす学校が各地に創られると、それらを総称して「自由ヴァルドルフ学校」（複数形）と呼ぶようになった。英語圏では「ウォルドルフ」とも呼ばれる。

第一号の学校は、所在地名を付加して「自由ヴァルドルフ学校ウーランツヒェーエ」と呼ばれ、他のヴァルドルフ学校も同様に地名を後置した校名が多い。学校法人シュタイナー学園は、独語の呼称「Freie Waldorfschule in Fujino（自由ヴァルドルフ学校 藤野）」を持っている。

二〇一二年三月の時点で、世界六〇カ国に一〇二三校のヴァルドルフ学校があり（注）、特定の宗教的背景を持たない私立学校としては最大規模といわれる。日本国内には、学校法人化された学校が二校、ＮＰＯ法人立の学校が五校、その他一校の計八校がある。

ヴァルドルフ教育を実践する教師の養成機関も、欧米諸国を中心に多数、設立されている。日本国内にもＮＰＯ法人日本アントロポゾフィー協会主催の教員養成講座などがあるほか、二〇一二年度から大阪府立大学で「教師のためのシュタイナー教育ゼミナール」と銘打った公開講座が始まった。

（注）「世界ヴァルドルフ学校リスト」（ゲーテアヌム教育部門／自由ヴァルドルフ学校連盟／ルドルフ・シュタイナー教育芸術友の会 編纂）による。
リスト URL:http://www.freunde-waldorf.de/fileadmin/user_upload/images/Statistik/Weltschulliste_2012.pdf

●エポック授業・エポックノート→「リズム部分」も参照

同一科目を３〜４週間、連続して学ぶ集中形式の授業のやり方、あるいはその形式で行なわれる授業のこと。シュタイナー学校の授業時間割は、「基本授業」（主要授業、メインレッスンとも）と「専科授業」とに時間帯が二分されている。基本授業に配分されるのは国語・社会・算数（数学）・理科に属する各科目で、これらがエポック授業形式で行なわれる。基本授業は約2時間続きで、第1、2校時に置かれる。基本４教科以外の諸科目は専科授業に配分され、毎日の基本授業の後に一コマ45分〜50分ずつで学ぶ。

エポック授業形式を採用する理由は、連日集中して同じテーマに取り組むことによって、内容を段階的に深めていく学びが効果的、効率的にできるからである。集中して学んだ後は、一定期間その科目から離れ、別の科目を集中して学ぶ。摂取した食物が、休息中に消化吸収されて栄養になるように、学び取った事柄を休ませている間に、それらがこなれて心身を形作る力へと変容していくという。肉体の活動だけでなく、精神活動における目覚めと眠りというリズムを基礎にした授業形態が、エポック授業なのである。

一方で、水彩画、手の仕事、工芸、音楽、オイリュトミーのような芸術系の科目、体育、外国語は、専科授業として行なわれる。このような配分によって、知的な内容を含み、かつ長時間集中して学ぶエポック授業とのバランスを取るのである。計算や漢字などの反復練習は、エポック授業の中核部分の前半、および「練習」という専科授業で行なわれる。

エポック授業も一部の専科授業も、既製のいわゆる「教科書」に当たる教材によってではなく、教師の言葉による語りと、教師が板書した文章、絵や図などを通して学びを進める場合がほとんどである。そこで学んだ内容を生徒が記載するノートが、「エポックノート」と呼ばれる、シュタイナー学校特有のノートである。

生徒自身が作成したエポックノートが、いわば教科書に替わるものとなるしくみであり、ノートに記述する作業は、とくに低・中学年において授業活動の重要な要素である。それゆえ、記載事項と記載のしかたについては、教師が入念に指導し、チェックをする。

エポックノートの体裁は、A4サイズで中は白紙のものが基本だが、日本国内ではB4サイズも普及している。B4サイズは主に1年~3年で使われ、4年以上はA4サイズの使用が増えていく。張りのある厚い紙を用い、各ページの間に薄紙を綴じ込んで、文字の記述だけでなく、クレヨンや色鉛筆で絵図を描くのにも適している。また、長期の保存に耐える作りになっている。

●オイリュトミー(Eurythmie)

R.シュタイナーが、夫人マリー・シュタイナーの協力を得て創始した空間運動芸術で、シュタイナー自身の説明によると「目に見える言語、目に見える歌唱」（注）である。英語圏では「ユーリズミー（Eurythmy）」とも呼ばれる。オイリュトミーを動く際には、専用のオイリュトミードレスを身につけ、舞台上演では演目にふさわしいオイリュトミードレスを着用する。

ヴァルドルフ教員養成学校では、オイリュトミーは必修科目である。またオイリュトミーの専門家であるオイリュトミストの養成学校が、スイス、ドイツ、米国など欧米諸国のほか、日本国内にも開設されている。

シュタイナー学校では全学年でオイリュトミーが正課とされており、教育オイリュトミーを専門とするオイリュトミストが授業を行なっている。オイリュトミーを学ぶ意味は、音楽や言語を身体の動きをとおして表現することで心と身体の調和をもたらし、空間の中での動きを確かなものとするところにある。また、クラス全体で調和の取れた一つの動きを創り上げることによって、社会性が涵養される。

（注）高橋巌訳『オイリュトミー芸術』（イザラ書房 1981）

●9歳の危機→「ルビコン期」を参照

●月例祭

各クラスの授業で学んだ内容を、他のクラスや保護者に紹介し、共有する発表の場。学校によって開催頻度や発表のしかたは異なるが、シュタイナー学園では毎学期末に、全クラスと保護者を主な観客として発表を行なっている。発表内容は、エポック授業の活動の一部、音楽、オイリュトミー、外国語など、多彩である。

●言語造形（独語"Sprachgestaltung（シュプラッハゲシュタルトゥング）"の訳語）

R.シュタイナーが、みずからの言語理論にもとづきつつ、夫人マリー・シュタイナーの協力を得て創始した言語表現芸術。ヴァルドルフ教員養成学校では、オイリュトミーとならんで言語造形も必修科目である。またスイス、ドイツ、英国などに言語造形の専門家を養成する学校があり、近年は国内でも養成講座が開かれている。シュタイナー学校では、言語造形家としての訓練を積んだ教師によって、朗唱・朗読や演劇の指導が行なわれることが多い。

●十二感覚

R.シュタイナーの感覚論にもとづく、人間の諸感覚の区分。シュタイナーの説によれば、人間には、一般的に知られている「触覚」「嗅覚」「味覚」「視覚」「聴覚」の五感覚の他に、自己の身体内の状態を知覚する「生命感覚」、自己の身体の動きを知覚する「運動感覚」、身体の均衡状態を知覚する「平衡感覚」、熱を知覚する「熱感覚」、音声を言語として知覚する「言語感覚」、他者の思考内容を知覚する「思考感覚」、他者の自我を知覚する「自我感覚（他我感覚）」があるという（注）。

また、触覚・生命感覚・運動感覚・平衡感覚は主として意志の活動に関わり、嗅覚・味覚・視覚・

熱感覚は主として感情の活動に関わり、聴覚・言語感覚・思考感覚・自我感覚は主として認識活動に関わっているとされる。人間は、これらの諸感覚による知覚を統合して、判断を下しているのである。それゆえ、諸感覚がバランスよく目覚めていくような働きかけをすることが、教育における大切な課題となる。

たとえば、基本授業におけるリズム活動の重視や、同授業の三ステップの組み立て方（↓「リズム部分」参照）は、諸感覚にバランスよく働きかけるというねらいもある。このような授業の枠組みに顧慮するだけでなく、教育活動全般にわたって生徒たちにバランスの取れた感覚的働きかけがなされるよう、教師は常に心がけている。また、個々の生徒において感覚の発達に過度の偏りがないかについても、注意深く見守っている。

（注）高橋巖訳『教育の基礎としての一般人間学――ルドルフ・シュタイナー教育講座Ⅰ』第八講（筑摩書房 1989）

●祝祭

シュタイナー学校では通例、それぞれの季節にふさわしい祝祭行事が行なわれる。その意図は、帰属する国や民族の文化伝統、風俗、習慣を尊重し継承しながら、自然環境や社会環境とのつながりを、生徒たちが生き生きと感じ取れるようにすることである。学校ごとに独自の工夫がなされており、世界中のすべてのシュタイナー学校が一律の祝祭行事を行なうわけではない。しかし、ドイツで創立された最初のシュタイナー学校の伝統を受け継いで、キリスト教文化の面影を宿した行事も含まれている。

シュタイナー学園では、祝祭を、第一に「自然界の四季の巡りに心を向け、その変化をもたらす力の働きを感じ取って畏敬の念を育てるもの」、第二に「共に集い祝うことによって、共同体への感情がはぐくまれるもの」と捉えている。そして祝祭を形作っていく営みの中から、それぞれの季節と響きあう人間の精神性を汲み取ることを大切にしている。

その観点から、学園の祝祭は、四季を主な柱として構成される。「春の祝祭」は、10年生によるメルヘン劇の発表が中心である。「夏の祝祭」は、校庭で七夕飾りを燃やし、全員が輪になって踊る戸外の行事。「秋の祝祭」では、3年生か4年生がスサノオノ命のオロチ退治の劇を上演する。冬季はアドヴェント（待降節）の集いを持ち、2学期末にはイエスの生誕にまつわる劇が、教師たちによって上演される。

この他に、全学年の参加ではないが、日本の文化伝統にしたがって、正月遊び、節分祭、雛祭、七夕祭、収穫祭などが行なわれる。

●第3七年期

R．シュタイナーの人間発達観によれば、人間は誕生から七年ごとの周期で心身が変化し、成長発達をとげていくという。便宜的に、誕生から7歳までを第1七年期、以後、14歳までを第2七年期、21歳までを第3七年期のように呼ぶことが多い。

教育学者の広瀬俊雄氏や吉田武男氏は、この三区分を幼児期・児童期・青年期と対応させている（注）。シュタイナーの発達観を現象面で比較すると、発達心理学の知見と符合する部分があるといえる。では、シュタイナー教育の独自性はどこにあるかというと、子どもの成長発達に即して12年間の教育を見通し、さらに七年周期で進む将来の成長過程をも見越した一貫性を、教育体系と授業方法の中に取り入れたことである。

（注）広瀬俊雄『シュタイナーの人間観と教育方法』（ミネルヴァ書房 1988）、吉田武男『シュタイナーの人間形成論』（学文社 2008）

● 手の仕事（独語 "Handarbeit（ハンドアルバイト）" の訳語）

専科の授業科目の一つで、手芸や裁縫に相当する作業を行なう。1年で毛糸の編み物を始め、４年の頃からバッグや動物のぬいぐるみなどを制作し、中等部と高等部では洋裁、籠編み、製本などに取り組む。それに対して、５年から始まる「工芸」（独語 "Handwerk（ハンドヴェルク）"）は、主に木材、粘土、金属素材を造形、加工する専科科目である。

● 濡らし絵

シュタイナー学校で行なわれる水彩画の技法のひとつで、あらかじめ水で濡らした画用紙に水彩絵具の色を置き、にじませる描き方。「にじみ絵」とも呼ばれる。対象物を具象的に描くことを目的とせず、純粋な色彩体験を主眼として1年から導入され、主に低・中学年で行なわれる。

濡らし絵の技法で三原色を置いていくと、紙の上でまるで色が動いていくように混じり合い、多様な色合いや響き合いが生まれるプロセスが体験される。3年生までは、そのように色彩が生み出すニュアンスを感受する体験を積み重ねるのである。４年生になると、エポック授業の内容と連動させながら、濡らし絵で具象的な絵を描き始める。

6年生から7年生になって外界の観察力が育ってくると、乾いた画用紙に原色を薄く塗り重ねる「層技法」が導入され、濡らし絵の技法も存続させながら風景画や人物画などを描くようになる。

●フォルメン線描（独語"Formenzeichnen（フォルメンツァイヒネン）"の訳語）

外界のさまざまな形態の基本となる形（フォルム）の要素と動きを感じ取るために、直線、曲線、図形や文様を線描すること。1年から4年までのエポック授業科目のひとつで、学年ごとに取り組むフォルムやテーマが決められている。この取り組みによって、線的な動きの美に対する感性が養われ、空間の把握力が培われるとともに、気質の調和的な発達が促進される。

1年生は、文字の導入の前にクレヨンでフォルメン線描を行ない、字形に含まれる形態的要素を感受する地ならしをする。学年が進むにしたがって、複雑な文様や幾何学的な形態を線描するようになり、5年で学ぶ「フリーハンド幾何学」、定規とコンパスを使う6年の「幾何学」へと連続展開する。またフォルメン線描は、「植物学」「鉱物学」「物理学」などにおける形態的な要素を学ぶ土台にもなる。

このようにシュタイナー学校の美術教育は、水彩画における純然たる色彩体験とフォルメン線描による線描体験とを別個に行なうのが特徴である。授業形成の面では、絵画が他の科目と密接に関連づけられているという特色がある。

●リズム部分

約100分間の基本授業は、三つのステップで組み立てられる。最初のステップが「リズム部分」で、歌唱や詩の朗唱、リコーダー演奏あるいは全身を使うリズミカルな活動によって、子どもの心身を目覚めさせるとともに、クラス全体がひとつの調和的な気分になるように導く。その雰囲気がかもしだされると、第二ステップの「中核部分」に移行する。

リズム部分が目覚めの時間帯とすれば、中核部分は日中の活動に相当する部分であり、ここで本来の「エポック授業」が行なわれる。中核部分では、最初に子どもはエポックのテーマに関する教師の話を聞いたり、観察したりして、主に頭部の感覚を使う。ついで、それを感情とともに受容する時間を持ち、頭と心情で受け止めた事柄や感動を、手足や身体を通して表現する能動的な作業へと進む。学んだ事柄をエポックノートにまとめるのも、この時間である。

第三ステップが、「物語り部分」である。学年に応じてメルヘン、寓話、物語などを教師が静かに語り聞かせ、子どもの興奮や緊張をときほぐして、眠り（休息）にいざなう。

このように基本授業全体は、目覚め→活動→眠りへと展開する構成によって、知的な学びが頭部だけでなく全身に行きわたり、心身のバランスが整うように配慮されている。基本授業の中核である「エポック授業」部分では、頭部→胸部→手と、知・情・意に万遍なく働きかけが行なわれる。

「エポック」という集中授業形態によって、3〜4週間を単位とする目覚めと眠りのリズムが生み出される一方で、基本授業は一日の生活を凝縮したかたちで、目覚めと眠りのリズムを作り出す。子どものバランスの取れた成長の基になる身体リズムの形成、その前提となる生活リズムの形成を重視し、学校生活を送るうちに健全なリズムができあがっていくような授業形態が採用されたのである。

●ルビコン期

9歳から10歳にかけての子どもは、それまで無意識に感じていた環境世界との一体感が消滅して、自他の分離の感覚を味わうとされる。この心の発達の節目を、R.シュタイナーは比喩的に「ルビコン川を渡る」と表現した（注）。この言葉は、古代ローマでカエサルが当時の法に背き、軍団を率いてルビコン川を渡った故事から、後戻りができないような重大な決断と行動をすることの喩えに使われる。

9、10歳頃に体験する後戻りできない心的状態を、シュタイナー教育では「9歳の危機」と呼んでいる。自分が世界、親や教師と一体ではなく、独りの人間なのだと気づくことは、子どもにとって心の痛みを伴う出来事だからである。教師は、その揺れ動く心情を汲み取って、子どもが自分と環境世界の諸物とのつながりを感じ取れる活動を行なうように留意する。

3年から4年のエポック授業に、「米作り」「家作り」「郷土学」「動物学―人間と動物」といった科目が並んでいるのもこの理由からであり、子どもの心身の発達に即した授業内容と方法を採用するという原則にもとづくものである。

（注）高橋巌訳『教育芸術1　方法論と教授法――ルドルフ・シュタイナー教育講座Ⅱ』第七講（筑摩書房 1989）

学校法人シュタイナー学園　沿革

昭和62年4月　前身となる東京シュタイナーシューレが東京都新宿区大久保に誕生
昭和62年8月　国際自由ヴァルドルフ教育連盟に登録
昭和63年4月　2クラスになるとともに同区喜久井町に校舎移転
平成3年10月　同区落合に第二校舎設置
平成5年1月　全クラスが東京都三鷹市井の頭の新校舎に移転（5学年4クラス）
平成9年8月　同市牟礼の校舎に移転
平成13年4月　中学生クラス開始
平成13年11月　特定非営利活動法人 東京シュタイナーシューレとして東京都から認証を受ける
平成16年11月　「藤野『教育芸術』特区」（神奈川県旧津久井郡藤野町）認定に基づき、学校法人シュタイナー学園 初等部・中等部の設置について認可を受ける
平成17年3月　特定非営利活動法人 東京シュタイナーシューレ解散
平成17年4月　旧津久井郡藤野町（現相模原市緑区）へ移転　シュタイナー学園 初等部・中等部開校
平成19年6月　東京シュタイナーシューレより通算して開校20周年式典挙行
平成21年8月　新校舎落成
平成24年1月　学校法人シュタイナー学園の高等部の設置について認可を受ける
平成24年2月　高等部校舎として旧相模原市立吉野小学校を借り受ける
平成24年4月　シュタイナー学園高等部開校

シュタイナー学園のエポック授業

―12年間の学びの成り立ち―

学校法人シュタイナー学園 初等部・中等部
〒252-0187
神奈川県相模原市緑区名倉 2805-1
TEL 042-686-6011　FAX 042-686-6030
学校法人シュタイナー学園 高等部
〒252-0183
神奈川県相模原市緑区吉野 407
TEL 042-687 ― 5510　FAX 042-687-5540
ホームページ http://www.steiner.ed

2012 年 6 月 20 日 第 1 刷発行
編 集　学校法人 シュタイナー学園
発 行　学校法人 シュタイナー学園
発 売　せせらぎ出版
〒530-0043 大阪市北区天満 2-1-19 高島ビル 2 階
TEL. 06-6357-6916 FAX. 06-6357-9279
郵便振替 00950-7-319527
印刷・製本　合資会社 精巧堂印刷所

 ISBN978-4-88416-210-8

せせらぎ出版ホームページ　http://www.seseragi-s.com
メール　info@seseragi-s.com